Bauen ohne Ärger

dtv
nomos

n-tv Service
Recht

Wer sich entschließt, eine eigene Wohnung vom Bauträger zu erwerben oder ein Haus zu bauen – ob mit dem Architekten, dem Bauträger, dem Fertighausanbieter oder dem Generalunternehmer – muss sehr unterschiedliche rechtliche und technische Aspekte beachten. Der Ratgeber befasst sich daher mit allen Formen des Bauens und erläutert, wie dabei strukturiert und rechtlich sicher vorgegangen werden kann, von der Anbietersuche über die Vertragsgrundlagen bis hin zu Abnahme und Gewährleistung.

Peter Burk und *Günther Weizenhöfer* sind Leiter des Instituts Bauen und Wohnen in Freiburg.

Peter Burk / Günther Weizenhöfer
Bauen ohne Ärger

Deutscher Taschenbuch Verlag

§§	Hinweis auf die Rechtslage
⚠	Vorsicht
✓	Checkliste
z.B.	Beispiel(e)
✉	Musterbrief, -formulierung
Tipp	Ratschlag
⚖	Rechtsprechung
Fall	Konkreter Sachverhalt

1. Auflage
Deutscher Taschenbuch Verlag GmbH & Co. KG
Friedrichstraße 1a, 80801 München
© 2007. Redaktionelle Verantwortung:
NOMOS Verlagsgesellschaft, Baden-Baden
Druck und Bindung: Druckerei C. H. Beck, Nördlingen
Satz: factor liborum
Umschlagkonzept: Dsign Peter Korn-Hornung
Titelbild: © corbis
ISBN 978-3-423-58131-8

Vorweg

Bauen ohne Ärger – geht das? Vielleicht ist Bauen ohne Ärger eine Illusion aber Bauen ohne vermeidbaren Arger, wie er häufig im Zuge einer Baumaßnahme vorkommt, ist sicherlich möglich.

Viel zu wenige Bauherren machen sich vor dem Bauen allerdings klar, was mit dem Bauen alles auf Sie zukommt. Bauen dürfte einer der technisch, rechtlich und finanziell komplexesten Vorgänge in der durchschnittlichen Lebensplanung eines Menschen sein. Wer dies nicht strukturiert angeht und gut vorbereitet ist, wird fast zwangsläufig erleben, wohin dies führt, im Zweifel zu Ärger in einer Dimension, die das gesamte Vorhaben sprengen kann. Es ist bezeichnend, dass praktisch kein Rechtsschutzversicherer Streitigkeiten aus Bauangelegenheiten versichert. Das Risiko scheint den Versicherern zu hoch. Dies sollte Anlass zum Nachdenken geben.

Das vorliegende Buch soll Ihnen dabei helfen, einen strukturellen Überblick über das Planen und Bauen oder Umbauen eines Hauses zu erhalten, damit Sie möglichst gut vorbereitet an Ihr Bauvorhaben gehen können.

Es ist unvermeidlich dabei den ein oder anderen Fachbegriff einzuführen, dies soll aber nur dort geschehen, wo es unbedingt notwendig ist. Auf allzu spezielle Details soll verzichtet werden, zugunsten einer ausgewogenen Einführung in das komplexe Thema.

Wir wünschen Ihnen Hilfe und Unterstützung durch dieses Buch.

Inhalt

Vorweg 5

A. **Bauen – wie und mit wem?** 11

B. **Grundstückssuche und Grundstückskauf** 13
I. *Vor dem Grundstückskauf* 13
II. *Der Grundstückskauf* 16

C. **Bauen mit dem Bauträger** 23
I. *Bauen mit oder kaufen vom Bauträger?* 24
II. *Das Bauträgerangebot* 24
III. *Die Baubeschreibung* 26
IV. *Kaufvertragsbestandteile* 28
V. *Gebäudeaufteilungen nach dem Wohnungseigentumsgesetz (WEG)* 30
VI. *Der Kaufvertrag mit Ratenzahlungsvereinbarung nach MaBV* 32
VII. *Überwachung der Bauqualität, Abnahme und Gewährleistung* 41

D. **Bauen mit dem Generalübernehmer** 47
I. *Die Suche nach einem geeigneten Generalübernehmer* 47
II. *Der Vertrag mit dem Generalübernehmer* 49
III. *Die Bauabwicklung mit dem Generalübernehmer* 57
IV. *Schlussabnahme, Schlussrechnung, Gewährleistung* 64

E.	**Bauen mit dem Fertig- und Massivhausanbieter**	73
I.	*Die Anbietersuche*	73
II.	*Checkliste: Was ist im Festpreis enthalten?*	76
III.	*Die exakte Angebotsüberprüfung*	78
IV.	*Der Kaufvertrag eines Fertighauses nach dem BGB oder der VOB*	80
V.	*Die Fabrikationsbesichtigung*	83
VI.	*Die Bauüberwachung und Bauabnahme*	84
VII.	*Die Schlussrechnung und Gewährleistung*	85
F.	**Bauen mit dem Architekten**	86
I.	*Die Suche nach einem geeigneten Architekten*	86
II.	*Der Architektenvertrag und das Architektenhonorar*	89
III.	*Die Aufgaben des Architekten, der Fachingenieure und des Bauherrn*	101
IV.	*Die Handwerkerverträge*	106
V.	*Abnahmen, Honorarschlussrechnung und Gewährleistung des Architekten*	107
G.	**Modernisieren, Aus-, An- und Umbauen**	110
I.	*Die Energieeinsparverordnung (EnEV) und der Gebäudeenergieausweis*	110
II.	*Pflichten für Hausbesitzer bzw. Hauskäufer aus der novellierten Energieeinsparverordnung (EnEV)*	112
III.	*Die energetische Modernisierung und der Energieberater*	116
IV.	*Modernisierung, Aus-, An- und Umbau mit dem Architekten*	117

Zum Schluss 125

Anhang 126

Kaufvertragsrecht nach BGB §§ 433 – 453 126

Werkvertragsrecht nach BGB §§ 631 – 651 132

*Vergabe- und Vertragsordnung für Bauleistungen,
Teil B (VOB / B), 2006* 140

Makler- und Bauträgerverordnung (MaBV) 160

*Auszüge aus der Verordnung über die Honorare für
Leistungen der Architekten und Ingenieure (Honorarordnung für Architekten und Ingenieure – HOAI):* 174

Musterbaubeschreibung 196

Checkliste zur Überprüfung einer Baubeschreibung 208

Energiebedarfsausweis nach EnEV (Muster) 215

Adressen und weiterführende Literatur 217

Stichwortverzeichnis 223

A. Bauen – wie und mit wem?

Bauen ist nicht gleich bauen. Dieser so simpel anmutende Satz wird uns durch das ganze Buch begleiten, denn beim Bauen ist es entscheidend zu verstehen, unter welchen vertraglichen Voraussetzungen und in welchen rechtlichen Strukturen man eigentlich was tut. So ist es ein riesiger Unterschied, ob man ein Fertighaus baut, ein Haus vom Bauträger kauft, mit dem Architekten baut, einen Generalübernehmer einschaltet oder auch selbst baut. Für fast jeden dieser Vorgänge gilt eine unterschiedliche Rechtsbasis und auch Ihre Rolle ist dabei sehr unterschiedlich. So können Sie rechtlich Hauskäufer oder auch Bauherr sein mit jeweils sehr unterschiedlichen rechtlichen Folgen.

Und mit diesen Bauvarianten sind noch lange nicht alle Möglichkeiten benannt. So kann es beispielsweise auch sein, dass man eine Hausplanung durch einen Architekten vornehmen lässt, die Ausführung dann aber an einen Generalübernehmer oder Fertighaushersteller gibt, ebenso kann es sein, dass man ein Haus nicht samt Grundstück von einem Bauträger erwirbt, sondern erst ein Grundstück von ihm erwirbt und danach darauf ein Haus mit ihm errichtet.

Das heißt, der erste Schritt zum Bauen ohne Ärger ist, zu verstehen, was man eigentlich rechtlich tut und ob man dies wirklich so will.

Grundsätzlich ist zu unterscheiden zwischen dem Bauen auf dem eigenen Grundstück und dem Bauen auf einem fremden Grundstück. Wer ein eigenes Grundstück besitzt, kann auf diesem entweder mit einem Architekten bauen oder sich ein Haus schlüsselfertig errichten lassen, z.B. durch einen Fertighaushersteller, durch einen Massivhausanbieter oder auch durch einen Generalübernehmer. Genauso gut können aber auch Mischformen gewählt werden. So kann ein Architekt beispielsweise einen Entwurf anfertigen, der dann von einem Generalübernehmer umgesetzt wird. Wenn Sie auf einem eigenen Grundstück bauen, gelten Sie rechtlich als Bauherr. Das heißt wesentlich, dass Ihnen erhebliche Verantwortung für Ihre Baustelle und die Abwicklung der Baumaßnahme zufällt. Und Sie werden anhand der entsprechenden Kapitel dieses Buches sehr schnell feststellen, dass beispielsweise das »schlüsselfertige Bauen« keinesfalls bedeutet, dass Sie damit von allen Angelegenheiten des Bauens entlastet sind – ganz im Gegenteil. Umgekehrt werden Sie sehen dass das als anstrengend und teuer geltende Bauen mit einem Architekten an bestimmten Punkten erhebliche Entlastungen bringen kann, wenn Sie den richtigen Architekten gefunden haben.

Wenn Sie ein Haus nicht auf eigenem Grundstück errichten, sondern auf dem Grundstück eines Bauträgers und Sie dieses Haus nach Baufortschritt bezahlen sowie die Hausübergabe erst zur Fertigstellung erfolgt, dann sind Sie im rechtlichen Sinne kein Bauherr, sondern Hauskäufer. In diesem Falle sind wieder andere Dinge zu beachten.

Das vorliegende Buch ist daher unterteilt in die jeweils sehr unterschiedlichen Vorgehensweisen beim Bauen:

- Bauen mit dem Bauträger
- Bauen mit dem Generalübernehmer
- Bauen mit dem Fertig- oder Massivhausanbieter
- Bauen mit dem Architekten
- Modernisieren, Aus-, An- und Umbauen

Wenn Sie schon wissen, auf welchem Weg Sie Ihr Ziel erreichen wollen, können Sie konkret in das betreffende Kapitel einsteigen. Wenn Sie noch mehrere Optionen haben, können Sie diese vergleichend lesen.

Doch bevor es ans konkrete Bauen geht, kann es gut sein, dass zunächst noch ein geeignetes Grundstück gefunden und gekauft werden muss. Daher folgt – vor den Erläuterungen zu den verschiedenen Vorgehensweisen beim Bauen – zunächst ein Kapitel zum Grundstückskauf.

B. Grundstückssuche und Grundstückskauf

Nicht immer hat man bereits ein Grundstück, wenn man vor dem Wunsch steht, bauen zu wollen. Und nicht immer kann man sich den Kauf eines Grundstückes und dessen anschließenden Bebauung leisten. Man wird dann entweder auf ein günstiges Angebot einer gebrauchten Immobilie zurückgreifen oder aber auf ein möglichst günstiges Angebot eines Neubaus, z.B. eines Reihenhauses vom Bauträger.

Wohnt man aber in einer Region, in der Grundstücke noch erschwinglich sind, kann ein Grundstückskauf mit anschließender Bebauung eine interessante Option sein.

I. Vor dem Grundstückskauf

Nicht jedes Grundstück eignet sich für jede Bebauung. Dies liegt einerseits an den örtlichen Bebauungsvorschriften und andererseits an den örtlichen Gegebenheiten des Grundstücks, von der Topographie (z.B. Hanglage) über die Bodenverhältnisse (z.B. sandiger Boden), bis zum Grundwasser (evtl. hochstehendes Grundwasser) oder auch einer möglichen Kontaminationen (z.B. Bodenverseuchungen).

Bevor man also ein Grundstück kauft, sollte man möglichst viel über das Grundstück wissen, über seine Vergangenheit, seine Gegenwart und seine Zukunft. Das heißt: Was war früher auf dem Grundstück? Schlicht nichts oder ein Industriebetrieb der möglicherweise Schwermetalle im Boden hinterließ oder aber eine Gärtnerei, die eventuell chemische Düngemittel hinterließ oder ähnliches? Wie ist die gegenwärtige Situation? Ist das Grundstück in Nutzung? Ist es noch bebaut mit einem abzureißenden Gebäude? In welcher Form darf das Grundstück wie bebaut werden? Darf es das gleich oder ist es Bauerwartungsland? Ist der Bau eines Kellers möglich oder steht dem ungeeigneter Boden oder hohes Grundwasser entgegen? Ist das Grundstück schon erschlossen und sind alle Erschließungsgebühren an die Kommune entrichtet? Und was ist in Zukunft in der Umgebung geplant? Steht eventuell der Bau einer größeren Straße in der Nähe an und Sie wissen es noch nicht?

Sie sehen, es kommen viele Fragen auf Sie zu, wenn Sie an den konkreten Kauf eines Grundstücks gehen. Aber wie können Sie in der Praxis konkret vorgehen, um sicherzustellen, dass Sie möglichst alles im Auge haben und nicht den falschen Schritt vor dem richtigen machen?

Grundbuch unbedingt einsehen

Wenn Sie tatsächlich ein Grundstück gefunden haben, dass Ihr Traumgrundstück ist, dann sind zunächst einmal grundsätzliche Dinge wichtig: Als erstes sollten Sie in der zuständigen Kommune beim Grundbuchamt Einblick in das Grundbuch nehmen und feststellen, ob die Person, die Ihnen das Grundstück anbietet auch der rechtmäßig eingetragene Eigentümer ist. Bei diesem Termin sollten Sie auch gleich einsehen, welche Lasten, z.B. aus Hypotheken oder Grundpfandrechten, im Grundbuch eingetragen sind. Genauso kann es auch sein, dass es z.B. Wegerechte auf dem Grundstück gibt, Rechte also, die es einem Dritten gestatten, Ihr Grundstück zu queren, um beispielsweise auf seines zu gelangen. Ferner kann es sein, dass es z.B. Vorkaufsrechte oder ähnliches gibt. All' dies finden Sie im Grundbuch als Eintrag. Sie können sich ggf. auch Kopien der Grundbuchblätter anfertigen lassen, um die Dinge in aller Ruhe zuhause durchzusehen.

Was Sie nicht im Grundbuch finden sind sogenannte Baulasten. Baulasten werden im Baulastenverzeichnis einer Kommune geführt. Baulasten sind Einträge zu Ungunsten der Bebauungsmöglichkeiten eines Grundstücks, beispielsweise weil auf einem Nachbargrundstück bestimmte Rechte z.B. über das übliche Maß hinaus ausgeschöpft wurden. Ein typisches Beispiel sind sogenannte Abstandsflächen zwischen den Gebäuden. So kann es sein, dass der Besitzer des Grundstückes das Sie kaufen wollen, mit seinem Nachbarn in der Vergangenheit eine Übereinkunft getroffen hat, dass dieser Nachbar sein Haus näher an die Grenze zwischen beiden Grundstücken bauen darf. Die so fehlende Abstandsfläche muss dann auf dem Grundstück, das Sie kaufen wollen, ausgeglichen werden. Das heißt, Sie können nicht mehr so nah an die Grenze bauen, wie ggf. im Bebauungsplan vorgesehen. Solche Vereinbarungen sind nicht unüblich, da Sie in aller Regel gegen eine entsprechende Vergütung erfolgen, also für beide Seiten lukrativ sein können.

Welche Bebauung ist erlaubt?

Wenn Sie Ihre Runde bei den kommunalen Ämtern machen, können Sie auch gleich im zuständigen Bauamt den Bebauungsplan einsehen. Sie können in aller Regel eine Kopie des Bebauungsplanausschnitts erhalten, der die Bebauungsmöglichkeiten ihres Grundstücks aufzeigt. Es ist nicht ganz einfach, einen Bebauungsplan zu lesen, weil er im Wesentlichen aus Zeichen besteht, denen einen bestimmte Bedeutung zugeordnet ist. Viele Bauämter beraten aber zwischenzeitlich in dieser Hinsicht. Sie sollten die Beamten oder Angestellten vor Ort auf alle Fälle bitten, ob Sie Ihnen die Bebauungsmöglichkeiten Ihres Wunschgrundstückes kurz erläutern können. Sie können bei diesem Termin dann auch gleich fragen, inwieweit allfällige Erschließungsgebühren bereits in Rechnung gestellt und bezahlt sind. Kann man Ihnen dieses nicht direkt sagen, bitten Sie um die exakte Auskunft gebende Stelle und den Namen und die Telefonnummer des Mitarbeiters. Ferner sollten Sie gleich auch nachfragen, an welcher Stelle Sie Auskunft über die Grundwasserstände auf dem Gemarkungsgebiet Ihres Grundstückes erhalten. Das kann in größeren Kommunen z.B. das Wasserwirtschaftsamt sein. In kleineren Kommunen kann es das Bauamt selbst sein, das entsprechende Informationen bereithält. Sie benötigen Auskünfte darüber, wie hoch der durchschnittliche und der höchste Grundwasserstand in den letzten 15 bis 20 Jahren war. Nur eine Angabe über den aktuellen Grundwasserstand reicht nicht aus. Grundwasser ist nicht statisch, sondern dynamisch, es schwankt teilweise beträchtlich, nicht nur im Jahresverlauf, sondern auch über die Jahre. Ein hoher Grundwasserstand kann für Sie bei Ihrem Bauvorhaben zu einer aufwändigeren Kellerkonstruktion führen, was erhebliche Mehrkosten bedeutet. Daher sollten Sie die Risiken von Anfang an kennen und einkalkulieren. Auch die Informationen zu den durchschnittlichen Grundwasserständen der letzten 15 bis 20 Jahre können Sie sich schriftlich geben lassen. Manche Kommunen halten solche Informationen sogar schon im Internet bereit. Mindestens aber die Ansprechpartner für bestimmte Fragen rund um das Planen und Bauen sind dort immer öfter benannt. Es kann sich vor allem bei größeren Kommunen also lohnen, sich vor dem Ämtergang die Internetseite der Kommune näher anzusehen, nicht zuletzt um Öffnungszeiten, Adressen und Ansprechpartner herauszufinden. Um die Internetseite selbst zu finden geben Sie einfach bei einem Internetsuchdienst, wie z.B. Google, den Namen der Gemeinde oder Stadt ein, auf deren Gemarkung das Grundstück liegt.

Einige Kommunen verlangen für die Auskünfte zwischenzeitlich Geld. Dieses Geld ist aber gut angelegt, denn ohne solche Basisinformationen wissen Sie nicht, was Sie kaufen.

Ein letzter Punkt beim Ämterrundgang kann auch eine Visite bei einem Ansprechpartner des kommunalen Gutachterausschusses sein. Sehr viele Kommunen in Deutschland verfügen über einen solchen Gutachterausschuss. In diesen Ausschüssen sitzen regionale Sachverständige zur Bewertung bebauter und unbebauter Grundstücke. Wird nun ein Grundstück in der Region ver-

Was ist das Grundstück wert?

kauft, so geht eine Kopie des notariellen Kaufvertrages mit der Preisnennung an diesen Ausschuss. So erhält er einen Überblick über alle Preise, die im Laufe eines Jahres für Grundstücke der Region gezahlt wurden. Diese Preise kann man dann auf durchschnittliche Quadratmeterpreise umrechnen, die dann schließlich allen Interessenten als Vergleichswerte für den eigenen Kauf zur Verfügung gestellt werden können. Auch für eine solche Auskunft wird heute meist eine Gebühr berechnet aber auch diese lohnt sich. Denn wenn Sie die Lage und die Größe Ihres Wunschgrundstückes kennen, können Sie die Angemessenheit des geforderten Kaufpreises in einem ersten Überschlag über den geforderten Quadratmeterpreis dann sehr gut ermitteln und vergleichen.

Bodengutachten einholen

Wenn Sie schließlich ernsthaft an den Kauf eines Grundstückes denken, ist es darüber hinaus ratsam, genaue Erkundungen über die Bodenverhältnisse einzuholen. Ein Bodengutachten durch einen Geologen kostet zwischen 800 und 2.000 Euro. Wenn dem Kauf Ihres Wunschgrundstücks sonst nichts mehr im Weg steht, ist ein solches Bodengutachten sinnvoll. In diesem Zusammenhang kann gleich auch noch der exakte aktuelle Grundwasserstand auf dem Grundstück analysiert werden. Ferner kann in diesem Zusammenhang auch eine Beprobung des Bodens auf Schadstoffe erfolgen, vor allem hinsichtlich eventueller Belastungen aufgrund von giftigen Düngemitteln aber auch möglichen Schwermetallen. Sie haben dann viele Vorsorgemaßnahmen getroffen, um Ärger nach dem Grundstückskauf zu vermeiden. Und Sie sollten all' diese Dinge vor einem Grundstückskauf durchführen, denn, wie Sie im Folgenden erfahren werden, ist ein Grundstückskauf in Deutschland nicht ohne weiteres rückgängig zu machen.

II. Der Grundstückskauf

Wenn man in Deutschland ein Grundstück erwirbt, muss dieser Kaufvorgang durch einen Notar beurkundet werden. Das heißt, der Kaufvertrag zwischen einem Grundstückskäufer und einem Grundstücksverkäufer wird vor einem Notar und in dessen Räumen unterzeichnet. Dies heißt aber nicht, dass der Notar auch die Qualität des Kaufvertrages prüft, sondern er prüft lediglich, ob die anwesenden und unterzeichnenden Personen sich auch als diese ausweisen können und er überwacht den Vorgang der Unterzeichnung selbst. Er bezeugt und beurkundet sozusagen den Vorgang, mehr nicht. Er schützt Sie nicht vor inhaltlich ungünstigen

Verträgen, sondern beurkundet nur, dass Sie ggf. einen inhaltlich ungünstigen Vertrag unterzeichnet haben.

Der Kaufvertrag wird häufig auch durch den mit der Beurkundung beauftragten Notar aufgesetzt. Aber auch das heißt noch lange nicht, dass er einen ausgewogenen Kaufvertrag aufsetzt. Ein Notar, soweit er kein staatlich angestellter Notar ist, wie dies beispielsweise im Landesteil Baden des Bundeslandes Baden-Württemberg der Fall ist, verdient an jeder Beurkundung, und zwar sehr gut. Bringt ihm also beispielsweise ein Grundstücksmakler oder Bauträger immer wieder neue Beurkundungen, wird er ein Interesse an einer möglichst geräuschlosen Zusammenarbeit mit dieser Person haben. Dann fällt ein Vertrag selbstverständlich ohne weiteres auch mal zu Ungunsten eines Käufers aus. Ein Notar schützt Sie im Zusammenhang eines Grundstückskaufes also nicht, er bezeugt diesen Vorgang nur und setzt ggf. auch den Vertrag auf, keinesfalls aber automatisch neutral.

Nach einer Entscheidung des Bundesgerichtshofs (BGH) muss Ihnen der vom Notar aufgesetzte Vertrag spätestens 14 Tage vor dem Notartermin in seiner letzten Fassung zugehen. Ist dies nicht der Fall, wird Ihnen also die letzte Fassung des Vertrages z.B. erst beim Notartermin vorgelegt, kann eine Amtspflichtverletzung des Notars vorliegen und der Kaufvorgang kann unter Umständen sogar unwirksam sein.

Wichtig ist, dass ein Notar vor der Beurkundung selbst das Grundbuch eingesehen hat und die Rechtmäßigkeit der Besitzverhältnisse sowie ggf. Lastenfreiheit etc. seinerseits im Kaufvertrag bestätigt, soweit dies gewünscht ist. Immer häufiger finden sich in Kaufverträgen Formulierungen wie: »Auf eine Einsichtnahme der Grundbücher hat der Notar verzichtet. Auf mögliche Konsequenzen wurden die Vertragsparteien hingewiesen«. Die Frage ist dann nur, ob Sie auf diese Konsequenzen tatsächlich hingewiesen wurden und wofür eigentlich ein Notar sein Honorar erhält, wenn nicht für eine sorgsame Beurkundung. Dass eine Beurkundung ohne Einsichtnahme in Grundbücher rechtlich überhaupt möglich ist, ist schon an sich eine zweifelhafte Regelung, deren Risiken Sie sich aber keinesfalls aussetzen sollten. Daher sollte der Notar um Einsichtnahme gebeten werden.

Kaufverträge für Grundstücke regeln sich nach den Paragraphen 433 bis 453 des Kaufvertragsrechts des Bürgerlichen Gesetzbuches (BGB). Einen vollständigen Auszug dieses Kaufvertragsrechts finden Sie im Anhang dieses Buches.

Ein Kaufvertrag sollte u.a. folgende Regelungen enthalten:
- Wer schließt mit wem den Vertrag?
- Was exakt wird veräußert? Exakte Beschreibung des Grundstücks hinsichtlich Lage, Größe, Flurnummer, Auszug aus dem Grundbuch etc.
- Der exakte Kaufpreis (ggf. netto und brutto) mit Angabe der Währung. Als Anlage hierzu ein Zahlungsplan, in dem im Einzelnen festgelegt ist, nach welchen Modalitäten die Zahlung im Detail abgewickelt wird (wann, in welchen Raten, über welches Notaranderkonto? etc.). Wenn Sie Installationen (z.B. einen Zaun) miterwerben, sollten diese separat ausgewiesen werden, weil Sie sonst auch für diesen Betrag die Grunderwerbsteuer bezahlen müssen.
- Die Eintragung einer Auflassungsvormerkung im Grundbuch gemäß § 883 BGB.
- Der Übergabezustand des Grundstücks (z.B. wann und in welchem Zustand? Datum!).
- Falls das Grundstück verpachtet ist, alle mit den Mietern eingegangenen vertraglichen Vereinbarungen.
- Die Besitzübergabe mit dem Übergang aller Nutzen und Lasten (Wann ist der Übergang und welche Nutzen und Lasten gehen über?).
- Auflistung aller Dokumente, die bei Besitzübergabe mit übergeben werden (z.B. Pachtvertrag).
- Wenn mobile Installationen (z.B. Zaun, Spielgeräte, Bänke, Komposter) mitverkauft werden, sollten diese im Rahmen einer vorherigen Ortsbegehung genau beschrieben und ggf. fotografisch dokumentiert werden. Dieses Protokoll sollte Bestandteil des Kaufvertrags werden.
- Haftung für Sachmängel (der Verkäufer haftet dafür, dass das Grundstück frei von ihm bekannten Mängeln ist, z.B. Altlasten).
- Übertragung von Gewährleistungsansprüchen. Wurden am Grundstück erst kürzlich Arbeiten ausgeführt (z.B. Anlage von Wegen) und bestehen hierfür noch Gewährleistungsansprüche, müssen diese auf den Käufer übertragen werden, damit er beim Auftauchen von Mängeln Ansprüche gegenüber den ausführenden Unternehmen geltend machen kann, inklusive eventueller Bestätigung, dass alle auf dem Grundstück durchgeführten Arbeiten durch Fachfirmen, d.h. solche die in die Handwerkerrolle eingetragen sind, durchgeführt wurden.
- Haftung für Rechtsmängel (der Verkäufer haftet dafür, dass der Vertragsgegenstand bei Umschreibung auf den Verkäufer unbelastet ist, mit Ausnahme der vom Käufer bereits selbst mit Zu-

stimmung des Verkäufers eingetragenen Belastungen, z.B. zur Kaufpreisfinanzierung durch die Bank).
- Erschließungskosten. Wer trägt welche Kosten, insofern hier noch etwas anfällt?
- Rücktrittsrechte und Kaufpreisminderung. Wer kann unter welchen Umständen vom Kaufvertrag zurücktreten oder welche Ursachen berechtigen nachträglich zu einer Kaufpreisminderung (z.b. neue Schäden an der Bausubstanz, Brandschäden)?
- Bestimmungen für den Vollzug: Schriftlich fixierter Vollzugsauftrag an den Notar.
- Ausfertigungen und Abschriften (an wen gehen welche Ausfertigungen des Kaufvertrages? Z.B. an Verkäufer und Käufer, an das Grundbuchamt, an die Grunderwerbssteuerstelle, an den Gutachterausschuss und an die Gläubiger).
- Hinweise und Belehrungen durch den Notar.
- Salvatorische Klausel.

Nicht alle Verträge enthalten alle diese Regelungen. Viele Verträge enthalten aber vor allem Regelungen, die die Käuferseite klar benachteiligen. Die drei zwischenzeitlich wohl häufigsten Regelungen, die abweichend von den Bestimmungen des BGB vereinbart werden sind:
- Der Ausschluss der Sachmängelhaftung.
- Der Ausschluss der Rechtsmängelhaftung.
- Der Ausschluss des Rücktritts vom Kaufvertrag.

Grundsätzlich besagt das BGB im einleitenden Paragraphen 433 des Kaufvertragsrechts folgendes:

»(1) Durch den Kaufvertrag wird der Verkäufer einer Sache verpflichtet, dem Käufer die Sache zu übergeben und das Eigentum an der Sache zu verschaffen. Der Verkäufer hat dem Käufer die Sache frei von Sach- und Rechtsmängeln zu verschaffen.

(2) Der Käufer ist verpflichtet, dem Verkäufer den vereinbarten Kaufpreis zu zahlen und die gekaufte Sache abzunehmen.«

Dies sind grundsätzlich sinnvolle Regelungen. Das Problem ist nur, dass sie immer öfter ausgehebelt werden durch abweichende Regelungen.

Das BGB sieht unter § 434 eine Sachmängelhaftung des Verkäufers vor. Ein Sachmangel definiert sich gemäß BGB im Wesentlichen wie folgt:

»(1) Die Sache ist frei von Sachmängeln, wenn sie bei Gefahrübergang die vereinbarte Beschaffenheit hat. Soweit die Beschaffenheit nicht vereinbart ist, ist die Sache frei von Sachmängeln,

wenn sie sich für die nach dem Vertrag vorausgesetzte Verwendung eignet, sonst

wenn sie sich für die gewöhnliche Verwendung eignet und eine Beschaffenheit aufweist, die bei Sachen der gleichen Art üblich ist und die der Käufer nach der Art der Sache erwarten kann.«

Ferner sieht das BGB unter § 435 eine Rechtsmängelhaftung des Verkäufers vor. Rechtsmängel definieren sich gemäß § 435 BGB wie folgt:

»Die Sache ist frei von Rechtsmängeln, wenn Dritte in Bezug auf die Sache keine oder nur die im Kaufvertrag übernommenen Rechte gegen den Käufer geltend machen können. Einem Rechtsmangel steht es gleich, wenn im Grundbuch ein Recht eingetragen ist, das nicht besteht.«

Und schließlich sieht das BGB unter § 323 ein Rücktrittsrecht des Käufers bei nicht oder nicht vertragsgemäß erbrachter Leistung vor. Dieses ist in Absatz 1 des § 323 BGB wie folgt geregelt:

»Erbringt bei einem gegenseitigen Vertrag der Schuldner eine fällige Leistung nicht oder nicht vertragsgemäß, so kann der Gläubiger, wenn er dem Schuldner erfolglos eine angemessene Frist zur Leistung oder Nacherfüllung bestimmt hat, vom Vertrag zurücktreten.«

Viele Grundstücksverkäufer haben in Ihren Verträgen zu genau diesem Paragraphen Ausschlussregelungen und nehmen Ihnen dadurch die Möglichkeit des Rücktritts vom Vertrag. Daher sollten Sie sich Ausschlussregelungen genau dieses Paragraphen des BGB, der für Sie nicht mehr gelten soll, immer sehr genau ansehen.

Manchmal wird darüber hinaus auch die ausgleichende Regelung zu den Erschließungskosten gemäß § 436 BGB durch andere Regelungen aufgehoben. § 436 BGB regelt hierzu grundsätzlich folgendes:

»(1) Soweit nicht anders vereinbart, ist der Verkäufer eines Grundstücks verpflichtet, Erschließungsbeiträge und sonstige Anliegerbeiträge für die Maßnahmen zu tragen, die bis zum Tage des Vertragsschlusses bautechnisch begonnen sind, unabhängig vom Zeitpunkt des Entstehens der Beitragsschuld.

(2) Der Verkäufer eines Grundstücks haftet nicht für die Freiheit des Grundstücks von anderen öffentlichen Abgaben und von anderen öffentlichen Lasten, die zur Eintragung in das Grundbuch nicht geeignet sind.«

II. Der Grundstückskauf

Die Regelungen des BGB im Kaufvertragsrecht sind durchaus ausgewogene Regelungen. Immer dann, wenn von diesen Regelungen abgewichen werden soll, sollten Sie hellhörig werden und die abweichenden Regelungen mit denen vergleichen, die Ihnen aus dem BGB eigentlich zustehen. Meist sind abweichende Regelungen für Sie als Käufer deutlich ungünstiger als die BGB-Regelungen.

Es ist generell immer sinnvoll, einen Kaufvertrag, der Ihnen vorgelegt wird, durch einen spezialisierten Anwalt präventiv – also vor der Unterzeichnung – prüfen zu lassen. Anwälte mit Interessenschwerpunkt im Bau- und Immobilienrecht finden Sie im Branchenfernsprechbuch »Gelbe Seiten« Ihres Landkreises oder Ihrer Kommune (weitere Adressen siehe Anhang). Wichtig ist, dass Sie zuvor abklären, welche Kosten für eine solche Überprüfung auf Sie zukommen.

Neben dem klassischen Grundstückskauf im Vorfeld eines Bauvorhabens, gibt es zwischenzeitlich einen immer häufiger auftretenden Sonderfall des Grundstücksverkaufs, und zwar dann, wenn Sie mit dem Bauträger bauen. Immer öfter gehen Bauträger dazu über, nicht das zu errichtende Haus Zug um Zug während der Errichtung samt Grundstück zu veräußern, sondern Sie legen Kunden einen Grundstückskaufvertrag mit einem verbundenen Werkvertrag zur Errichtung eines Gebäudes vor. Dieses Vorgehen hat für den Bauträger den großen Vorteil der Reduzierung seines finanziellen Risikos. Denn im Normalfall erwirbt ein Bauträger zunächst ein Grundstück von einem Dritten, um dieses dann im Zuge seiner eigenen Vermarktung weiterzuverkaufen. Läuft die Vermarktung schlecht, trägt er selbst die finanziellen Lasten aus dem Grundstückskauf. So kommt es, dass Bauträger immer häufiger gar nicht als Grundstückseigentümer auftreten, sondern den Grundstücksverkauf zwischen dem bisherigen Eigentümer und einem Käufer nur einfädeln, dabei aber an den notariellen Kaufvertrag des Grundstücks auch einen rechtsverbindlichen Werkvertrag zur Errichtung eines Gebäudes koppeln. Das heißt, Sie erwerben ein Grundstück von einem Dritten und haben gleichzeitig die Pflicht der Errichtung eines Gebäudes mit einem bestimmten Bauträger.

Solche Vereinbarungen bergen gleich mehrere Gefahren. So tragen Sie bei solchen Verträgen beispielsweise das volle Risiko dafür, dass der Grund und Boden des Grundstücks auch alle Voraussetzungen mitbringt, die die Planungen des Bauträgers zur Gebäudeerrichtung vorsehen. Stellt sich nach dem durch Sie erfolgten Grundstückkauf z.B. heraus, dass die Kellerplanung des Bauträgers wegen hochstehendem Grundwasser so nicht umgesetzt werden kann, ist dies nicht sein Problem, sondern Ihr Problem, denn das Grundstück ist das Ihre und Sie sind verpflichtet dem Bauträger umfassende Angaben zum Grundstück zu machen, also z.B. auch zum Grundwasserstand, damit er daran seine Planung ausrichten kann. Müssen dann ggf. aufwändige Umplanungen vorgenommen werden, geht dies zu Ihren Lasten, nicht zu seinen.

Ein anderes Risiko ist das Problem des Baubeginns: Sollen auf dem Grundstück Reihenhäuser oder Doppelhäuser errichtet werden, was bei Bauträgern fast immer der Fall ist, da sie an Einzelhäusern aus Renditegründen nur selten interessiert sind, ist häufig die Voraussetzung für den Baubeginn in den Verträgen fixiert. Da heißt es dann etwa, dass mit dem Bau erst begonnen wird, wenn auch alle anderen Grundstücke veräußert sind. Wie lange das dauert, steht aber nirgendwo. Das heißt, Sie haben ggf. sehr früh ein Grundstück erworben und müssen dann u.U. Monate oder gar Jahre warten, bis mit dem Bauen überhaupt begonnen wird, ohne dass Sie die Chance hätte das Bauvorhaben dann eben anderweitig, z.B. mit einem Generalübernehmer, umzusetzen.

Überlegen Sie gut, ob Sie sich auf solche Abenteuer wirklich einlassen wollen. Um diese zu umgehen, können Sie auf solche Verträge entweder komplett verzichten oder aber Sie vor Abschluss sorgsam mit einem kundigen Anwalt durchgehen, damit er Sie auf solche und ähnliche Risiken aufmerksam machen und Alternativvorschläge entwickeln kann. Eigene Formulierungsvorschläge für Vertragstexte sollten Sie als Laie in jedem Fall vermeiden. Die Rechtssprache ist sehr komplex und schnell sind gutgemeinte Formulierungen das Gegenteil dessen, was gemeint war oder sie sind widersprüchlich zu anderen Vertragsbestandteilen oder auch gleich nichtig. Formulierungen in Verträgen sollten Fachanwälten und ihrer Erfahrung vorbehalten bleiben.

Übrigens: Architekten sind – gemäß Rechtsprechung des Bundesgerichtshofs (BGH) – sogenannte verbundene Geschäfte untersagt, bei denen ein Grundstückkauf an einen Werkvertrag zum Hausbau mit einem bestimmten Architekten gekoppelt wird. Dieses Detail zeigt Ihnen, dass der Architekt gegenüber seinem Bauherrn als unabhängiger Treuhänder auftreten soll und nicht – wie der Bauträger – als reiner Verkäufer. Viele weitere Unterschiede beim Bauen mit den unterschiedlichen Baupartnern werden Sie im Folgenden kennen lernen. Deren Kenntnis ist für die möglichst weitgehende Reduzierung von Ärger am Bau wichtig.

C. Bauen mit dem Bauträger

Das Bauen mit dem Bauträger zählt heute zu einem der meistgenutzten Wege um zu Wohneigentum zu gelangen. Dies liegt aber nicht unbedingt an der Kundenfreundlichkeit oder Kompetenz der Bauträger sondern dies liegt, vor allem in Ballungsräumen, an einem knappen Grundstücksangebot. Hier kommen Bauträger ins Spiel, also gewerbliche Unternehmer oder Unternehmen, die meist größere Grundstücke aufkaufen, parzellieren und schließlich mit Reihenhäusern oder mit Geschosswohnungen bebauen und diese Häuser oder Wohnungen dann einzeln wieder weiterverkaufen.

Wer in Deutschland als Bauträger auftreten will, benötigt nur zwei Voraussetzungen: Ein polizeiliches Führungszeugnis ohne Einträge und eine Gewerbeanmeldung. Dies hat dazu geführt, dass sich auf dem Bauträgermarkt in Deutschland sehr viele Anbieter tummeln, die – um es sehr vorsichtig zu formulieren – teilweise ausgesprochen niedrige Qualifikation und Qualität offerieren. Während beispielsweise Architekten erhebliche Beratungspflichten und daraus resultierende Haftungsverpflichtungen haben, ferner natürlich ein Studium absolvieren und Praxiserfahrung nachweisen müssen, bevor sie ihre Leistung anbieten dürfen und während Fertighaushersteller ihre Produkte in starker Konkurrenz zu anderen Herstellern anbieten müssen mit hohem Investitionsaufwand in der Fertigung, kann bei einem Bauträger bereits ein sehr schön gelegenes Grundstück, auf dem er sein Bauvorhaben errichten will, dazu führen, dass er problemlos Kunden findet und diese bereit sind, selbst extrem nachteilige und risikobehaftete Kaufverträge zu unterzeichnen. Das heißt die Konkurrenzsituation unter Bauträgern findet eher weniger vor dem Kunden statt, sondern zeitlich weit davor, schon bei der Suche und dem Ankauf geeigneter Grundstücke durch die Bauträger, wo ein Bauträger natürlich versucht dem anderen zuvorzukommen.

Qualifikation des Bauträgers

Beim Bauen mit dem Bauträger sehen viele Kunden die Tatsache des schlüsselfertigen Angebotes, also alles aus einer Hand zu erhalten, als großen Vorteil an. Das dem bei weitem nicht immer so ist, werden wir noch sehen.

I. Bauen mit oder kaufen vom Bauträger?

Wenn Sie in Deutschland mit einem Bauträger bauen, also ein Grundstück samt noch zu errichtendem Haus erwerben, bauen Sie eigentlich nicht mit dem Bauträger, sondern Sie kaufen ein Haus vom Bauträger. Was sich anhört wie ein kleines Detail ist rechtlich ein sehr großer Unterschied. Der erste Punkt ist, dass Sie rechtlich nicht in der Rolle des Bauherrn stecken, der beispielsweise erhebliche haftungsrechtliche Verantwortung für die Baustelle trägt. Der zweite Punkt ist, dass Sie in aller Regel auf einer anderen rechtlichen Basis mit dem Bauträger zusammenarbeiten werden, als wenn sie z.B. mit einem Generalübernehmer auf Ihrem eigenen Grundstück bauen würden.

Bauen Sie also klassisch mit dem Bauträger, das heißt, kaufen Sie das Grundstück samt zu errichtendem Haus von einem Bauträger, dann gilt für diesen Kauf die sogenannte Makler- und Bauträgerverordnung (MaBV). Die MaBV regelt im Wesentlichen die Pflichten und Rechte von Bauträgern gegenüber ihren Kunden und den aufsichtsführenden Behörden. Mehr zur MaBV erfahren Sie ab. S. 32. Sie finden den vollständigen Wortlaut der Makler- und Bauträgerverordnung außerdem im Anhang dieses Buches. Lesen Sie diese ruhig einmal durch, Sie erhalten dadurch ein erstes Bild davon, auf welcher Rechtsbasis Sie sich bei der Zusammenarbeit mit einem Bauträger u.a. bewegen.

II. Das Bauträgerangebot

Aber der Reihe nach. Normalerweise begegnen Sie Bauträgern durch Immobilienanzeigen in Ihrer regionalen Tageszeitung, mitunter auch im Internet. Nicht immer haben Sie es dabei direkt mit dem Bauträger zu tun, häufig auch mit einem zwischengeschalteten Makler. Hier ist also Vorsicht geboten. Wenn Sie eine Anzeige im Internet sehen, drucken Sie diese aus oder speichern Sie diese, denn manchmal benötigt man diese noch, beispielsweise wenn es um Courtage-Ansprüche eines Maklers geht, er in der betreffenden Anzeige aber evtl. mit Courtage-Freiheit geworben hat. Ausgesprochen ärgerlich ist ohnehin, dass im Internet Makler- und Privatanzeigen häufig vermengt werden. Wer ohne Makler eine Bauträger-Immobilie sucht, kann hierbei oft nicht strukturiert vorgehen, sondern muss sich durch viele halbseidene Angebote von Maklern kämpfen. Die regionale Tageszeitung ist da nach wir vor eine gute Alternative. Sie finden dort in aller Regel auch das mit Abstand größte regionale Angebot und Sie haben die geschalteten Anzeigen Schwarz auf Weiß vor sich, können diese ausschneiden und gut archivieren.

Wenn Sie ein Angebot sehen, das ausschließlich über einen Makler vermittelt wird, sollten Sie bei der ersten Kontaktaufnahme klären, wer die Courtage trägt, Käufer oder Verkäufer, und wenn Sie sie tragen müssten, wie hoch sie ist. Gibt es eine Courtage?

Nehmen Sie direkt mit einem Bauträger Kontakt auf, haben Sie diese Probleme zunächst nicht, sollten aber zur Sicherheit auch bei ihm die Courtage-Frage klären, denn die Courtage für eine reine Immobilienvermittlung beträgt immerhin 3 bis 6 % des Kaufpreises einer Immobilie, ist also unangemessen hoch. Das gesamte Honorar eines Architekten beispielsweise für die komplette Planungs- und Bauleitungsleistung zur Errichtung eines Gebäudes beträgt ca. 10 % des Baupreises. Vergleichen Sie die umfangreichen Leistungen eines Architekten, vom Entwurf über die Baueingabe bis zur Ausschreibung und Bauüberwachung samt dem kompletten Haftungsrisiko und stellen dagegen die einfache Maklertätigkeit mit minimalem Haftungsrisiko, wird Ihnen die Unangemessenheit jeder Maklercourtage sofort klar. Wenn Sie es können, verzichten Sie also auf jeden Fall auf Makler.

Wenn Sie direkt mit dem Bauträger Kontakt aufnehmen, werden Sie es in aller Regel mit drei Situationen bezüglich dem Bautenstand des Projekts zu tun haben: Welchen Stand hat das Projekt?

- Das Projekt existiert zwar auf ersten Plänen, mit dem Bau wurde aber noch nicht begonnen.
- Das Projekt wurde bereits begonnen, ist aber noch nicht fertiggestellt.
- Das Projekt ist bereits fertiggestellt und Sie könnten theoretisch sofort einziehen.

Wenn ein Projekt bereits fertiggestellt ist und Sie es im fertigen Zustand besichtigen können, dann haben Sie eine ganze Reihe von Vorteilen. So können Sie z.B. die Raumgrößen, die Raumhöhen, die Raumaufteilung, die Oberflächenmaterialien gut sehen. Verborgen bleiben Ihnen Dinge wie die Rohbaumaterialien, die Kellerabdichtung und ähnliches. Trotzdem können Sie sich doch einen ganz guten Eindruck der Immobilie verschaffen und ggf. auch Fachleute zu Besichtigungsterminen mitnehmen. Und Sie haben einen weiteren, großen Vorteil: Der Bauträger kann während des Bauvorhabens nicht mehr in die Insolvenz geraten. Der

Baufortschritt ist also nicht mehr gefährdet und die Gefahr der Überbezahlung während der Bauphase besteht nicht.

Allerdings werden Sie nur in den seltensten Fällen auf bereits fertiggestellte Objekte treffen. Denn es ist für einen Bauträger natürlich in hohem Maße unwirtschaftlich, ein Bauvorhaben komplett alleine vorzufinanzieren um es anschließend ggf. langwierig zu verkaufen. Sehr viel wirtschaftlicher ist es natürlich, das Gebäude möglichst bereits komplett verkauft zu haben, bevor der erste Bagger anrückt. Also werden Sie sehr häufig auf nur geplante Projekte treffen. Das heißt, Sie kaufen keine fertige Immobilie, sondern eine fiktive, nur geplante. Das ist ein großer Unterschied mit erheblichen Konsequenzen für Sie.

III. Die Baubeschreibung

Ist die Baubeschreibung detailliert und vollständig?

Wenn Sie eine Immobilie samt Grundstück vom Bauträger kaufen, dann geschieht dies grundsätzlich durch einen notariellen Kaufvertrag (siehe auch Kapitel B) mit einer darin eingefügten oder als Anlage beigefügten sogenannten Leistungsbeschreibung oder Baubeschreibung. Diese Baubeschreibung ist alles, was Sie in der Hand haben, was die Ausführungsart und Ausführungsqualität eines noch zu errichtenden Gebäudes betrifft. Dies wäre akzeptabel, wenn die Baubeschreibung bestimmte Mindeststandards oder ähnliches einhalten müsste. Dies muss sie aber nicht. Die Qualität von Baubeschreibung ist in Deutschland keiner einzigen Norm oder Verordnung unterworfen. Der BGH hat zwischenzeitlich nur entschieden, dass das völlige Fehlen einer Baubeschreibung zur Nichtigkeit des Kaufvertrags führen kann. Diese Situation hat in Deutschland zwischenzeitlich zu einer vollkommen desolaten Qualität von Baubeschreibungen geführt. Denn je weniger umfangreich und exakt sich ein Bauträger ausdrückt, desto weniger Rechtsansprüche hinsichtlich der Bauleistung können gegenüber ihm geltend gemacht werden. Außerdem behält er sich auf diese Weise alle Optionen des Baustoffeinsatzes und der Baustoffverarbeitung offen. Dies erhöht nebenbei auch seine Gewinnmarge deutlich, denn er kann letztlich jeweils das billigste Material wählen. Würde man eine durchschnittliche Baubeschreibung, wie sie Bauträger in Deutschland ihren Kunden vorlegen, auf den Automobilsektor übertragen, würde sich dies – leider ohne Übertreibung – etwa wie folgt lesen.

III. Die Baubeschreibung

»Sie erwerben ein Fahrzeug mit moderner Karosserie und Türen zum Einsteigen sowie Schiebedach zum öffnen. Im Fahrzeuginnern befinden sich angenehme Sitze und ein schönes Armaturenbrett. Farbe, Form und Ausstattung nach Wahl des Fahrzeugherstellers. Das Fahrzeug wird mit einem Fahrgestell, einem Motor und einem Getriebe geliefert. Das Fahrgestell hat vier sportliche Räder, der Motor mehrere Zylinder und das Getriebe einige Vorwärtsgänge sowie einen Rückwärtsgang zum Rückwärtsfahren. Die technische Ausstattung des Fahrzeugs entspricht gültigen Normen. Das Fahrzeug ist von so hoher Qualität, dass es sogar vom TÜV für den Straßenverkehr zugelassen wurde. Ausstattungsänderungen durch den Hersteller sind jederzeit möglich und berechtigen nicht zur Minderung des Kaufpreises. Dieser beträgt 35.000,- Euro. Das Fahrzeug wird in Raten bezahlt, nach Fortschritt der Fahrzeugfabrikation. Wann welcher Fabrikationsstand erreicht ist, bestimmt der Hersteller und teilt es Ihnen mit. Das Betreten der Fabrikationsanlage ist nur mit vorheriger schriftlicher Genehmigung und unter Aufsicht gestattet.

Der Übergabetermin des Fahrzeugs wird Ihnen zehn Tage im Voraus mitgeteilt. Sollten Sie zur Übergabe verhindert sein, gilt das Fahrzeug als wunschgemäß abgenommen.«

Viele Baubeschreibungen sind nicht länger als vier bis fünf Seiten und enthalten vollkommen inhaltsleere Floskeln, wie »Bad mit hochwertiger Ausstattung« und ähnliche Definitionen. Niemand weiß, was eine »hochwertige Ausstattung« ist, auch wenn es sich zunächst gut anhört. Es ist vor allem kein rechtlich klar definierter Begriff. Das heißt, wenn es zum Streit darüber kommt, welche Leistung Ihnen zusteht, haben Sie es dann im Zweifel mit nichtssagenden, schwammigen Begriffen zu tun. Wichtig ist also, dass Sie eine Baubeschreibung erhalten, die vollständig, detailliert und mit rechtlich klar fassbaren Begriffen darlegt, welche Leistungen Sie für Ihr Geld erhalten, also z.B. welche Armatur welcher Serie welches Herstellers in welcher Farbe Sie erhalten. Damit Sie einmal sehen können, wie eine vollständige und detaillierte Baubeschreibung aussieht, finden Sie im Anhang dieses Buches eine komplette Musterbaubeschreibung. Lesen Sie diese ruhig einmal durch, um ein Gefühl dafür zu entwickeln, wie eine Baubeschreibung aufgebaut ist und was in ihr alles benannt sein sollte.

Der Verbraucherrat des Deutschen Instituts für Normung (www.verbraucherrat.din.de) unternahm schon vor längerer Zeit den Versuch, Baubeschreibungen zu normen. Dies scheiterte bedauerlicherweise am Widerstand einer wesentlichen und für den Normungsprozess maßgeblichen Gruppe. So bleibt Verbrauchern absehbar weiterhin nichts anderes übrig, als sich selbst um eine ausreichende Qualität von Baubeschreibungen zu kümmern.

Unterstützung erhalten Sie hierbei von verschiedenen Institutionen.

Verbraucherzentralen bieten Hilfe

In Rheinland-Pfalz, Hessen und Baden-Württemberg beispielsweise helfen die Verbraucherzentralen bei der Prüfung von Baubeschreibungen. Über die Internetadresse www.verbraucherzentrale.info finden Sie die jeweiligen Beratungsangebote in den Ländern. Das umfassendste Angebot existiert in Baden-Württemberg (www.vz-bawue.de), wo an vier Standorten, in Stuttgart, Ulm, Karlsruhe und Freiburg eine Vor-Ort-Beratung durch Ingenieure und Anwälte angeboten wird. Diese Beratung ist nicht ganz billig, deckt aber häufig gravierende Mängel in Baubeschreibungen auf, die ein Vielfaches der Beratungskosten verursachen würden. Ein bundesweites telefonisches Prüfungsangebot von Baubeschreibungen bietet ferner das Institut Bauen und Wohnen an (www.institut-bauen-und-wohnen.de).

IV. Kaufvertragsbestandteile

Neben einer sorgsamen Baubeschreibung fehlen bei den Kaufunterlagen des Bauträgers häufig auch folgende Dokumente:
- Bodengutachten
- Baugesuch
- Statik
- Werkplanung (wenn schon vorhanden)
- Energiebedarfsausweis nach der Energieeinsparverordnung (EnEV)
- Wohnflächenberechnung nach der Wohnflächenverordnung (WoFlV)

Das Bodengutachten...
...ist wichtig, damit Sie wissen, auf welchem Grund und Boden Sie überhaupt bauen. Zur Bedeutung des Bodengutachtens finden Sie wichtige Hinweise auch in Kapitel B des vorliegenden Buches.

Das Baugesuch...
...ist deshalb wichtig, weil es zum Zeitpunkt des Verkaufs nach MaBV ohnehin vorliegen muss und dadurch auch problemlos Vertragsbestandteil werden kann, was den Vorteil hat, dass exakte und vermaßte Pläne im Maßstab 1:100 Vertragsbestandteil werden.

Die Statik...

...des Gebäudes kann bei späteren An- oder Umbauten einmal wichtig sein, aber genauso auch bei auftretenden Schäden.

Die Werkplanung oder Ausführungsplanung...

...im Maßstab 1:50 sollte Vertragsbestandteil werden, wenn Sie zum Kaufzeitpunkt bereits vorliegt, weil sie nochmals deutlich detaillierter ist als die Baugesuchsplanung.

Der Energiebedarfsausweis...

...nach der Energieeinsparverordnung (EnEV) muss seit dem 02. Februar 2002 ohnehin jedem Baugesuch beiliegen. Auch dieser sollte also samt Rechenwegen dem Vertrag als Anlage beiliegen. Wie ein solcher Ausweis aussieht können Sie dem Anhang des Buches entnehmen, wo das Muster eines solchen Ausweises abgebildet ist.

Die Wohnflächenberechnung...

...nach der Wohnflächenverordnung (WoFlV) samt Rechenweg gibt Ihnen wichtige Auskünfte über die Wohnfläche, die Sie überhaupt kaufen. Häufig werden Ihnen hier Wohnflächenberechnungen vorgelegt, die sich nach keinerlei Norm oder Verordnung richten, sondern völlig freie Berechnungen sind. Dies ist deswegen problematisch, weil Sie die Richtigkeit der Berechnung dann nicht gegenprüfen können bzw. bei zu hohen Flächenansätzen im Zweifel auch keine Basis für einen Rechtsanspruch haben. Ist die Wohnfläche hingegen nach der Wohnflächenverordnung berechnet, ist klar, wie gerechnet werden muss und welche Flächen berücksichtigt werden dürfen und welche nicht.

Häufig werden Ihnen auch Berechnungen nach der DIN 276 oder nach der DIN 283 vorgelegt. Die DIN 283 ist längst nicht mehr aktuell. Die DIN 276 ist die heute gültige Norm. Sie ist allerdings nur vorgesehen für die Flächenermittlung im Zuge der Baukostenermittlung eines Bauwerks, nicht für die Ermittlung etwa von Wohnflächen für Bewohner, seien es Eigentümer oder Mieter. So bezieht die DIN ganz andere Flächen in die Berechnungen mit ein, als dies die Wohnflächenverordnung tut. Fördebanken wie die KfW-Förderbank oder die Landeskreditbanken verlangen daher in aller Regel auch eine Wohnflächenberechnung nach der Wohnflächenverordnung, um die Förderfähigkeit zu überprüfen.

V. Gebäudeaufteilungen nach dem Wohnungseigentumsgesetz (WEG)

Neben diesen Unterlagen finden Sie bei den Kaufvertragsunterlagen häufig auch folgendes Dokument:

- Teilungserklärung nach Wohnungseigentumsgesetz (WEG)

Eher selten finden Sie auch schon einen

- WEG-Verwaltervertrag

Was hat es mit diesen Unterlagen auf sich?

Teilungserklärungen nach dem WEG-Recht kommen immer dann auf Sie zu, wenn Sie ein Haus oder eine Wohnung kaufen, das oder die nur Teil eines Gesamtgebäudes ist, das sie mit anderen teilen. Bei Häusern betrifft dies häufig Doppel- oder Reihenhäuser, bei Wohnungen eigentlich alle Eigentumswohnungen. Viele Käufer von Bauträgerimmobilien denken beim Kauf eines Reihenhauses zunächst gar nicht daran, dass Sie rechtlich möglicherweise gar kein Haus kaufen, sondern nur einen Sondereigentumsanteil an einem Gesamtgebäude. Das Gesamtgebäude können beispielsweise zehn Reihenhäuser auf einem gemeinsamen Grundstück sein. Es kann dann z.B. sein, dass alle Reihenhäuser von außen zwar zunächst aussehen wie einzelne Häuser, aber beispielsweise über nur eine gemeinsame Heizungsanlage verfügen, die alle Häuser versorgt, ferner keine doppelten Haustrennwände haben sondern nur einfache und schließlich auch keine separierten Außenanlagen haben, sondern eine gemeinsame Außenanlage mit Grünanteilen, Parkplatz, Mülltonnenstellplatz etc. Warum teilen Bauträger Reihenhäuser aber überhaupt mach dem WEG-Recht auf? Die Antwort ist sehr einfach: Aus Kostengründen. Es ist sehr viel wirtschaftlicher nur eine zentrale Heizungsanlage einzubauen, durchgehende Geschossdecken und einfache Trennwände zu bauen, als tatsächlich einzelne Häuser in sogenannter Realteilung zu errichten, mit jeweils eigener Heizung, eigenem Fundament, eigenen Geschossdecken, durchgängigen doppelten Haustrennwänden und eigenem Dachstuhl etc.

Außerdem ist die Parzellierung von großen Grundstücken in mehrere einzelne aufwändig und auch nicht immer möglich. Die Voraussetzung, um ein Haus auch wirklich als Haus nach Realteilung verkaufen zu können, ist natürlich, dass es auch auf eigenem

Grund und Boden steht. Dies ist bei vielen modernen Reihenhausanlagen nicht mehr der Fall. Die Häuser stehen auf einem gemeinsamen Grundstück und Sie erwerben beim Kauf nur einen sogenannten Miteigentumsanteil an diesem Grundstück. Das heißt, auch der Garten hinter Ihrem Haus gehört nicht Ihnen, sondern er gehört allen Mitbewohnern. Sie haben nur möglicherweise ein Sondernutzungsrecht an einer klar definierten Grünfläche hinter Ihrem Haus. So entsteht die Illusion, man kaufe ein Haus, rechtlich kauft man aber nur eine mehrstöckige Eigentumswohnung mit Gartenanteil.

In der Wohnpraxis hat dies durchaus erhebliche Auswirkungen. So kann z.B. nicht jeder »Hausbesitzer« ohne weiteres und ohne Abstimmung mit seinen Nachbarn einen Neuanstrich »seiner« Fassade oder eine Einzäunung »seines« Gartens veranlassen, denn weder Fassade noch Garten sind ihm. Dies muss mit allen Eigentümern abgestimmt werden, wenn in der Teilungserklärung nichts anderes geregelt ist. Ggf. müssen sogar die Heizkosten untereinander abgerechnet werden oder die Müllgebühren etc. Diese Aufgabe nimmt in aller Regel ein sogenannter Wohnungseigentumsverwalter (WEG-Verwalter) wahr. Manchmal ist bereits beim Kaufvertrag auch ein entsprechender Vertrag mit einem WEG-Verwalter als Anlage enthalten. Denn es kann sein, dass der Bauträger bereits einen WEG-Verwalter mit der Verwaltung beauftragt hat. In einem solchen Fall ist es sehr wichtig, dass Sie tatsächlich den Vertrag vorgelegt bekommen und sich die Detailbestimmungen ansehen, so u.a. auch die Laufzeit des Vertrages, denn Sie werden spätestens während der Bewohnung in intensivem Austausch mit dem WEG-Verwalter stehen.

Ein Problem bei von Bauträgern eingeschalteten WEG-Verwaltern ist häufig, dass diese im Falle von Baumängeln innerhalb der Gewährleistungszeit nicht immer mit dem notwendigen Nachdruck vorgehen. Das liegt ganz einfach daran, dass die Verwalter es sich mit dem Bauträger nicht unbedingt verscherzen wollen, haben sie doch ein Interesse daran, vom Bauträger für die Verwaltung weiterer Objekte verpflichtet zu werden und damit Geld zu verdienen. Aber es geht noch weiter: Häufig betreiben Bauträger sogar eigene WEG-Verwaltungsunternehmen und übernehmen die Verwaltung der Immobilie nach Fertigstellung gleich mit. Auch hier können schnell Interessenkonflikte entstehen. Ist ein solcher Verwaltervertrag zu Ihrem Kaufzeitpunkt bereits geschlossen, können Sie ihn kaum mehr rückgängig machen. Es bleibt Ihnen dann nur, dem WEG-Verwalter bei seiner Arbeit, insbesondere in Mängelangelegenheiten während der Gewährleistungszeit, sehr genau auf die Finger zu sehen.

Den vollständigen Wortlaut des WEG-Gesetzes finden Sie als Taschenbuchausgabe im Buchhandel oder auch im Internet unter der offiziellen Online-Gesetzessammlung des Bundesjustizministeriums: www.gesetze-im-internet.de. Wenn Sie noch tiefer in das WEG-Recht einsteigen wollen, empfiehlt sich ein Kommentar zum WEG-Gesetz, den Sie ebenfalls im Buchhandel erhalten.

VI. Der Kaufvertrag mit Ratenzahlungsvereinbarung nach MaBV

Nachdem Sie Probleme der Vollständigkeit der Kaufunterlagen beim Bauen mit dem Bauträger nun etwas übersehen können, kommt jetzt natürlich noch das Problem des eigentlichen Kaufvertrags auf Sie zu.

Für noch zu errichtende Immobilien findet in jedem Fall das Werkvertragsrecht nach §§ 631 bis 651 BGB Anwendung, bisweilen auch das Werkvertragsrecht nach der Vertrags- und Vergabeordnung für Bauleistungen (VOB). Bei bereits fertiggestellten Immobilien kann wiederum das Kaufrecht nach §§ 433 bis 453 Anwendung finden.

Die VOB:

Die VOB ist eine Allgemeine Geschäftsbedingung, die vom Deutschen Vergabe Ausschuss (DVA) herausgegeben wird. In diesem Ausschuss sind Auftraggeber und Auftragnehmer paritätisch vertreten und machen den Versuch, ausgewogene Geschäftsbedingungen für Verträge von Bauvorhaben zu entwickeln. Die VOB besteht aus drei Teilen: VOB / A, VOB / B und VOB / C. Die VOB / A ist für private Bauherren von nicht allzu großem Interesse, da sie im Wesentlichen das Vergabewesen, vor allem bei der Vergabe öffentlicher Aufträge, regelt. Die VOB / B hingegen ist für private Bauherren von großem Interesse, da in ihren knapp 20 Paragraphen alle wesentlichen vertraglichen Regelungen, etwa zu Ausführung, Ausführungsfristen, Mängeln, Zahlungen, Einbehalten, Abnahmen, Gewährleistungen etc. geregelt werden. Teil C der VOB enthält eine große Anzahl von DIN-Normen und bestimmt damit, nach welchen Qualitätsmaßstäben ausgeschrieben und gebaut werden muss.

Die VOB kann entweder mit den Teilen A, B und C vereinbart werden oder aber auch nur mit dem Teil B, als sogenannter VOB / B-Vertrag. Aber auch bei einem VOB / B-Vertrag ist der Teil C automatisch Vertragsbestandteil, was § 1 Absatz 1 der VOB / B direkt regelt. Die VOB muss aber – entweder als VOB oder als VOB / B – »als Ganzes« vereinbart werden, um wirksam vereinbart zu sein, es können nicht nur einzelnen Regelungen vereinbart werden oder zahlreiche Ausnahmen und Änderungen vorgenommen werden, die den Regelungen der VOB zu widerlaufen. Ferner muss die VOB Vertragspartnern, die sie nicht kennen, dies sind in der Regel ale Bauherren, »wirksam zur Kenntnis gebracht werden«, das heißt mindestens schriftlich ausgehändigt werden.

Die VOB wird von Bauträgern beim Verkauf von schlüsselfertigen Häusern allerdings seltener eingesetzt, als der klassische BGB-Werkvertrag, da beim Bauen mit dem Bauträger ja auch kein klassisches Bauherren-Bauunternehmer-Verhältnis entsteht, sondern ein Verkäufer-Käufer-Verhältnis. Anders ist es beim Bauen mit dem Generalübernehmer auf dem eigenen Grundstück. Hier stehen Sie in einem klassischen Bauherren-Bauunternehmer-Verhältnis, weshalb dort die VOB die bevorzugte Geschäftsbedingung ist, was Sie im folgenden Kapitel D ausführlich sehen werden

Sie finden den vollständigen Abdruck der aktuellen VOB / B im Anhang dieses Buches.

Das Werkvertragsrecht des BGB:

Das Werkvertragsrecht des BGB wird durch die Paragraphen 631 bis 651 geregelt. Im Gegensatz zur VOB enthält es eher allgemeinere Bestimmungen, die nicht speziell auf den Bausektor zugeschnitten sind, sondern für Werkverträge generell gelten, also Verträge für herzustellende Werke, die noch geschaffen werden müssen. Die BGB-Regelungen sind sozusagen ein Rahmen, der im Zuge von Vertragsschlüssen dann spezifiziert wird, während die VOB-Regelungen fast schon vollständige Geschäftsbedingungen sind. Dass auch in ihnen trotzdem noch vieles exakter geregelt werden muss, erfahren Sie in Kapitel D.

Wesentliches Kennzeichen des Werkvertragsrechtes ist es, dass Ihnen ein Werkerfolg geschuldet wird, also ein mangelfreies Werk. Was sich zunächst banal anhört ist eine sehr wichtige Regelung. Das heißt beispielsweise, der Bauträger schuldet Ihnen ein mangelfreies Bauwerk. Im BGB sind ferner, ähnlich wie in der

VOB, Regelungen zu Zahlungen, Abnahmen, Gewährleistung etc. enthalten.

Sie finden den vollständigen Abdruck des BGB Werkvertragsrechts nach den Paragraphen 631 bis 651 im Anhang dieses Buches. Sie können dadurch sehr gut auch beide Regelungen, also das Werkvertragsrecht des BGB und die VOB / B miteinander vergleichen.

Das Kaufvertragsrecht des BGB:

Bereits fertiggestellte Immobilien werden zumeist nach dem Kaufvertragsrecht des BGB veräußert. Auch dieses gibt einen Rahmen vor, innerhalb dessen sich Kaufverträge bewegen müssen. Geregelt wird das Kaufvertragsrecht durch die Paragraphen 433 bis 453. Auch hier wieder werden Dinge wie Rechts- oder Sachmängel am Kaufgegenstand, Haftungsfragen, Rücktrittsrechte, Gewährleistungen geregelt.

Auch den vollständigen Wortlaut des Kaufvertragsrechts nach den Paragraphen 433 bis 453 finden Sie im Anhang dieses Buches.

Es ist sinnvoll und wichtig, sich diese Texte einmal durchzulesen, denn sie stellen die Rechtsbasis dar, auf der Sie das wahrscheinlich kostenintensivste Geschäft Ihres Lebens abwickeln. Daher sollten Sie die Bestimmungen gut kennen.

Die Makler- und Bauträgerverordnung

Unabhängig davon, ob Sie beim Bauträger einen Vertrag nach BGB oder VOB abschließen, findet auf jeden Fall auch die bereits erwähnte Makler- und Bauträgerverordnung (MaBV) Anwendung. Die MaBV ist eine spezielle Verordnung für das Verhältnis zwischen Makler bzw. Bauträger einerseits und Immobilienkäufer andererseits. Die MaBV regelt viele wichtige Dinge, wie z.B. die Verwendung der Geldmittel der Kunden. So müssen die einzelnen Kundengelder getrennt verwaltet werden und dürfen nur für das Bauvorhaben eingesetzt werden, für das der Kunde auch einen Vertrag unterzeichnet hat. Das hört sich zunächst banal an, aber ohne solche Regelungen wären die Konsequenzen u.U. fatal. Auch enthält die MaBV beispielsweise detaillierte Buchführungspflichten für Makler und Bauträger.

Damit Sie auch die MaBV möglichst exakt kennen lernen können, finden Sie auch diese, wie schon erwähnt, als vollständigen Abdruck im Anhang dieses Buches.

Die wahrscheinlich wichtigste Regelung der MaBV für Verbraucher ist der »§ 3 Besondere Sicherungspflichten für Bauträger«. In diesem Paragraphen ist u.a. festgelegt, welche Voraussetzungen für den Abschluss eines Bauträgerkaufvertrages vorliegen müssen und in welchen Raten der Kaufpreis gezahlt wird. Hierzu gleich mehr.

Grundsätzlich gehören in einen Bauträger-Kaufvertrag natürlich alle Punkte, die bereits in Kapitel B zum Grundstückskauf angesprochen wurden. Und wie ebenfalls in Kapitel B angesprochen, wird man Ihnen sehr wahrscheinlich einen Kaufvertrag mit dem Ausschluss von Rechts- und Sachmängeln vorlegen, mindestens das Grundstück betreffend, ferner wird man Ihnen das Rücktrittsrecht wegen nicht oder nicht vertragsgemäß erbrachter Leistung, das Ihnen nach § 323 BGB eigentlich zusteht, nicht gewähren. Aber damit leider nicht genug, denn eines der komplizierten Probleme bei Bauträgerverträgen ist natürlich auch die Bezahlung eines noch zu errichtenden Objekts. Ist das Gebäude bereits fertig errichtet, sind die Probleme kleiner, Sie zahlen dann zwar in der Regel in einem Zug, haben im Gegenzug aber auch sofort mindestens die Sicherheit eines fertiggestellten Hauses, dessen Qualität Sie zuvor ausgiebig begutachten konnten / sollten.

Dieses ist bei einem noch zu errichtenden Haus nicht der Fall, daher werden Ratenzahlungen vereinbart. Hier kommt nun die MaBV ins Spiel, denn diese Ratenzahlungen können Bauträger nicht willkürlich vereinbaren, sondern Sie müssen sich mindestens an die Ratenzahlungsbestimmungen der MaBV halten. Besondere Bedeutung kommt hier, wie erwähnt, § 3 der MaBV »Besondere Sicherungspflichten für Bauträger« zu. In diesem sind vor allem zwei Dinge geregelt:

Ratenzahlung nach der MaBV

- Unter welchen Vorrausetzungen sind Zahlungen zu leisten.
- In welchen Raten sind Zahlungen zu leisten.

Zu 1: Zahlungen sind gemäß MaBV nur dann zu leisten, wenn folgende Punkte erfüllt sind:

- Der Kaufvertrag muss rechtswirksam sein.
- Die Auflassungsvormerkung im Grundbuch muss eingetragen sein.
- Die Freistellung des Vertragsobjekts von allen eingetragenen Grundpfandrechten, die der Auflassungsvormerkung vorstehen oder gleichstehen und nicht übernommen werden sollen muss vorliegen, auch wenn das Bauvorhaben nicht fertig gestellt werden sollte.
- Die Baugenehmigung muss vorliegen.

Sehr häufig werden Sie aber trotzdem auf Bauträgerangebote stoßen, für die beispielsweise noch keine Baugenehmigung vorliegt und die trotzdem verkauft werden sollen.

Zu 2: Zahlungen nach MaBV sind in maximal 7 Ratenzahlungen zu zahlen, die sich aus den nachfolgenden Einzelraten zusammensetzen:

Aufteilung der Prozentanteile der einzelnen Raten nach MaBV:

Nach Beginn der Erdarbeiten, wenn ein Grundstück mit übertragen werden soll:	30 %
Oder	
Nach Beginn der Erdarbeiten, wenn ein Erbbaurecht bestellt oder mit übertragen werden soll:	20 %
Die restliche Summe wird dann als 100% angesetzt und teilt sich in folgende Anteile auf:	
nach Rohbaufertigstellung einschl. Zimmererarbeiten	40 %
nach Herstellung der Dachflächen und Dachrinnen	8 %
nach Rohinstallation der Heizungsanlage	3 %
nach Rohinstallation der Sanitäranlage	3 %
nach Rohinstallation der Elektroanlage	3 %
nach Fenstereinbau einschl. Verglasung	10 %
nach Innenputz außer Beiputzarbeiten	6 %
nach Estrichverlegung	3 %
nach Fliesenarbeiten im Sanitärbereich	4 %
nach Bezugsfertigkeit gegen Besitzübergabe	12 %
nach Fertigstellung der Fassadenarbeiten	3 %
nach vollständiger Fertigstellung	5 %
Gesamt restliche Anteile	100 %

VI. Der Kaufvertrag mit Ratenzahlungsvereinbarung nach MaBV

Aufteilung der Prozentanteile der einzelnen Raten, wenn nicht zwischen Grundstückkauf und Bauwerk differenziert wird, sondern das Gesamtprojekt pauschal als 100 % angesetzt wird:

Nach Beginn der Erdarbeiten, wenn ein Grundstück mit übertragen werden soll	30 %
Nach Rohbaufertigstellung einschl. Zimmererarbeiten	28 %
Nach Herstellung der Dachflächen und Dachrinnen	5,6 %
Nach Rohinstallation der Heizungsanlage	2,1 %
Nach Rohinstallation der Sanitäranlage	2,1 %
Nach Rohinstallation der Elektroanlage	2,1 %
Nach Fenstereinbau einschl. Verglasung	7 %
Nach Innenputz außer Beiputzarbeiten	4,2 %
Nach Estrichverlegung	2,1 %
Nach Fliesenarbeiten im Sanitärbereich	2,8 %
Nach Bezugsfertigkeit gegen Besitzübergabe	8,4 %
Nach Fertigstellung der Fassadenarbeiten	2,1 %
Nach vollständiger Fertigstellung	3,5 %
Gesamt	100 %

Das Problem dieser Ratendefinition nach MaBV ist leider ihre große Unexaktheit. Sie sehen es auf den ersten Blick: Viele Arbeitsschritte sind gar nicht benannt. So z.B. die Herstellung der Außenwanddämmung, Verputzung und / oder Verklinkerung. Genauso wenig Treppeneinbau oder Tapezierarbeiten. Vor allem aber ist gemäß der MaBV nur definiert, dass ein Gewerk hergestellt sein muss, nicht dass es auch mangelfrei hergestellt sein muss. Dies ist ein großes Ärgernis bei Bauvorhaben mit Bauträgern, denn Bauträger verlangen in Ihren Kaufverträgen fast immer sofortige und vollständige Zahlung der Rate nach Mitteilung der Fälligkeit. Sie haben dann, wenn Sie auf der Baustelle Mängel feststellen, keine Möglichkeit, einen Geldeinbehalt geltend zu machen. Dies könnten Sie dann zwar ggf. bei der Schlussabnahme des Gebäudes tun, bis dahin haben Sie aber natürlich bereits erhebliche Zahlungen geleistet und werden bei schweren Mängeln u.U. keinen angemessenen Betrag mehr einbehalten können. Viele Bauträger lassen sich in den Kaufverträgen Vollmachten erteilen, die es ihnen ermöglichen, das Geld, wenn Sie nicht bereit sind zu zahlen, direkt bei Ihrer Bank anzufordern. Ferner wird häufig geregelt, dass das Bauvorhaben bei Zahlungsunwilligkeit seitens des Bauträgers eingestellt werden kann oder er es einseitig kündigen kann unter Geltendmachung von Schadensersatzforderungen.

Ob Ihr Gebäude mangelfrei errichtet wird, können Sie überdies häufig nicht einmal sehen, da viele Bauträger während des Baus Kunden nicht automatisch das Betreten der Baustelle gestatten.

Schwierig wird es häufig auch bei den Regelungen zur Abnahme. Da heißt es dann häufig, dass Ihnen der Abnahmetermin zwei Wochen vor Abnahme mitgeteilt wird, wenn er nicht zustande kommt auch eine Abnahme durch einen vom Bauträger zu bestellenden Gutachter erfolgen kann oder die Abnahme gleich als erfolgt gilt, wenn Sie nicht erscheinen.

Nehmen wir an, Sie sind für drei Wochen im Urlaub und kurz nach Ihrer Abreise trudelt das Schreiben des Bauträgers ein. Dann haben Sie ein Problem und zwar ein großes. Der Bauträger wird dann die Abnahme des Objektes ggf. ohne Sie vornehmen mit fatalen Auswirkungen wie Sie noch lesen werden.

Anwälte und Verbraucherzentralen helfen

Sie sehen an all' diesen Regelungen, dass das »einfache schlüsselfertige Bauen« so einfach nicht ist und dass Sie nicht darauf verzichten sollten, einen Ihnen vorgelegten Bauträgerkaufvertrag vor Unterzeichnung mit einem Anwalt durchzusprechen. Sie können hierbei entweder so vorgehen, dass Sie im Branchenfernsprechbuch »Gelbe Seiten« Ihres Landkreises oder Ihrer Gemeinde nach Anwälten mit einem entsprechenden Interessenschwerpunkt suchen. Wenn Sie dort nicht fündig werden, können Sie außerdem über die »ARGE Baurecht – Arbeitsgemeinschaft für Bau- und Immobilienrecht im Deutschen Anwaltverein«, ein Netzwerk von Baufachanwälten im deutschen Anwaltverein, vorgehen. Sie finden die Arbeitsgemeinschaft im Internet unter www.arge-baurecht.com. Dort können Sie auch nach Anwälten in Ihrer Nähe recherchieren In Baden-Württemberg haben Sie darüber hinaus die Möglichkeit, auch in dieser Angelegenheit die Verbraucherzentrale einzuschalten, die an den Standorten Ulm, Stuttgart, Karlsruhe und Freiburg anwaltliche Beratung bei der Prüfung von Bauträgerkaufverträgen bietet (www.vz-bawue.de). In Rheinland-Pfalz wird eine telefonische Rechtsberatung für Bauträgerverträge offeriert (www.verbraucherzentrale-rlp.de) und auch in Nordrhein-Westfalen gibt es zwischenzeitlich ein Vertragsberatungsangebot (www.vz-nrw.de).

Tipp

Für die Ratenzahlungen nach MaBV gilt, dass diese im Vertrag viel exakter definiert sein sollten, als dies in der MaBV der Fall ist.

Eine exakter gefasste Ratenzahlungsvereinbarung könnte z.B. so aussehen:

1. Rate: Nach Beginn der Erdarbeiten

Fälligkeitsvoraussetzung dieser Rate:
Der gesamte Aushub der Baugrube und die Verbringung des Erdmaterials auf die Deponie sind vollständig abgeschlossen.

2. Rate: Nach Rohbaufertigstellung einschließlich Zimmererarbeiten

Fälligkeitsvoraussetzung dieser Rate:
Die behördliche Rohbauabnahme inkl. der Umsetzung eventueller Auflagen der Behörden ist erfolgt. Es müssen also alle tragenden Wände, der Kamin, Brandwände, Betontreppen und die Dachkonstruktion mangelfrei errichtet worden sein.

3. Rate: Nach Rohinstallation von Heizung, Sanitär und Elektrik

Fälligkeitsvoraussetzung dieser Rate:
Die Dacheindeckung, die Klempnerarbeiten (Dachrinnen, Regenfallrohre, Blecharbeiten an der Dachfläche und den Ortgängen usw.) sowie die Rohinstallation von Heizung, Sanitär und Elektrik sind vollständig und mangelfrei abgeschlossen. Unter Rohinstallation ist zu verstehen, dass alle zentralen Geräteinstallationen, wie etwa Brenner, Warmwasserspeicher und Stromkasten sowie alle Leitungen, die unter Estrich oder Putz verlegt werden, fertig installiert wurden. Die Verlegung einer Fußbodenheizung sollte nach den Putzarbeiten kurz vor der Estrichverlegung erfolgen, um die Rohre zu schützen, obwohl diese Leistung eigentlich zur Rohinstallation gehört.

4. Rate: Nach Innenputz außer Beiputzarbeiten

Fälligkeitsvoraussetzung dieser Rate:
Der Fenstereinbau einschließlich der Verglasung sowie sämtliche Innenputzarbeiten außer Beiputzarbeiten sind vollständig und mangelfrei abgeschlossen.

5. Rate: Nach Fliesenarbeiten

Fälligkeitsvoraussetzung dieser Rate:
Der Estricheinbau im gesamten Haus und sämtliche Fliesenarbeiten im gesamten Haus sind vollständig und mangelfrei abgeschlossen.

6. Rate: Nach Bezugsfertigkeit gegen Besitzübergabe

Fälligkeitsvoraussetzung dieser Rate:
Die Fertigstellung der Elektroarbeiten einschließlich der Inbetriebnahme und die Fertigstellung der Heizungs- und Sanitärarbeiten einschließlich Inbetriebnahme ist komplett und mangelfrei erfolgt. Ferner der Einbau aller Innentüren, sämtlicher Bodenbeläge, der Haustüre, ggf. der Kelleraußentür, die Montage der Fensterbänke, Schlosserarbeiten für Geländer, Brüstungen, sowie alle Maler- und Tapezierarbeiten. Auch der Hauszugang im Außenbereich von der Straße bis zur Haustür ist vollständig und mangelfrei fertiggestellt.

7. Rate: Nach vollständiger Fertigstellung

Fälligkeitsvoraussetzung dieser Rate:
Alle vereinbarten Leistungen inklusive eventuell vereinbarter Außenanlagen oder der Garage, sowie die Beseitigung aller bei der Abnahme festgestellten Mängel sind vollständig und mangelfrei abgeschlossen.

Natürlich wird sich jeder Bauträger mit Händen und Füßen gegen eine solch' exakte Definition, zudem noch mit dem Zusatz »mangelfrei« wehren. Aber genau daran können Sie sehen, wie wichtig eine exakte Zahlungsregelung ist, weil Sie genau diese Auseinandersetzungen sonst ggf. später während des Bauablaufs mit ihm führen.

Gespräche entschärfen

Das große Problem bei Ihren Gesprächen mit einem Bauträger über eine unzureichende Baubeschreibung und einen unzureichenden Kaufvertrag wird schnell sein, dass er Nachbesserungen an den Dokumenten ablehnt, vor allem dann, wenn er in einem regional sehr stabilen Immobilienmarkt tätig ist, wo er sich die Kunden seiner Objekte mehr oder minder aussuchen kann. Sehr schnell kommt es dann in Gesprächen zu konfrontativen Haltungen. Dies sollten Sie nach Möglichkeit vermeiden. Eine Hilfe kann dabei sein, dass Sie Nachbesserungen am Vertrag oder der Baubeschreibung nicht Ihrem Willen, sondern dem Willen Ihrer finanzierenden Bank zuschreiben, die größere vertragliche Sicherheiten des zu kaufenden Objekts will. Eine unexakte Baubeschreibung kann schnell zu Mehrkosten führen, die dann die Finanzierung gefährden können. Eine unexakte Ratenzahlungsvereinbarung kann ferner zu unterschiedlichen Auffassungen über die Fälligkeit von Raten führen. Ihre Bank sollte also eigentlich tatsächlich ein großes Interesse an umfassenden und exakten Definitionen haben. Und dies ist ein gutes Argument gegenüber Bauträgern. Auf diese Weise nehmen Sie sich aus der »Schusslinie« des Bauträgers.

Wie in Kapitel B bereits erwähnt, sehen Bauträgerkaufverträge manchmal auch separate Vereinbarung des Grundstückskaufs und der spätere Errichtung des Gebäudes vor. Hier ist Vorsicht geboten. Was dabei hinsichtlich des Grundstückkaufs zu beachten ist, konnten Sie bereits in Kapitel B erfahren. Hinsichtlich der Errichtung des Gebäudes werden dann mitunter Werkverträge nach der Vergabe- und Vertragsordnung für Bauleistungen (VOB) abgeschlossen. Was dabei zu beachten ist, erfahren Sie im nachfolgenden Kapitel D.

VII. Überwachung der Bauqualität, Abnahme und Gewährleistung

Wenn es tatsächlich zum Abschluss eines Kaufvertrages mit einem Bauträger kommt, stehen Sie vor der Herausforderung das Bauvorhaben zu begleiten, abzunehmen und schließlich die Gewährleistung sicherzustellen.

Es ist grundsätzlich sehr sinnvoll, den Baufortschritt und die Bauqualität regelmäßig vor Ort unter die Lupe zu nehmen. Nun ist es als Laie nicht ganz einfach, dies zu bewerkstelligen und mögliche Mängel zu erkennen. Einen guten Überblick über die technischen Zusammenhänge und Checklisten mit über 500 Prüfpunkten bietet das Buch »Richtig bauen: Ausführung« der Verbraucherzentralen und der Stiftung Warentest. Man erhält hier einen strukturierten und detaillierten Überblick über das gesamte Thema der Bauausführung.

Stiftung Warentest und TÜV helfen

Ferner bieten verschiedene Institutionen auch praktische Vor-Ort-Hilfe an. So bietet beispielsweise der TÜV (www.tuv.com/private_bauherren oder tuev-sued.de/haus_wohnen) eine baubegleitende Qualitätskontrolle an. Kleiner Schönheitsfehler hierbei: Der TÜV bietet auch Bauträgern Überprüfungsleistungen an. Erwischen Sie gerade einen solchen Bauträger, kann der TÜV in einen Interessenkonflikt geraten. Einige Bauträger werben zwischenzeitlich sogar mit TÜV-Siegel, was als bedenklich gelten kann, denn es irritiert und täuscht vermeintliche Qualität vor, wo eine solche nicht zwangsläufig vorliegen muss. Dazu müsste der TÜV dann schon jedes einzelne, fertig erstellte Haus begutachten und nach einer solchen Begutachtung ein Siegel ausstellen oder aber eben auch nicht. Allgemeine Siegel, die sich nicht auf ein konkretes Bauvorhaben beziehen und bei denen schon gar nicht die rechtlichen Hintergründe, wie der Kaufvertrag mit einbezogen werden, sind für Verbraucher relativ wertlos, führen sogar sehr viel eher in die Irre.

Bauherrenschutzbund und Verband privater Bauherren helfen

Neben dem TÜV gibt es auch den Bauherrenschutzbund (www.bsb-ev.de) und den Verband privater Bauherren (www.vpb.de), die eine baubegleitende Qualitätsprüfung vor Ort anbieten. Sie können sich auf den Internetseiten oder in einem Telefonat über Angebote und Kosten der Organisationen informieren.

Insolvenzrisiko und Bankbürgschaft

Ein Problem das immer wieder auftaucht ist das Insolvenzrisiko von Bauträgern. Es ist sehr schwer, die wirtschaftliche Leistungsfähigkeit eines Unternehmens von außen einzuschätzen. Selbst wenn man Wirtschaftsauskunfteien wie Creditreform oder andere einschaltet, um eine bessere Einschätzung zu erhalten, bleibt es schwierig. Es gibt zwar sogenannte Fertigstellungsversicherungen, die die anfallenden Mehrkosten im Falle einer Bauträgerinsolvenz tragen, diese Versicherungen sind aber in Deutschland keine Pflicht, weswegen sie nur von sehr wenigen Anbietern überhaupt offeriert werden. Üblicher ist in Deutschland schon die Absicherung des Insolvenzfalles über eine Bankbürgschaft. Hier sträuben sich allerdings viele Bauträger mit allen Mitteln. Wenn Sie eine solche Bankbürgschaft in Erwägung ziehen, sollten Sie darauf gefasst sein, dass der Bauträger umgekehrt seinerseits von Ihnen eine Bürgschaft für Ihre Baufinanzierung will.

Eine Bankbürgschaft die der Bauträger stellt, muss so gestaltet sein, dass Sie zum Zeitpunkt der Antragstellung der Insolvenz fällig wird und nicht etwa erst nach Abwicklung der Insolvenz oder ähnliches. Auch bei der Bankbürgschaft können Sie gegenüber dem Bauträger auf Gespräche mit Ihrer Bank verweisen und dass diese eine entsprechende Absicherung wünscht. Außerdem darf die Bürgschaft natürlich keinesfalls der Insolvenzmasse zugeschlagen werden können, muss also »insolvenzfest« sein.

Der Bauträger wird Ihnen vermutlich kaum eine Bürgschaft auf »erstes Anfordern« gewähren, also eine Bürgschaft, an die Sie im Zweifel sehr schnell kämen. Sie können es jedoch versuchen. Umgekehrt besteht aber auch für Sie kein Anlass, dem Bauträger eine solche zu gewähren. Auch Sie sollten sich schützen.

VII. Überwachung der Bauqualität, Abnahme und Gewährleistung

Wenn das Bauvorhaben seinem Ende zugeht, rückt die sogenannte Abnahme des Bauvorhabens näher. Die Abnahme ist ein rechtlich sehr wichtiger Vorgang und bedeutet, dass Sie die vertraglich zugesicherten Leistungen im Wesentlichen als erbracht anerkennen. Gleichzeitig beginnt ab diesem Zeitpunkt die Gewährleistungsphase. Bei der förmlichen Abnahme gehen Käufer und Verkäufer gemeinsam durch das Vertragsobjekt, setzen dabei ein Protokoll auf und unterzeichnen dieses anschließend gemeinsam. Viele Käufer wissen leider nicht, was Sie in diesem Moment rechtlich tun und verhalten sich dadurch nicht selten falsch. Bevor Sie also irgendeinen Abnahmetermin wahrnehmen, sollten Sie wissen, was Sie tun.

Die Bauabnahme

Förmliche Abnahme vereinbaren

Zunächst einmal ist es wichtig, dass Sie eine Abnahme gut vorbereitet angehen. Das heißt, dass Sie möglichst schon einige Tage vor der Abnahme mit einem Fachmann in Ruhe und ohne Zeitdruck durch das Gebäude gegangen sind und sich Notizen all' jener Dinge gemacht haben, die nicht zu Ihrer Zufriedenheit ausgeführt wurden, denn alle Beanstandungen, die zum Zeitpunkt der Abnahme sichtbar sind, müssen ins Abnahmeprotokoll aufgenommen werden, weil Sie ansonsten den Anspruch auf Nachbesserung verlieren. Ferner muss ins Abnahmeprotokoll auch aufgenommen werden, welcher Geldbetrag bis zur Mängelbeseitigung einbehalten werden soll. Wird hier kein Betrag benannt, kann bei der Schlussrechnung auch kein Einbehalt geltend gemacht werden. Allerdings müssen Sie hier beachten, ob Ihnen Ihr Bauträgerkaufvertrag überhaupt die Möglichkeit eines Einbehalt zugesteht. Wie erwähnt, tun dies die meisten Bauträgerverträge nämlich keinesfalls. Darüber hinaus gibt es verschiedene Bau-Unregelmäßigkeiten, die Sie hinnehmen müssen. Um sich einen Überblick darüber zu verschaffen, welche dies sind, empfiehlt sich das Buch »Hinzunehmende Unregelmäßigkeiten bei Gebäuden« das im Bauverlag erschienen ist. Hier wird für Laien anschaulich und gut bebildert erläutert, welche typischen Mängel hinzunehmen sind und welche nicht. Es wird dabei unter anderem auch auf die einschlägigen DIN-Normen eingegangen.

Kommt es während der Abnahme zu unterschiedlichen Auffassungen darüber, ob ein Mangel vorliegt oder nicht, sollte auch dies im Protokoll festgehalten werden. Dies geschieht durch einen sogenannten Vorbehalt, also eine Formulierung, mit der man sich vorbehält beispielsweise einen gewissen Geldbetrag einzubehalten, bis z.B. durch einen Gutachter geklärt ist, ob ein Mangel vorliegt oder nicht. Nach § 641 BGB sollte dieser Geldbetrag mindestens das Dreifache der Mangelbeseitigungskosten betragen. Eskaliert während einer Abnahme eine Auseinandersetzung mit einem Bauträger, können Sie die Abnahme auch jederzeit abbrechen und zu einem späteren Zeitpunkt neu ansetzen.

Ist das Abnahmeprotokoll einmal unterzeichnet, gibt es allerdings kein zurück. Dann gilt, was darin aufgenommen ist – und nur das. Ein Beispiel soll dies verdeutlichen: Zum Zeitpunkt der Abnahme waren die Fenster eines Reihenhauses nicht gereinigt, so dass man nicht erkennen konnte, ob sich eventuell irgendwo Kratzer befinden. Nach dem Einzug durch die Hauskäufer und einer Fensterreinigung stellt sich heraus, dass die Fenster mehrere Kratzer hatten. In einem solchen Fall wird eine Reklamation sehr schwierig, wenn im Abnahmeprotokoll nicht vermerkt ist, dass die Fenster zum Zeitpunkt der Abnahme nicht gereinigt waren und dadurch nicht festgestellt werden konnte, ob evtl. Mängel an den Gläsern vorlagen. Daher ist es wichtig, dass Sie solche Dinge im Abnahmeprotokoll vermerken, z.B. dass die Glasscheiben aufgrund des ungereinigten Zustands nicht auf Mängel hin überprüft werden konnten. Gleiches gilt für Bereiche, die bei der Abnahme ggf. nicht zugänglich sind, z.B. ein Kellerraum, weil ein Schlüssel fehlt, auch ein solcher Sachverhalt muss ins Protokoll aufgenommen werden.

Anders wieder sieht es aus, wenn nach dem Einzug beispielsweise plötzlich eine Wandstelle feucht wird und sich nach dem Öffnen der Wand herausstellt, dass z.B. eine Rohrverbindung ohne Dichtung eingebaut wurde. Dies hätten Sie aufgrund der zum Zeitpunkt der Abnahme geschlossenen Wand so oder so nicht sehen können. Für diesen Schaden haben Sie auf alle Fälle einen Anspruch auf Nachbesserung.

Sie sehen, eine Bauabnahme ist ein komplexer Vorgang, bei dem Sie sehr schnell Rechtsansprüche verlieren können, wenn Sie falsch vorgehen. Nichts ist daher sinnvoller, als eine Abnahme unter Realbedingungen einige Tage vor dem eigentlichen Abnahmetermin im Abnahmeobjekt mit einem Fachmann durchzuführen.

Mitunter versuchen Käufer auch vor Ratenzahlungen Teilabnahmen bereits durchgeführter Leistungen durchzuführen. Dies muss nicht unbedingt ein Vorteil sein. Denn erstens haftet der Bauträger dann für Schäden an bereits abgenommenen Leistungen u.U. nicht mehr und zweitens hat der Käufer durch dieses Vorgehen natürlich auch unterschiedliche Gewährleistungsfristen für jede abgenommene Leistung. Das heißt, die Gewährleistung für den Keller läuft zu einem früheren Zeitpunkt aus als die für das Dach oder den Innenausbau. Wird das gesamte Gebäude

VII. Überwachung der Bauqualität, Abnahme und Gewährleistung

hingegen zu einem einzigen Zeitpunkt nach vollständiger Fertigstellung abgenommen, gibt es auch nur eine Gewährleistungsfrist. Das kann Vorteile haben. Daher kann es sinnvoller sein vor Ratenzahlungen keine Abnahmen sondern nur »technische Begutachtungen« oder »Begehungen« durchzuführen, um die Bauqualität zu überprüfen. Fallen Ihnen hierbei Mängel auf, haben Sie einen Anspruch auf deren Beseitigung. Dann zwar erst zur Schlussabnahme, niemand hindert Sie aber, die Mängel gut zu dokumentieren und den Bauträger gleich um Beseitigung zu bitten.

Sie können eine Abnahme übrigens nicht einfach verweigern. Grundsätzlich sind Sie zur Durchführung einer Abnahme verpflichtet, denn sie ist Voraussetzung für den Unternehmer zur Stellung seiner Schlussrechnung. Nur sehr schwerwiegende Mängel, wie z.B. eine unzureichende statische Sicherheit eines Gebäudes, hindern eine Abnahme. Die Durchführung einer Abnahme ist für Sie dann nicht weiter riskant, wenn Sie diese sorgsam vorbereiten und alle Mängel, Mängelbeseitigungsfristen, Geldeinbehalte und Vorbehalte ins Protokoll aufnehmen.

Nach der erfolgten Abnahme beginnt die Gewährleistung zu laufen. Die Gewährleistung kann generell unterschiedlich lange Laufzeiten haben, üblich sind vier Jahre nach der VOB und fünf Jahre nach dem BGB. Häufig ausgenommen hiervon werden sogenannte »Wartungsfugen«, bewegliche Teile oder Installationen mit dauerhaftem Betrieb, wie ein Heizungsbrenner, für den dann in der Regel zwei Jahre gelten.

Das Vorgehen im Falle eines Mangels ist unterschiedlich, je nachdem, ob Sie mit dem Bauträger einen Werkvertrag nach BGB oder nach der VOB geschlossen haben. Der wichtigste Unterschied: Bei der VOB reicht ein Mängelschreiben an den Bauträger aus, um einen Unterbruch der Gewährleistungszeit zu erwirken, dies ist beim BGB anders. Hier benötigen Sie mindestens eine Anerkennung des Mangels durch den Unternehmer oder die Einleitung eines selbstständigen Beweissicherungsverfahrens, um eine Unterbrechung der Gewährleistungszeit zu erreichen. Gerade kurz vor dem Auslaufen von Gewährleistungszeiten und wenn es um größere Schäden geht, kann es daher wichtig sein, einen Anwalt einzuschalten.

Vorgehen bei Mängeln

Ein weiteres Problem ist das Insolvenzrisiko des Bauträgers nicht nur während des Bauvorhabens, sondern auch während der Gewährleistungszeit. Auch für diesen Fall gibt es sogenannte Gewährleistungsversicherungen aber auch diese werden in Deutschland nur von wenigen Anbietern angeboten. Daher behilft man sich auch hier entweder direkt mit einem angemessenen Geldeinbehalt für die Dauer der Gewährleistungszeit oder einer Bankbürgschaft, die der Bauträger stellt.

Tipp

Wenn Sie ernsthaft an ein Bauvorhaben mit einem Bauträger gehen, empfehlen wir Ihnen zur weitergehenden Lektüre auch den Titel »Hauskauf – neu oder gebraucht / Vom Bauträger oder aus zweiter Hand« derselben Autoren, erschienen im Fraunhofer IRB Verlag. Soweit Sie eine Eigentumswohnung vom Bauträger kaufen, kann der Titel »Der Kauf einer Eigentumswohnung / Als Neu- oder Gebrauchtimmobilie« für Sie von Interesse sein, ebenfalls im Fraunhofer IRB Verlag erschienen (siehe auch Anhang »Weiterführende Literatur«).

Ferner kann der Titel »Immobilienkauf vom Bauträger«, der im Deutschen Taschenbuch Verlag erschienen ist, für Sie interessant sein.

D. Bauen mit dem Generalübernehmer

Wenn Sie mit dem Generalübernehmer bauen wollen ist die wichtigste Voraussetzung ein eigenes Grundstück. Dies ist der wesentliche Unterschied zum Bauen mit dem Bauträger, wo sie praktisch immer ein Grundstück mit erwerben.

Was heißt aber Generalübernehmer und heißt es nicht eigentlich Generalunternehmer? Es gibt tatsächlich beides: Generalübernehmer und Generalunternehmer. Der Generalübernehmer erledigt für Sie nicht nur die komplette Bauleistung, sondern auch die Planungsleistung. Generalübernehmer sind häufig kaufmännisch ausgerichtete Büros, die keinesfalls automatisch auch über eigene Handwerkskapazitäten verfügen. Im Gegenteil, nicht selten kaufen Sie diese sogar ein. Manchmal erstellen sie auch mit eigenem Personal den Rohbau und kaufen dann die fehlenden Ausbaugewerke ein. Der Generalunternehmer hingegen bietet den überwiegenden Teil der Handwerkerleistungen mit eigenem Personal an, jedoch nicht immer Planungsleistungen. Häufiger ist bei ihm die Kombination, dass die Planung durch einen Architekten erstellt wird und der Generalunternehmer sie dann ausführt. Hierzu mehr im Kapitel F »Bauen mit dem Architekten«.

Was ist ein Generalübernehmer?

Der Generalübernehmer ist also ein Komplettdienstleister, der von der Planung bis zur Ausführung alles erbringt, aber nur den geringeren Teil davon mit eigenem Personal ausführt, sondern ggf. Dritte mit Leistungen beauftragt.

I. Die Suche nach einem geeigneten Generalübernehmer

Anders als Bauträger treten Generalübernehmer nicht unbedingt in der Werbung z.B. der regionalen Tageszeitung auf, da sich ihre Geschäftsbasis ganz anders darstellt als die von Bauträgern. Während Bauträger ihre Objekte und deren Lage bekannt machen müssen, um sie zu veräußern, bemühen sich Generalübernehmer eher gezielt Kunden anzusprechen, etwa Besitzer von Baugrundstücken in Baugebieten. Manchmal offerieren Sie auch einen Tag der offenen Tür in einem von ihnen erstellten Referenzhaus u.ä.

Wenn Sie auf die Suche nach einem für sie geeigneten Generalübernehmer gehen, dann können Sie aber auch ganz einfach im Branchenfernsprechbuch »Gelbe Seiten« Ihrer Region suchen. Dort sollten sie unter Begriffen wie »Bauunternehmen«, »Schlüsselfertigbau« u. ä. nachsehen. Der nächste Schritt ist dann ein kurzer Anruf bei den Unternehmen mit der Nachfrage, ob sie auch Einfamilienhäuser schlüsselfertig erstellen. Ist dies der Fall, können Sie Ihr Anliegen kurz vortragen und um Referenzadressen bereits erstellter Häuser in Ihrer Region bitten. Fällt der Blick in die »Gelben Seiten« Ihrer Region eher mager aus und sind auch die Telefonate eher unergiebig, können Sie sich natürlich auch bundesweit nach Anbietern umsehen. Um hierbei möglichst zielgerichtet vorzugehen, sollte man vor allem Anbieter von schlüsselfertigen Massivhäusern ansprechen. Denn selbst wenn diese bestimmte, fertig geplante Haustypen vertreiben, kann es gut sein, dass sie darüber hinaus auch individuell für Bauherren bauen. Eine Abfrage lohnt auf alle Fälle. Der Unterschied zwischen den Massivhausanbietern und den klassischen Fertighausanbietern ist, dass die Massivhausanbieter mit Massivbaumaterialien wie Kalksandstein, Ziegel aber auch Leichtmauersteinen oder Liapor arbeiten, während die klassischen Fertighausanbieter die Holzbauweise bevorzugen. Einen Überblick über eine etwas größere Anzahl von Anbietern finden Sie im Internet, beispielsweise unter www.bauportal-deutschland.de, was aber kein neutrales, sondern ein kommerzielles, also werbefinanziertes Portal ist. Weitere Anbieter finden Sie, wenn Sie beispielsweise das Stichwort »Massivhausanbieter« bei einer Internetsuchmaschine wie Google eingeben.

Wichtig: Referenzobjekte ansehen

Auf der oben genannten Internetseite sind Links zu sehr vielen Massivhausanbietern in Deutschland aufgeführt, deren Eigendarstellungen Sie sich so sehr einfach von zuhause aus ansehen können. Und auch hier können Sie in einem zweiten Schritt dann so vorgehen, dass Sie zunächst nur unverbindlich bei den Unternehmen anrufen und fragen, ob sie auch individuelle Häuser schlüsselfertig planen und errichten und zwar auch in der Region, in der Ihr Grundstück liegt. Wenn dem so ist, sollten Sie auch in diesem Fall als nächstes um Referenzadressen bereits erstellter Häuser in Ihrer Näher bitten. Gibt es dort keine, sollte man die zu Ihnen nächstliegenden nennen. Auch eine längere Anreise zu einem, möglichst mehreren Referenzobjekten, lohnt auf alle Fälle, wenn man dadurch mehr über den Anbieter erfahren kann.

Wichtig ist, dass all' diese Auskünfte und Termine völlig unverbindlich und kostenfrei sind, denn Sie sind ja erst dabei, sich überhaupt zu orientieren, kompliziert wird es noch früh genug, spätestens nämlich dann, wenn es um einen Vertragsschluss mit einem Generalübernehmer geht.

II. Der Vertrag mit dem Generalübernehmer

Wenn Sie einen Generalübernehmer gefunden haben, von dessen Hausbauqualität Sie durch eine ausreichende Anzahl an Referenzobjekten überzeugt werden konnten, ist es anschließend wichtig, dass ein klarer Vertrag zwischen Ihnen und dem Generalübernehmer geschlossen wird. Wenn Sie nicht auf ein Standardhaus eines Generalübernehmers zurückgreifen wollen, sondern eine individuelle Hausplanung wünschen, müssen zwei Leistungen vereinbart werden, nämlich die Planungsleistung und die Ausführungsleistung. Grundsätzlich sind Sie in der Gestaltung der Verträge frei, allerdings mit einigen Einschränkungen.

Beim Bauen mit dem Generalübernehmer haben Sie eine gute Verhandlungsposition, denn der Generalübernehmer ist von Ihrer Entscheidung abhängig, ob er auf Ihrem Grundstück bauen kann oder nicht. Dieser sehr wichtige Punkt ist also ganz anders als beim Bauen mit dem Bauträger, denn beim Bauen mit dem Bauträger sind Sie letztlich von dessen Entscheidung abhängig, ob er Sie auf sein Grundstück lässt. Diese gute Verhandlungsposition, die Sie gegenüber dem Generalübernehmer haben, sollten Sie natürlich unbedingt nutzen.

Gute Verhandlungsposition nutzen

Es kann sinnvoll sein, mit dem Generalübernehmer zwei Verträge zu vereinbaren, zunächst nur einen Vertrag über die Planungsleistungen und erst anschließend einen Vertrag zur Errichtung des Gebäudes. Sie haben hierbei üblicherweise die Auswahl zwischen dem Werkvertragsrecht nach BGB oder dem Werkvertragsrecht nach der VOB, die Sie beide schon in Kapitel C kurz kennen gelernt haben. Nachfolgend werden sie noch einmal ausführlicher vorgestellt.

Das Werkvertragsrecht nach dem BGB:

Wie Sie bereits wissen, regelt das Werkvertragsrecht des BGB sozusagen Vertragsgrundlagen bei Verträgen über zu erbringende Werke. So regelt es beispielsweise in § 633 dass das Werk mangelfrei erbracht werden muss. Ferner regelt es in den Paragraphen 640 und 641, dass das Werk abgenommen und vergütet werden muss. Im Bauwesen kommt das Werkvertragsrecht des BGB praktisch immer bei der Vereinbarung von Planungsleistungen zum Einsatz. Bei der Vereinbarung von Ausführungsleistungen hingegen kommt meist das Werkvertragsrecht nach der VOB zum Einsatz, die Sie in Kapitel C auch schon kennen lernen konnten.

Werkvertrag nach dem BGB

Wenn Sie also mit einem Generalübernehmer bauen wollen, kann es sinnvoll sein, einen Vertrag über die Planungsleistungen nach dem Werkvertragsrecht des BGB abzuschließen und einen Vertrag über die Ausführungsleistungen nach der VOB. Ein solches, schrittweises Vorgehen hat mehrere Vorteile. Vereinbaren Sie mit einem Generalübernehmer beispielsweise dass er zunächst alle Planungsleistungen bis einschließlich der Baueingabe erbringt, können Sie sich zum einen ansehen, wie die Zusammenarbeit mit dem Generalübernehmer überhaupt klappt und hängen nicht gleich in einem allumfassenden Vertrag mit ihm. Ferner haben Sie mit der fertiggestellten Planung natürlich auch eine deutlich bessere Kalkulationsgrundlage für die voraussichtlich anfallenden Baukosten, als Sie dies ohne eine solche Planungsgrundlage hätten. Es ist sehr schwer mit einem Generalübernehmer bereits sehr früh über feste Baukosten zu sprechen, wenn nicht einmal eine Planung vorliegt, ganz zu schweigen von einer exakten Baubeschreibung. Beides sind bei seriösen Generalübernehmern aber wichtige Kalkulationsgrundlagen, um Kunden eine möglicht exakte Kostenvoraussage machen zu können. Würden Sie einen Generalübernehmervertrag ohne solche Grundlagen abschließen, in dem dann möglicherweise auch noch nicht einmal Baukosten benannt sind, hätten Sie unkalkulierbare Risiken vor sich. Besser ist es daher, mit einem Generalübernehmer zunächst einmal eine Planung umzusetzen und dann zu sehen, wie teuer ein solches Vorhaben voraussichtlich würde. Dann können Sie immer noch die Notbremse ziehen oder aber das Vorhaben ggf. mit einem anderen Baupartner umsetzen. Hier ist allerdings Vorsicht geboten. Wenn Sie sich eine Planungsleistung erstellen lassen, heißt dies nicht unbedingt, dass Sie diese anschließend auch frei verwenden können. Viele Planer behalten sich das geistige Eigentum an dieser Planung vertraglich vor, auch wenn Sie dafür ein Honorar erhielten. Das heißt, Sie können Planungen, die ein Generalübernehmer erstellt hat nicht einfach ohne weiteres mit einem anderen Generalübernehmer umsetzen. Wenn Sie dies tun wollen bzw. diese Freiheit haben wollen, sollten Sie sich dies im Werkvertrag über die Planungsleistungen mit dem Generalübernehmer in jedem Fall zusichern lassen. Das heißt, dass Sie nach Erstellung das Eigentum an der Planung erlangen und frei über diese verfügen können, also diese beispielsweise auch mit anderen Vertragspartnern zur Ausführung bringen können.

In vielen Generalübernehmerverträgen wird die Planungsleistung nicht separiert von der Ausführungsleistung abgerechnet, sondern ist in dieser mit enthalten. Sie bezahlen sozusagen eine

II. Der Vertrag mit dem Generalübernehmer

Komplettleistung in pauschalen Raten. Wenn Sie nun eine separate Planungsleistung vereinbaren und diese später ggf. auch noch mit anderen Vertragspartnern umsetzen können wollen, ist natürlich klar, dass die anfallende Planungsleistung auch separat und angemessen vergütet werden wird. Das heißt, der von Ihnen beauftragte Generalübernehmer erhält für die Planungsleistungen die er erbringt auch eine Entlohnung. Diese Entlohnung können Sie entweder pauschal vereinbaren oder aber angelehnt an die Honorarordnung für Architekten und Ingenieure (HOAI). Die HOAI wird ausführlich vorgestellt im Kapitel F »Bauen mit dem Architekten«. Wenn Sie die Planung separat vereinbaren, ist die entscheidende Frage für Sie natürlich, wie viel Sie diese Planung kostet und welche Qualität Sie dafür erhalten. Hat der Generalübernehmer z.B. wenig Interesse daran, mit Ihnen eine aufwändige Planung zu erstellen oder verschiedene Varianten zu durchdenken, weil sein wesentlicher Verdienst natürlich in der Ausführung und nicht in der Planung liegt, dann kann es sinnvoller sein, die Planung gemeinsam mit einem Architekten vorzunehmen und mit einer solchen Planung dann auf verschiedene Generalübernehmer zuzugehen und Angebote zur schlüsselfertigen Ausführung einzuholen. Diese Kombination aus der Zusammenarbeit zunächst mit einem Architekten und anschließend mit einem Generalübernehmer ist vor allem dann eine interessante Alternative, wenn Sie das erstemal mit dem Planen und Bauen konfrontiert sind. Wenn Sie mit einem Architekten von vornherein vereinbaren, dass er zunächst nur die Baueingabeplanung und eine umfassende Baubeschreibung machen soll und Sie diese später gemeinsam mit einem Bauträger umsetzen wollen, kann es sein, dass Sie durch den Architekten eine deutlich unabhängigere Beratung erhalten als durch den Generalübernehmer. Hat der Generalübernehmer beispielsweise noch keine Erfahrung mit der Ausführung innovativer Dämmmethoden oder Solarsysteme wird er Sie kaum dahingehend beraten wollen, denn dies kostet ihn letztlich nur unnötig Zeit und Geld. Ein unabhängig arbeitender Architekt, dem das Thema ggf. wichtig ist, wird hingegen überhaupt keine Probleme haben, ein innovatives Haus, beispielsweise auch ein Passivhaus, zu entwerfen und dann gemeinsam mit Ihnen den dafür geeigneten Generalübernehmer zu suchen. Sie können dann auch unter fachkundiger Begleitung des Architekten fundiert mit den Generalübernehmern reden und ein möglichst günstiges Angebot verhandeln. In diesem Angebot kann auch die Leistung der Ausführungsplanung enthalten sein. Denn die Baueingabeplanung alleine reicht nicht aus, um ein Haus erstellen zu können. Hierzu müssen detaillierte Pläne erstellt werden, die sogenannte Ausführungs- oder Werkplanung. Diese kann natürlich auch der Architekt übernehmen. Unabhängig davon, wer sie übernimmt, auch diese Ausführungsplanung wird nach dem Werkvertragsrecht des BGB vereinbart. Damit Sie sich über dieses einmal einen ersten Überblick verschaffen können, ist es im vollständigen Wortlaut im Anhang dieses Buches aufgenommen.

Erst wenn es dann an die konkreten Bauleistungen geht, kommt die Wahlfreiheit zwischen dem Werkvertragsrecht nach dem BGB und dem Werkvertragsrecht nach der VOB ins Spiel.

Das Werkvertragsrecht nach der VOB:

Werkvertrag nach der VOB

Die VOB ist eine allgemeine Geschäftsbedingung für alle im Zuge von Baumaßnahmen auszuführenden handwerklichen Arbeiten. Sie wird, wie bereits in Kapitel C erwähnt, vom Deutschen Vergabe Ausschuss (DVA) herausgegeben, der von Vertretern der Auftragnehmer- und der Auftraggeberseite paritätisch besetzt ist. Sie ist ein durchaus ausgewogenes rechtliches Regelwerk, das sowohl für Auftraggeber wie auch für Auftragnehmer am Bau interessant ist. So wurde sie im Laufe ihres langen Bestehens zur mit Abstand meistgenutzten Geschäftsbedingung für Bauwerkverträge.

Wie ebenfalls bereits in Kapitel C erwähnt, besteht die VOB aus drei Teilen, der VOB / A, der VOB / B und der VOB / C. Die VOB / A ist vor allem für öffentliche Einrichtungen und Institutionen wichtig, denn in ihr sind alle Vorgaben für öffentliche Ausschreibungen und Vergaben geregelt. Die VOB / B kann als Kern der VOB gelten, sie enthält in kaum mehr als 20 Paragraphen die wichtigsten Regelungen zum Umgang der vertragschließenden Parteien auf dem Bau miteinander. Die VOB / C schließlich ist der dritte Teil der VOB. Sie enthält die wichtigsten DIN-Normen für die einzelnen Handwerksgewerke und gibt klare Vorgaben zu Kalkulationsgrundlagen und Abrechnungen vor. Wird die VOB / B vereinbart, wird automatisch auch die VOB / C vereinbart. Dies regelt Nummer 1 § 1 VOB / B:

> *»Die auszuführende Leistung wird nach Art und Umfang durch den Vertrag bestimmt. Als Bestandteil des Vertrags gelten auch die Allgemeinen Technischen Vertragsbedingungen für Bauleistungen (VOB / C).«*

II. Der Vertrag mit dem Generalübernehmer

Ferner wurde in Kapitel C bereits erwähnt, dass für die Wirksamkeit der Vereinbarung der VOB oder der VOB / B allerdings zwei wichtige Voraussetzungen gelten:

Die VOB bzw. die VOB / B kann nur als Ganzes vereinbart werden. Soll etwa die VOB / B zwar vereinbart werden, gleichzeitig aber wesentliche Teile ausgeschlossen werden, kann dies dazu führen, dass die VOB als nicht vereinbart gilt und der Vertrag auf BGB-Recht zurückfällt.

Die VOB / B muss Personen, die sie üblicherweise nicht kennen, also z.B. praktisch allen Bauherren, wirksam zur Kenntnis gebracht werden, das heißt, der vollständige Text der VOB bzw. der VOB / B – und damit eigentlich auch der VOB / C – muss diesen Personen ausgehändigt werden.

Gerade der letzte Punkt wird nach wie vor häufig nicht beachtet, vor allem aber wird – wenn überhaupt – nur die VOB / B ausgehändigt, praktisch nie auch die VOB / C. Da diese aber ebenfalls viele automatisch vereinbarte Regelungen enthält, etwa zur Berechtigung von Nachtragsforderungen, einem sehr häufigen Streitpunkt auf Baustellen, müsste sie eigentlich mit ausgehändigt werden.

Die VOB wird von Zeit zur Zeit überarbeitet und den aktuellen Gegebenheiten angepasst, so dass es wichtig ist, dass möglichst immer die aktuelle VOB oder VOB / B vereinbart wird, sonst kann es Ihnen passieren, dass Sie beispielsweise zwischenzeitlich längst überholte Regelungen vereinbart haben. Aktuell gilt die VOB 2006.

Wie aber wird nun ein Generalübernehmervertrag konkret nach der VOB oder der VOB / B vereinbart? Die VOB sieht hierfür zwei Möglichkeiten vor, entweder man setzt einen Bauvertrag nach VOB oder VOB / B auf oder aber man erteilt einen Zuschlag auf ein Angebot, das auf Grundlage der VOB bzw. der VOB / B abgegeben wurde.

Je nachdem wie Sie beim Bauen mit dem Generalübernehmer vorgehen, ob Sie also von Beginn an mit ihm zusammenarbeiten und auch bereits die Planung mit ihm anfertigen oder ob Sie die Planung zunächst mit einem Architekten anfertigen und mit diesem dann gemeinsam nach einem geeigneten Generalübernehmer suchen, werden Sie auch beim Bauvertrag möglicherweise unterschiedlich vorgehen. Arbeiten Sie von Anfang an mit einem Generalübernehmer zusammen, werden Sie wahrscheinlich zunächst einen Werkvertrag nach BGB für die Planungsleistungen abschließen und anschließend dann einen Werkvertrag nach der VOB / B für die Bauleistungen. Erstellen Sie zunächst die Planungen mit einem Architekten und stellt dieser diese Unterlagen in einer Generalübernehmerausschreibung zusammen und sendet sie verschiedenen Generalübernehmern mit der Bitte um Abgabe eines Angebotes, kann auf ein solches Angebot innerhalb einer definierten Zuschlagsfrist ein Zuschlag erfolgen. Damit kommt dann ein Bauvertrag zustande. Egal wie Sie vorgehen: Ob von Anfang an gleich mit dem Generalübernehmer oder zunächst mit dem Architekten und dann mit dem Generalübernehmer, Sie kommen nicht um die fachliche Unterstützung durch einen Anwalt herum. Denn selbst wenn Sie einen Architekten für die Planungsphase und die Einholung von Angeboten einschalten, so muss dieser Architekt einerseits zwar zahlreiche Rechtsvorschriften beachten und haftet auch für deren mögliche Nicht-Beachtung, andererseits aber darf er bislang noch keine Rechtsberatung ausüben. Selbst aber wenn er es dürfte, stellt sich trotz dessen die Frage, wie weit er dieser überhaupt nachkommen könnte, bei der zwischenzeitlichen Komplexität des Bauvertragsrechts. Architekten können – ähnlich wie andere Berufsgruppen – neben der fachlichen Übersicht unmöglich auch noch die komplette Rechtsübersicht behalten. Es ist daher überaus sinnvoll, einen auf Bau- und Architektenrecht spezialisierten Anwalt einzuschalten, denn selbst Juristen können unmöglich noch sämtliche Rechtsgebiete überblicken. Spezialisierte und prozesserfahrene Juristen haben den Vorteil, dass sie sich in ihrem Rechtsgebiet gut auskennen und aktuelle Entwicklungen der Rechtssprechung verfolgen können. Diesen Vorteil sollten Sie nutzen. Wie Sie diese Juristen finden wurde im Kapitel C »Bauen mit dem Bauträger« bereits erläutert (siehe Seite 38).

Zahlungsplan festlegen

Eine der wichtigsten Regelungen im Generalübernehmervertrag ist natürlich die Regelung der Vergütung. Das Werkvertragsrecht der VOB / B (§ 16 Nr. 1) aber auch das des BGB (§ 632 a) geben hierzu zwar Rahmenvorgaben, diese können aber natürlich deutlich exakter geregelt werden, z.B. durch einen klaren Zahlungsplan. Wenn Sie auf Ihrem eigenen Grundstück bauen und nicht – wie beim Bauen mit dem Bauträger – Haus und Grundstück gemeinsam erwerben, sind Sie nicht an die Vorgaben der Makler- und Bauträgerverordnung (MaBV / siehe Kapitel C und Anhang) gebunden, sondern Sie können völlig frei Ratenzahlungspläne vereinbaren oder aber auch ganz darauf verzichten und fertiggestellte Leistungen abnehmen und dann Zahlen.

Wenn nach einem festgelegten Zahlungsplan gezahlt werden soll, dann sollten auf alle Fälle exakte Ratendefinitionen vereinbart werden. Wie diese beispielsweise aussehen konnten, können

II. Der Vertrag mit dem Generalübernehmer

Sie in Kapitel C dieses Buches sehen (Seite 39). Sie können diese Raten auch beliebig anders strukturieren, da Sie beim Bauen auf dem eigenen Grundstück – wie erwähnt – nicht an die Ratenvorgaben der MaBV gebunden sind. Wichtig ist nur, dass exakte Definitionen zu den Leistungen erfolgen, die erbracht sein müssen, bevor eine Zahlung erfolgt.

Trotz vereinbartem Zahlungsplan kann im Insolvenzfalle des Generalübernehmers ein weiteres Risiko drohen. Sie haben dann zwar den Generalübernehmer nicht überbezahlt aber Sie wissen nicht, ob der Generalübernehmer von dem Geld, was er von Ihnen erhalten hat, auch seine Handwerker bezahlt hat. Gerät er in die Insolvenz und die Handwerker haben noch kein Geld von ihm erhalten, werden sie dieses im Zweifel auch nicht mehr sehen und es droht dann direkter Ärger zwischen Ihnen und den Handwerkern, die in Ihrem Haus Material verbaut und Arbeitsstunden investiert haben. Das heißt, wenn der Generalübernehmer mit beauftragten Handwerksunternehmen oder Subunternehmen baut, sollte er Ihnen eine Liste aller am Bau beteiligten Firmen aushändigen und die ordnungsgemäße Bezahlung dieser Firmen regelmäßig bestätigen. Dies gilt übrigens auch für das Bauen mit dem Bauträger.

Wichtig ist es ferner, Termine, auch Zwischentermine, als Vertragstermine festzulegen. Man kann beispielsweise auch die Zahlungsraten an Termine knüpfen. Bis wann also ist der Aushub vollzogen? Bis wann steht der Keller? Wann ist der Rohbau abgeschlossen? Häufig gibt es für Bauvorhaben sogenannte Bauzeitenpläne. Diese können z.B. durch einen Generalübernehmer aufgestellt, gemeinsam abgestimmt und dann zum Vertragsbestandteil gemacht werden. Sie können aber auch durch den das Bauvorhaben planenden Architekten aufgestellt und einer Ausschreibung beigelegt werden, damit sie im Falle eines Zuschlages auf ein Angebot auch Vertragsbestandteil werden. Vor allem auch ein Fertigstellungstermin sollte unbedingt vereinbart werden. Ferner sollte eine Regelung getroffen werden, was passiert, wenn diese Termine nicht eingehalten werden. Denn so kann es ja z.B. sein, dass Sie aus einer Mietwohnung ausziehen müssen aber Ihr Haus noch nicht fertiggestellt ist. Dann sollte irgendjemand für die Ihnen entstehenden zusätzlichen Kosten, beispielsweise Hotelkosten und Einlagerungskosten der Möbel, aufkommen.

Termine festlegen

Und schließlich ist es wichtig, sehr klare Abnahmeregelungen zu treffen. Die Abnahme ist, wie in Kapitel C bereits erwähnt, ein sehr wichtiger Vorgang. Wird diese nicht sorgsam vorbereitet und durchgeführt droht der Verlust zahlreicher Rechtsansprüche. Aber nicht nur der Vorgang selbst, sondern sogar der Anspruch auf die Durchführung einer Abnahme muss vertraglich gesichert werden. Ist dieser Anspruch auf eine sogenannte förmliche Abnahme nicht gesichert, gilt beispielsweise im Falle eines VOB oder VOB / B Vertrages folgende Regelung gemäß § 12 Nr. 5 Absatz 1:

> *»Wird keine Abnahme verlangt, so gilt die Leistung als abgenommen mit Ablauf von 12 Werktagen nach schriftlicher Mitteilung über die Fertigstellung der Leistung.«*

Diese Regelung ist für Bauherren brandgefährlich und sollte durch verbindliche Festlegung einer förmlichen Abnahme nach VOB / B § 12 Nr. 4 Absatz 1 bereits im Bauvertrag ausgeschaltet werden. Dort heißt es:

> *»Eine förmliche Abnahme hat stattzufinden, wenn eine Vertragspartei es verlangt. Jede Partei kann auf ihre Kosten einen Sachverständigen zuziehen. Der Befund ist in gemeinsamer Verhandlung schriftlich niederzulegen. In die Niederschrift sind etwaige Vorbehalte wegen bekannter Mängel und wegen Vertragsstrafen aufzunehmen, ebenso etwaige Einwendungen des Auftragnehmers. Jede Partei erhält eine Ausfertigung.«*

Hier wird auch beschrieben, was eine förmliche Abnahme ist, nämlich eine gemeinsame schriftliche Niederlegung über Ausführungsstand und Ausführungsqualität der Bauleistung. Liegen Mängel vor und / oder sollen Vertragsstrafen oder Einbehalte geltend gemacht werden, müssen diese und auch ihre Höhe ins Protokoll aufgenommen werden. Genaueres zur praktischen Durchführung einer förmlichen Abnahme erfahren Sie auch später in diesem Kapitel.

BGB-Verträge können hinsichtlich der Abnahme etwas entspannter gesehen werden. § 640 Absatz 1 regelt hier, dass grundsätzlich eine Abnahme zu erfolgen hat. Allerdings ist auch hier Vorsicht geboten, denn auch nach dem BGB gibt es für den Unternehmer eine Möglichkeit um eine Abnahme herumzukommen, dann nämlich, wenn Sie das Werk nicht innerhalb einer angemessenen Frist, die Ihnen der Unternehmer setzt, abnehmen. Wörtlich heißt es hierzu in § 640 Absatz 1 BGB:

> *»Der Besteller ist verpflichtet, das vertragsmäßig hergestellte Werk abzunehmen, sofern nicht nach der Beschaffenheit des Werkes die Abnahme ausgeschlossen ist. Wegen unwesentlicher Mängel kann die Abnahme nicht verweigert werden. Der Abnahme steht es gleich, wenn der Besteller das Werk nicht innerhalb einer ihm vom Unternehmer bestimmten angemessenen Frist abnimmt, obwohl er dazu verpflichtet ist.«*

Die Gefahr die hier besteht ist, dass Ihnen eine sehr kurze Frist gesetzt wird, beispielsweise von 14 Tagen. Sind Sie zu diesem Zeitpunkt zufällig gerade im Urlaub rutscht Ihnen diese Frist schnell durch. Das BGB legt also drei wesentliche Aspekte nicht fest:
- Die Art der Fristankündigung (Mündlich? Schriftlich? Per Einschreiben? etc.),
- die Angemessenheit der Frist (Was ist ein angemessener Zeitraum? 14 Tage oder 4 Wochen? etc.),
- eine festgelegte zweite Frist- bzw. Nachfristsetzung (mit welchem Zeitraum und welcher Folgewirkung bei neuerlicher Nichteinhaltung?).

Diese Details sollten aber in BGB-Verträgen unbedingt vereinbart werden, um Ärger zu vermeiden.

III. Die Bauabwicklung mit dem Generalübernehmer

Wenn Sie mit dem Generalübernehmer auf eigenem Grundstück bauen, bleiben Sie trotz allem rechtlich Bauherr und damit Ansprechpartner für kommunale Behörden, Versorgungsträger oder auch Anspruchsteller, aus welchem Grund auch immer. Ihre Rolle ist also eine völlig andere, als beim Bauen mit dem Bauträger, wenn Sie Haus und Grundstück zusammen erwerben. Um es auf den Punkt zu bringen: Die entscheidende Post wird in Ihrem Briefkasten landen, nicht im Briefkasten des Generalübernehmers. Der klassische Fall: Beim Aushub des Kellers ist ein Versorgungskabel beschädigt worden. Der Versorgungsträger wird sich dann zunächst an Sie wenden, denn Sie sind Besitzer des Grundstücks. Oder aber: Kinder haben sich beim Spielen auf der Baustelle verletzt. Auch hier wird man sich zunächst an Sie als Grundstücksbesitzer wenden und Fragen stellen, z.B. wie die Kinder überhaupt auf das Gelände gelangen konnten. Sie bleiben also in der vollen Verantwortung, auch wenn Sie mit einem Generalübernehmer einen Vertrag zur schlüsselfertigen Errichtung eines Gebäudes geschlossen haben. Es ist sehr wichtig, sich dies klar zu machen, weil dies weitreichende Konsequenzen hat und von Ihnen erhöhte Aufmerksamkeit fordert. Vor allem folgende wesentliche Verantwortungsfelder verbleiben bei Ihnen:

Erreichen der Baugenehmigung:

Als Bauherr bleiben Sie Ansprechpartner der Behörden für die Genehmigung des Bauvorhabens. Das heißt, wenn ein nicht genehmigungsfähiges Bauvorhaben eingereicht wird oder aber sich im Zuge eines Kenntnisgabeverfahrens herausstellt, dass Ihr Bauvorhaben eigentlich nicht genehmigungsfähig ist oder war, also Planung oder Bauvorhaben nachgebessert werden müssen, bleiben Sie der Ansprechpartner der Behörden und stehen für die Konsequenzen auch ein. Sie können später zwar versuchen, daraus resultierende Verzögerungen oder gar Bußgelder auf die beteiligten Planer umzulegen, zunächst einmal aber verbleiben die Konsequenzen und damit Kosten bei Ihnen.

Stellung der Infrastruktur der Baustelle:

Die Stellung der Infrastruktur der Baustelle umfasst im Wesentlichen die sichere Baustellenzufahrt und die Stellung von Baustrom und Bauwasser sowie Baustellenunterkunft und Bau-WC. Soweit Sie die Möglichkeit dazu haben, sollten Sie diese Leistungen aber dem Generalübernehmer übertragen. Dies hat mehrere Vorteile. Zunächst einmal muss sich dann der Generalübernehmer um die notwendigen Genehmigungen kümmern. Ferner muss er sich um die Installationen kümmern und schließlich auch darum, ggf. auftauchende Probleme selbst zu lösen. Stellen Sie ihm hingegen die Infrastruktur und Installationen zur Verfügung, können Sie es sehr schnell mit einer sogenannten Behinderungsanzeige des Unternehmers zu tun haben, wenn beispielsweise die Baustraße nicht befahrbar ist oder der Bauwasseranschluss nicht funktioniert. Dann kann er nicht arbeiten und wird warten, bis Sie die Probleme behoben haben. Dies führt in aller Regel zu Mehrkosten und Bauzeitenverzögerungen.

Absicherung und Versicherung der Baustelle:

Die ordnungsgemäße Absicherung der Baustelle betrifft nicht nur die sorgsame Einfassung mit einem lückenlosen Bauzaun, der Unbefugten das Betreten nicht ohne weiteres ermöglicht, sondern z.B. auch die Absicherung von Nachbargebäuden, wenn dicht an ihnen gebaut wird oder auch Aushubarbeiten in unmittelbarer Nähe erfolgen. Auch die Absicherung von eventuell notwendigen Abrissarbeiten und der Schutz umgebender Bebauung gehören dazu. Genauso auch die Absicherung möglicherweise wertvollen Baumbestandes auf dem Grundstück. Aber natürlich auch die Personenabsicherung z.B. von Passanten oder Besuchern der Baustelle. Ferner die Absicherung von auf der Baustelle lagerndem Material oder Beschädigung an bereits erstellten Teilen des Bauvorhabens. Das heißt, mindestens eine Bauherrenhaftpflichtversicherung, eine Bauwesenversicherung und eine Feuerrohbauversicherung müssen abgeschlossen werden. Die Bauherrenhaftpflichtversicherung schützt den Bauherrn gegen Ansprüche Dritter, die aufgrund seines Bauvorhabens zu Schaden gekommen sind. Die Bauwesenversicherung schützt bei Schäden an, oder Diebstahl von Baumaterial, das auf der Baustelle gelagert wird. Die Feuerrohbauversicherung schützt gegen Feuerschäden am Bauvorhaben. Werden Eigenleistungen am Bauvorhaben erbracht, muss hierfür zwingend eine Unfallversicherung bei der Bauberufsgenossenschaft (www.bgbau.de) abgeschlossen werden. Diese Unfallversicherung ist Pflicht und wird bei Zuwiderhandlung mit Bußgeld geahndet. Einen umfassenden Überblick über alle Varianten von Bauversicherungen erhalten Sie auch in dem Ratgeber »Die richtige Versicherung von Haus und Wohnung« der ebenfalls in der vorliegenden Ratgeberreihe erschienen ist.

Sondergenehmigungen:

Falls Sondergenehmigungen notwendig werden, z.B. wenn für die Baustelle vorrübergehend zusätzliche Flächen benötigt werden und ggf. öffentlicher Straßenraum mit einbezogen werden muss, aber auch im Zusammenhang mit dem Aushub und der Deponierung von eventuell kontaminiertem Erdmaterial oder auch einer vorübergehenden Grundwasserabsenkung oder ähnlichem, müssen Sondergenehmigungen eingeholt werden, und zwar durch Sie, wenn Sie dies vertraglich nicht anders mit dem Generalübernehmer vereinbart haben.

Öffentliche Erschließungsarbeiten:

Alle Erschließungsarbeiten des Grundstücks mit Strom, Telekommunikation, Wasser, Abwasser und ggf. auch Gas oder Fernwärme sind unmittelbar zwischen Ihnen und der zuständigen Kommune bzw. den Versorgungsträgern zu koordinieren.

Wahrnehmung aller behördlichen Termine:

Während des Bauvorhabens kommen mehrere behördliche Termine auf Sie zu. Hierzu gehören z.B. die Rohbauabnahme oder die

Schornsteinabnahme. Ihre Anwesenheit bei diesen Terminen ist sinnvoll und mögliche Reklamationen bei diesen Terminen werden die Behörden gegenüber Ihnen geltend machen.

Rückbau der Baustelle:

Auch der ordnungsgemäße Rückbau der Baustelle liegt in Ihrer Verantwortung. Vor allem dann, wenn angrenzende Bereiche in Mitleidenschaft gezogen wurden, etwa Nachbargrundstücke oder öffentliche Grundstücke, müssen Sie diese natürlich wieder herstellen.

Wenn Sie sich von einem Teil dieser Aufgaben befreien wollen, ist es sinnvoll, frühzeitig mit dem Generalübernehmer über die Verteilung auch dieser Aufgaben zu sprechen und Regelungen auch in den Vertrag aufzunehmen, damit schriftlich klar niedergelegt ist, was zusätzlich zu seinem Leistungsumfang gehört ohne dass dafür zusätzliche Kosten anfallen.

Aber selbst wenn der Generalübernehmer alle ihm möglichen Aufgabenfelder übernimmt, müssen Sie seine Arbeit doch überwachen. Vergisst er nämlich etwas oder übersieht er etwas, können Sie unter Umständen natürlich auch mit in die Verantwortung gezogen werden, schließlich sind Sie der Bauherr und das bedeutet, dass Sie nicht nur Rechte, sondern auch viele Pflichten haben.

Baustellenüberwachung

Aber schon in Ihrem ureigenen Interesse sollten Sie natürlich eine gute Überwachung der Arbeiten des Generalübernehmers sicherstellen. Dies betrifft natürlich auch die Überwachung der Bauqualität, die zur Ausführung kommt.

Es ist als Laie nicht ganz einfach, Baumängel zu erkennen, klar zu definieren und ordnungsgemäß – also korrekt gemäß VOB / B oder BGB – zu mahnen. Sie sollten sich hier nicht vorschnell zuviel zutrauen, sondern sich und Ihre Kenntnisse ehrlich einschätzen. Wie viele Material- und Verarbeitungskenntnisse haben Sie wirklich? Wie viele DIN-Normen kennen Sie wirklich? Kommen Sie zu dem Schluss, dass Sie mit der qualitativen Überwachung eines Bauvorhabens eigentlich überfordert sind, sollten Sie diese Aufgaben einem erfahrenen Bauleiter überlassen, der in Ihrem Falle die Baustelle nicht leitet, sondern unabhängig überwacht. Ein solcher erfahrener Bauleiter muss nicht unbedingt der Architekt sein, der für Sie ggf. die Pläne fertigte, denn nicht jeder planende Architekt muss zwangsläufig auch ein guter Bauleiter sein, wie das Kapitel F »Bauen mit dem Architekten« noch zeigen wird. Sinnvoll für eine solche unabhängige Überwachung ist ein gut ausgebildeter Bauleiter mit langjähriger Baustellenerfahrung einerseits und guten Normungs- und Rechtskenntnissen andererseits. Die Einschaltung eines unabhängigen Bauleiters zur regelmäßigen Baustellenkontrolle sollte dem Generalübernehmer auch von vornherein mitgeteilt werden. Einerseits wird dies dazu führen, dass er das Bauvorhaben generell sorgsamer angeht, andererseits wird so durch Sie Offenheit und Klarheit demonstriert. Alle Karte liegen offen auf dem Tisch, dies ist für die Stimmung auf einer Baustelle deutlich günstiger. Jeder weiß so, woran er ist. Arbeitet ein Generalübernehmer sorgsam mit professioneller Bauleitung wird er mit einer unabhängigen Baubegutachtung kein Problem haben.

Wie Sie unabhängige Bausachverständige finden und welche Institutionen diese Leistung anbieten, konnten Sie in Kapitel C »Bauen mit dem Bauträger« erfahren (S. 41).

Wie aufwändig und umfassend eine sorgfältige Bauausführungskontrolle ist, können Sie, wie in Kapitel C schon erwähnt, dem Titel »Richtig bauen: Ausführung« der Verbraucherzentralen und der Stiftung Warentest entnehmen. Er enthält alleine über 500 Prüfpunkte, die im Zuge eines Bauvorhabens überprüft werden müssen.

Vorgehen bei Mängeln und Abnahmen

Um einen Bausachverständigen aber wirksam einsetzen zu können, das heißt so, dass seine Beurteilungen auch zu Konsequenzen führen, benötigen Sie die richtige Vertragsrundlage. Haben Sie beispielsweise einen Vertrag abgeschlossen, der Geldeinbehalte im Falle von Mängeln ausschließt, kennen Sie durch Ihren Sachverständigen dann zwar die Mängel, können aber kaum Druck auf den Generalübernehmer ausüben, diese Mängel auch nachzubessern. Die Möglichkeit des Geldeinbehalts im Falle von Mängeln, die sowohl das BGB als auch die VOB / B grundsätzlich ermöglichen, sollte durch einen Bauvertrag also nicht genommen werden, denn Geldeinbehalte, Konventionalstrafen und Sicherheitseinbehalte sind auf Baustellen häufig das einzig wirklich wirksame Steuerungsinstrument.

Grundsätzlich kann man bei der Bauabwicklung mit dem Generalübernehmer sehr unterschiedlich vorgehen und dies auch entsprechend unterschiedlich vertraglich regeln. So ist es möglich, vor jeder Zahlung auch eine Abnahme der bis dahin ausgeführten Arbeiten durchzuführen oder aber alle Arbeiten bei einer einzigen Schlussabnahme als erbracht anzuerkennen. Beides hat Vor- und Nachteile.

Wird vor jeder Ratenzahlung eine Zwischenabnahme der zur Zahlung fälligen Leistung durchgeführt, entstehen in der Folge natürlich auch sehr unterschiedliche Gewährleistungszeiten für das Gebäude. Dies wurde in anderem Zusammenhang ja bereits in Kapitel C deutlich. Ist der Keller acht Wochen vor dem Dachstuhl fertig und wird er direkt nach Fertigstellung abgenommen, läuft dessen Gewährleistung auch acht Wochen kürzer als die des Dachstuhls. Kompliziert kann es dann später im Falle von Gewährleistungsansprüchen werden, wenn jeweils kontrolliert werden muss, für welches Bauteil welche Gewährleistung läuft. Außerdem kann es gegen Ende der Gewährleistungszeiten natürlich auch bei Schnittpunkten zwischen zwei Gewerken zu Problemen kommen, wenn für ein Gewerk noch eine Gewährleistungszeit läuft, für ein angrenzendes aber nicht mehr. Des Weiteren ist es so, dass Sie nach Abnahme eines Bauteils auch für danach eintretende Schäden an diesem selbst haften, nicht mehr der Generalübernehmer. Erleidet also z.B. der Heizungsbrenner nach Einbau und Abnahme einen Schaden, dessen Verursachung keinem der Baubeteiligten nachgewiesen werden kann, müssen Sie diesen selbst ersetzen.

Wird nur eine einzige Schlussabnahme durchgeführt, kommt dieser aber umso mehr Bedeutung zu. Ferner ist es dann natürlich so, dass viele Ausführungen und eventuelle Mängel auch nicht mehr sichtbar sind, z.B. weil sie zum Zeitpunkt der Schlussabnahme unter dem Erdreich, unter Putz oder unter Verkleidungen liegen.

Will man die Vorteile beider Vorgehensweisen verbinden, bietet es sich an, vor jeder Zahlung keine Abnahmen bzw. Zwischenabnahmen durchzuführen, sondern nur »Technische Begutachtungen« oder »Begehungen«. In diesen sollten mögliche Mängel in einem Protokoll festgehalten und ggf. auch fototechnisch dokumentiert werden. Vorsicht hierbei aber mit Digitalbildern. Kommt es irgendwann einmal zum Rechtsstreit und sollen digitale Bilder als Beweismaterial eingesetzt werden, kann es zu Problemen kommen. Aufgrund der einfachen Manipulierbarkeit digitaler Bilder werden sie gerichtlich nicht unbedingt anerkannt. Der gute alte Fotoapparat kann also auf der Baustelle nach wie vor wichtige Dienste leisten. Werden bei einer »Technischen Begutachtung« der ausgeführten Arbeiten Mängel entdeckt, sollte eine unverzügliche Mängelbeseitigung erfolgen. Anspruch auf diese Forderung haben Sie aber nur nach der VOB / B, nicht nach dem BGB. Beim BGB-Werkvertrag ist der Unternehmer nur verpflichtet, Ihnen zur Übergabe des Werkes eine mangelfreie Leistung abzuliefern. Wann er die Mängel beseitigt ist zunächst seine Sache. Auch dieser Umstand ist ein nicht seltener Streitpunkt auf Baustellen. Daher sollte dieser potentielle Streitpunkt von vornherein auch im Falle eines BGB-Werkvertrages durch eine detaillierte Vereinbarung, die die Verpflichtung zur umgehenden Mängelbeseitigung vorsieht, ausgeschaltet werden. Wenn für Mängel Geldeinbehalte geltend gemacht werden, sollte deren Höhe auch im Protokoll einer »technischen Begehung« festgehalten werden. Die Höhe sollte etwa das Dreifache der Kosten, die die Beseitigung des Mangels kostet, betragen. Diese Regelung sieht die § 641 BGB vor. Sie ist allgemein anerkannt und führt auf Baustellen in aller Regel nicht zu Diskussionen. Greifen Sie mit dem Geldeinbehalt zu hoch, halten Sie also beispielsweise das zehnfache dessen ein, was die Beseitigung des Mangels kostet, kann der Schuss nach hinten losgehen, denn nicht jedes Gericht wird dies als gerechtfertigt ansehen. Es kann dann sein, dass die komplette Einbehaltregelung des Vertrages als nichtig angesehen wird. Hinsichtlich des sogenannten Sicherheitseinbehaltes gibt es diesbezüglich bereist exakte gerichtliche Vorgaben des Bundesgerichtshofs (BGH). Der Sicherheitseinbehalt ist derjenige Einbehalt, der für die Dauer der Gewährleistung einbehalten wird, um im Falle auftretender Mängel eine ausreichende Sicherheit für den Auftraggeber zur Beseitigung der Mängel zu garantieren. Dieser darf 5 % der Gesamtbausumme nicht überschreiten. Tut er es doch, kann die gesamte vertragliche Vereinbarung über den Sicherheitseinbehalt nichtig sein und demgemäß gar kein Sicherheitseinbehalt als vereinbart gelten. Sie sehen an solchen Details vor allem immer wieder eines: Wie wichtig die präventive Einschaltung eines auf Bau- und Architektenrecht spezialisierten Anwalts bei Bauvorhaben grundsätzlich ist.

Kommt der von Ihnen beauftragte Generalübernehmer einer Mängelbeseitigung nicht nach, sondern baut einfach weiter, gibt es zwei Möglichkeiten zu reagieren, soweit die vertraglichen Voraussetzungen hierfür gelegt wurden oder die VOB / B vereinbart ist: Sie können ihm eine Frist und schließlich eine Nachfrist setzen unter Ankündigung einer sogenannten Ersatzvornahme für die Mängelbeseitigung. D.h. mit Ablauf der Nachfrist lehnen Sie eine Mängelbeseitigung durch den Unternehmer ab und beauftragen mit der Mängelbeseitigung auf Kosten des Unternehmers ein anderes Unternehmen. Diese Kosten verrechnen Sie dann mit dem Geldeinbehalt. Reicht dieser nicht, werden diese Kosten mit der Schlussrechnung geltend gemacht und dort abgezogen. Wichtig ist allerdings, dass Sie dem Generalübernehmer eine angemessene Nachfrist setzen. Angemessen heißt, Sie können ihm z.B. keine 24-Stunden-Frist sitzen, wenn alleine die Materialbeschaffung eine Woche dauert. Ferner muss eine Fristsetzung sehr sorgsam erfolgen und auch auf die Konsequenzen im Falle des fruchtlosen Verstreichens muss aufmerksam gemacht werden. Sehr schnell kann ein solches Schreiben unwirksam sein, wenn es nicht den geforderten Standards beispielsweise aus der VOB / B entspricht. Ein rechtssicherer, wasserdichter und VOB-gerechter Schriftverkehr ist ein sehr wichtiges Element professioneller Bauleitung, das leider selbst viele Architekten nicht immer sicher beherrschen. Sie können davon ausgehen, dass Ihnen ein Generalübernehmer nicht einfach ein perfektes Bauwerk abliefert und alles klappt wie am Schnürchen, auch wenn sich »Schlüsselfertig« so schön anhört. Gehen Sie besser vom Gegenteil aus und machen Sie sich klar, dass es ggf. nicht ausreichen wird, wenn nur hin und wieder ein Bausachverständiger auf der Baustelle auftaucht. Es kann sehr schnell die Situation eintreten, dass Sie einen versierten Bauleiter benötigen, der einen guten Bauvertrag auf der Baustelle auch wirksam vertritt. Hier hilft auch nicht immer nur juristisches Säbelrasseln weiter, sondern hier ist häufig auch Fingerspitzengefühl und soziale Kompetenz gefragt, um Ziele wirksam und schnell zu erreichen. Denn es nutzt Ihnen natürlich auch nichts, wenn Ihr Bauvorhaben wegen Streitigkeiten monatelang förmlich stillgelegt ist.

Wenn Sie also auch nicht von Anfang an einen permanenten eigenen Bauleiter auf der Baustelle haben wollen, so sollten Sie sich beim Bauen mit dem Generalübernehmer doch überlegen, ob Sie präventiv mit einem erfahrenen Bauleiter ein Gespräch darüber führen, ob er Sie im Falle von Problemen unterstützen würde. Sie können für diesen Fall sogar bereits einen Vertrag vorbereiten und aufsetzen, um im Falle des Falles schneller handeln zu können.

Bauen ohne Ärger heißt nicht, dass Sie um Ärger auf der Baustelle herumkommen, dies ist leider fast nie der Fall, aber es kann heißen, dass Sie diesen Ärger mit präventiv gut vorbereiteten Instrumentarien jeweils schnell und wirksam in den Griff bekommen, ohne dass er ausufert oder gar außer Kontrolle gerät.

IV. Schlussabnahme, Schlussrechnung, Gewährleistung

Gegen Ende des Bauvorhabens steht die Schlussabnahme an. Die Durchführung derselben ist Voraussetzung dafür, dass der Unternehmer seine Schlussrechnung stellen kann und diese fällig wird. Mit der Schlussabnahme setzt dann auch die Gewährleistungszeit ein, mindestens für die Bauteile, die zur Schlussabnahme abgenommen wurden. Ist die Schlussabnahme die einzige und erste Abnahme des Bauvorhabens beginnt mit ihr die Gewährleistungszeit für das gesamte Bauvorhaben.

Schlussabnahme:

Grundsätzlich ist es auch für die Schlussabnahme wichtig, dass Sie von vornherein bauvertraglich als förmliche Abnahme vereinbart wird, weil sonst im Falle eines VOB oder VOB / B-Vertrages keine förmliche Abnahme stattfinden muss, wie dies bereits erwähnt wurde.

Soweit vor der Schlussabnahme noch keine Teilabnahmen erfolgten aber vor den Zahlungen doch »Technische Begehungen« des Bauvorhabens stattfanden und hierbei Mängel protokolliert wurden, müssen diese nun spätestens zum Zeitpunkt der Schlussabnahme in einem Protokoll benannt werden.

Mindestens die sichtbaren Mängel aber auch die bekannten verdeckten Mängel müssen benannt werden. Das heißt, sie müssen im Protokoll vorbehalten werden. Geschieht dies nicht, verlieren Sie ggf. den Rechtsanspruch auf ihre Beseitigung. Dies gilt sowohl nach den Regelungen des BGB wie auch nach den Regelungen der VOB / B. Weil die Abnahmebedingungen dieser beiden Regelungen so enorm wichtig für Sie sind, sollen sie nachfolgend auch nochmals im Wortlaut widergegeben werden. Sie sind geregelt in § 640 des BGB bzw. § 12 der VOB / B:

§ 640 BGB:

»(1) Der Besteller ist verpflichtet, das vertragsmäßig hergestellte Werk abzunehmen, sofern nicht nach der Beschaffenheit des Werkes die Abnahme ausgeschlossen ist. Wegen unwesentlicher Mängel kann die Abnahme nicht verweigert werden. Der Abnahme steht es gleich, wenn der Besteller das Werk nicht innerhalb einer ihm vom Unternehmer bestimmten angemessenen Frist abnimmt, obwohl er dazu verpflichtet ist.

(2) Nimmt der Besteller ein mangelhaftes Werk gemäß Absatz 1 Satz 1 ab (siehe hierzu S. 41), *obschon er den Mangel kennt, so stehen ihm die in § 634 Nr. 1 bis 3 bezeichneten Rechte nur zu, wenn er sich seine Rechte wegen des Mangels bei der Abnahme vorbehält.«*

§ 12 VOB / B:

»*1. Verlangt der Auftragnehmer nach der Fertigstellung - gegebenenfalls auch vor Ablauf der vereinbarten Ausführungsfrist - die Abnahme der Leistung, so hat sie der Auftraggeber binnen 12 Werktagen durchzuführen; eine andere Frist kann vereinbart werden.*

2. Auf Verlangen sind in sich abgeschlossene Teile der Leistung besonders abzunehmen.

3. Wegen wesentlicher Mängel kann die Abnahme bis zur Beseitigung verweigert werden.

4. (1) Eine förmliche Abnahme hat stattzufinden, wenn eine Vertragspartei es verlangt. Jede Partei kann auf ihre Kosten einen Sachverständigen zuziehen. Der Befund ist in gemeinsamer Verhandlung schriftlich niederzulegen. In die Niederschrift sind etwaige Vorbehalte wegen bekannter Mängel und wegen Vertragsstrafen aufzunehmen, ebenso etwaige Einwendungen des Auftragnehmers. Jede Partei erhält eine Ausfertigung.

(2) Die förmliche Abnahme kann in Abwesenheit des Auftragnehmers stattfinden, wenn der Termin vereinbart war oder der Auftraggeber mit genügender Frist dazu eingeladen hatte. Das Ergebnis der Abnahme ist dem Auftragnehmer alsbald mitzuteilen.«

Vor allem die Regelungen der VOB / B sind sehr detailliert und klar. Vereinbaren Sie die VOB / B als Vertragsgrundlage, wollen aber von einigen dieser Punkte abweichen, müssen Sie dies selbstverständlich bereits im Bauvertrag tun und können Änderungen nicht erst kurz vor der Abnahme verlangen. Ferner müssen Abweichungen von der VOB / B sehr sorgsam erstellt werden, um nicht die Vereinbarung der VOB / B insgesamt zu gefährden. Solche abweichenden Regelungen sollten nicht ohne einen Fachanwalt für Bau- und Architektenrecht vorgenommen werden. Wo und wie Sie diese finden, können Sie Kapitel C entnehmen (S. 38).

Nach der VOB / B müssen Sie grundsätzlich auch in sich abgeschlossene Teilleistungen gesondert abnehmen. Wollen Sie dies nicht tun, müssten Sie auch hierzu abweichende Regelungen treffen, die ebenfalls mit einem Anwalt abgestimmt werden sollten, um die geplante Vereinbarung der VOB / B nicht insgesamt zu gefährden.

Eine Abnahme muss nach der VOB / B nicht zwingend unter Beisein von Auftraggeber und Auftragnehmer stattfinden. Es reicht, wenn der Auftraggeber das Bauvorhaben alleine abnimmt. Es ist aber üblich und es ist auch sinnvoll, wenn sowohl Auftraggeber als auch Auftragnehmer bei der Abnahme anwesend sind. Auf diese Weise können kleine Streitigkeiten ggf. sofort geklärt

IV. Schlussabnahme, Schlussrechnung, Gewährleistung

werden, vor allem aber ist es ein großer Vorteil, wenn ein Abnahmeprotokoll von beiden Seiten unterzeichnet wird, da auf diese Weise auch der Auftragnehmer alle im Protokoll aufgezeichneten möglichen Mängel anerkennt und nicht nach der Abnahme dann erst einmal die Anerkenntnis der möglichen Mängel durch den Auftragnehmer erreicht werden muss.

Wenn es zu Streitigkeiten darüber kommt, ob ein Mangel vorliegt oder nicht, kann auch diese Streitigkeit im Protokoll festgehalten werden. Es sollte dann auch festgehalten werden, dass diese Streitigkeit noch geklärt werden soll und bis zu Klärung der Mangel vorbehalten wird und eine festgelegte Geldsumme einbehalten bleibt.

Tipp

Aufgrund ihrer Wichtigkeit sollte eine Abnahme, wie schon in Kapitel C erwähnt, immer gut vorbereitet werden. Dies kann man sehr gut tun, indem man beispielsweise bereits einige Tage vorher in aller Ruhe mit einem Bausachverständigen durch das Bauobjekt geht und alle eventuellen Mängel notiert. Man kann bei einem solchen Termin auch einmal ein Probeprotokoll aufsetzen und überlegen, wie man die Dinge dann am Abnahmetag sinnvoll formuliert.

Die Abnahme selbst sollte dann auf jeden Fall mit ausreichend Zeit, möglichst bei gutem Wetter und auf alle Fälle bei Tageslicht angesetzt werden. Abnahmetermine im Winter gegen 18:00 Uhr oder 18:30 Uhr und ähnliches sollten generell nicht in Frage kommen.

Sehr wichtig ist bei der Abnahme natürlich, dass nur ein einziges Protokoll aufgesetzt wird und nicht etwa jeder sein eigenes Protokoll schreibt. Dieses eine Protokoll sollte möglichst auch direkt auf Durchschlagspapier erstellt werden, damit nach Abschluss der Abnahme das Protokoll direkt an Auftraggeber und Auftragnehmer ausgehändigt werden kann und Manipulationen oder Manipulationsvorwürfe dadurch verunmöglicht werden. Wenn nicht Sie das Protokoll schreiben, sondern eine andere Person, sollten Sie sorgsam darauf achten, dass alle Anmerkungen Ihrerseits in das Protokoll aufgenommen werden und dies vor Unterzeichnung gründlich prüfen. Sie sollten als Auftraggeber das Original mitnehmen und dem Auftragnehmer den Durchschlag überlassen.

Ist die Abnahme durchgeführt und das Abnahmeprotokoll von beiden Seiten unterzeichnet sowie beiden Seiten ausgehändigt, kann der Unternehmer die Schlussrechnung stellen.

Schlussrechnung:

§§ Auch für die Abrechnung und die Schlussrechnung gelten gemäß der VOB / B sehr spezielle Regelungen. Auch diese sollten Sie kennen, bevor Sie an die Prüfung der Schlussrechnung gehen. Die VOB / B regelt dies in § 14 Abrechnung:

> *»1. Der Auftragnehmer hat seine Leistungen prüfbar abzurechnen. Er hat die Rechnungen übersichtlich aufzustellen und dabei die Reihenfolge der Posten einzuhalten und die in den Vertragsbestandteilen enthaltenen Bezeichnungen zu verwenden. Die zum Nachweis von Art und Umfang der Leistung erforderlichen Mengenberechnungen, Zeichnungen und andere Belege sind beizufügen. Änderungen und Ergänzungen des Vertrags sind in der Rechnung besonders kenntlich zu machen; sie sind auf Verlangen getrennt abzurechnen.*
>
> *2. Die für die Abrechnung notwendigen Feststellungen sind dem Fortgang der Leistung entsprechend möglichst gemeinsam vorzunehmen. Die Abrechnungsbestimmungen in den Technischen Vertragsbedingungen und den anderen Vertragsunterlagen sind zu beachten. Für Leistungen, die bei Weiterführung der Arbeiten nur schwer feststellbar sind, hat der Auftragnehmer rechtzeitig gemeinsame Feststellungen zu beantragen.*
>
> *3. Die Schlussrechnung muss bei Leistungen mit einer vertraglichen Ausführungsfrist von höchstens 3 Monaten spätestens 12 Werktage nach Fertigstellung eingereicht werden, wenn nichts anderes vereinbart ist; diese Frist wird um je 6 Werktage für je weitere 3 Monate Ausführungsfrist verlängert.*
>
> *4. Reicht der Auftragnehmer eine prüfbare Rechnung nicht ein, obwohl ihm der Auftraggeber dafür eine angemessene Frist gesetzt hat, so kann sie der Auftraggeber selbst auf Kosten des Auftragnehmers aufstellen.«*

Sie sehen die VOB / B trifft sehr exakte Regelungen für die Abrechnung. Diese Regelungen müssen bei einem VOB / B-Vertrag eingehalten werden, wenn Sie an die weitere Prüfung der Rechnung gehen.

Bei der Prüfung einer Schlussrechnung geht man so vor, dass zunächst überprüft wird, ob sie überhaupt fällig ist, d.h. vor allem die Abnahme durchgeführt worden ist. Danach muss die Rechnung zunächst inhaltlich und dann rechnerisch überprüft werden.

Zur inhaltlichen Überprüfung gehört, dass kontrolliert wird, ob alle aufgelisteten Leistungen erbracht und auch in dem aufgeführten Umfang erbracht wurden. Mängelbehaftete Leistungen, für die ein Geldeinbehalt vereinbart wurde, müssen entsprechend berücksichtigt werden, der vereinbarte Geldbetrag muss tatsäch-

IV. Schlussabnahme, Schlussrechnung, Gewährleistung

lich abgezogen und einbehalten werden. Es ist dann zu prüfen, ob die Rechnung rechnerisch stimmt, d.h. ob alle Teilsummen korrekt sind, die Übertragungen stimmen und die Schlusssumme richtig ist. Im Rahmen der rechnerischen Prüfung muss auch überprüft werden, ob alle bereits geleisteten Abschlagszahlungen korrekt berücksichtigt sind, ebenso wie eventuelle Sicherheitseinbehalte oder vereinbarte Konventionalstrafen, soweit diese anfallen. Falls ein Skonto gewährt wurde, also ein Zahlungsnachlass bei schneller Zahlung, muss auch dies berücksichtigt werden. Eine so korrigierte Schlussrechnung kann dann in Kopie an den Unternehmer gehen und die Zahlungsanweisung über den unstrittigen Betrag kann erfolgen. Allerdings ist auch hier allergrößte Vorsicht geboten. Leisten Sie die Schlusszahlungen oder haken Sie bestimmte Positionen auf einer Schlussrechnung ab, erkennen sie diese Leistung damit als erbracht an.

Vor allem nach der VOB / B ist die Zahlungsweise von Schlussrechnungen sehr detailliert geregelt. § 16 der VOB / B besagt unter Nr. 3 zur Zahlungsweise von Schlussrechnungen folgendes:

§§

»3. (1) Der Anspruch auf die Schlusszahlung wird alsbald nach Prüfung und Feststellung der vom Auftragnehmer vorgelegten Schlussrechnung fällig, spätestens innerhalb von 2 Monaten nach Zugang. Werden Einwendungen gegen die Prüfbarkeit unter Angabe der Gründe hierfür nicht spätestens innerhalb von 2 Monaten nach Zugang der Schlussrechnung erhoben, so kann der Auftraggeber sich nicht mehr auf die fehlende Prüfbarkeit berufen. Die Prüfung der Schlussrechnung ist nach Möglichkeit zu beschleunigen. Verzögert sie sich, so ist das unbestrittene Guthaben als Abschlagszahlung sofort zu zahlen.

(2) Die vorbehaltlose Annahme der Schlusszahlung schließt Nachforderungen aus, wenn der Auftragnehmer über die Schlusszahlung schriftlich unterrichtet und auf die Ausschlusswirkung hingewiesen wurde.

(3) Einer Schlusszahlung steht es gleich, wenn der Auftraggeber unter Hinweis auf geleistete Zahlungen weitere Zahlungen endgültig und schriftlich ablehnt.

(4) Auch früher gestellte, aber unerledigte Forderungen werden ausgeschlossen, wenn sie nicht nochmals vorbehalten werden.

(5) Ein Vorbehalt ist innerhalb von 24 Werktagen nach Zugang der Mitteilung nach den Absätzen 2 und 3 über die Schlusszahlung zu erklären. Er wird hinfällig, wenn nicht innerhalb von weiteren 24 Werktagen – beginnend am Tag nach Ablauf der in Satz 1 genannten 24 Werktage – eine prüfbare Rechnung über die vorbehaltenen Forderungen eingereicht oder, wenn das nicht möglich ist, der Vorbehalt eingehend begründet wird.

(6) Die Ausschlussfristen gelten nicht für ein Verlangen nach Richtigstellung der Schlussrechnung und -zahlung wegen Aufmaß-, Rechen- und Übertragungsfehlern.«

Auch hier wieder sehen Sie, wie detailliert die VOB / B das Prozedere regelt. Wenn Sie sich mit der inhaltlich und rechnerisch rechtssicheren Prüfung einer Schlussrechnung überfordert fühlen, sollten Sie auch hierfür einen Bausachverständigen und einen Fachanwalt für Bau- und Architektenrecht vor Freigabe der Schlussrechnung zu Rate ziehen.

Gewährleistung:

Gleichzeitig mit dem Abnahmetermin beginnt die Gewährleistung zu laufen. Nach BGB beträgt die Gewährleistung für Bauwerke fünf Jahre, nach VOB / B vier Jahre.

Geregelt wird dies durch § 634 a Absatz 1 Nr. 2 des BGB bzw. § 13 Nr. 4 Absatz 1 der VOB / B. Da auch diese Regelungen sehr wichtig sind, sollten Sie auch diese Regelungen im Wortlaut kennen:

BGB § 634a Verjährung der Mängelansprüche

> *»(1) Die in § 634 Nr. 1, 2 und 4 bezeichneten Ansprüche verjähren*
>
> *vorbehaltlich der Nummer 2 in zwei Jahren bei einem Werk, dessen Erfolg in der Herstellung, Wartung oder Veränderung einer Sache oder in der Erbringung von Planungs- oder Überwachungsleistungen hierfür besteht,*
>
> *in **fünf Jahren bei einem Bauwerk** und einem Werk, dessen Erfolg in der Erbringung von Planungs- oder Überwachungsleistungen hierfür besteht, und*
>
> *im Übrigen in der regelmäßigen Verjährungsfrist.*
>
> *(2) Die Verjährung beginnt in den Fällen des Absatzes 1 Nr. 1 und 2 mit der Abnahme.*
>
> *(3) Abweichend von Absatz 1 Nr. 1 und 2 und Absatz 2 verjähren die Ansprüche in der regelmäßigen Verjährungsfrist, wenn der Unternehmer den Mangel arglistig verschwiegen hat. Im Falle des Absatzes 1 Nr. 2 tritt die Verjährung jedoch nicht vor Ablauf der dort bestimmten Frist ein.«*

IV. Schlussabnahme, Schlussrechnung, Gewährleistung

Die VOB / B regelt die Gewährleistung nach § 13 wie folgt:

»*4. (1) ist für Mängelansprüche keine Verjährungsfrist im Vertrag vereinbart, so beträgt sie **für Bauwerke 4 Jahre**, für andere Werke, deren Erfolg in der Herstellung, Wartung oder Veränderung einer Sache besteht und für die vom Feuer berührten Teile von Feuerungsanlagen 2 Jahre.*

(2) Ist für Teile von maschinellen und elektrotechnischen/elektronischen Anlagen, bei denen die Wartung Einfluss auf Sicherheit und Funktionsfähigkeit hat, nichts anderes vereinbart, beträgt für diese Anlagenteile die Verjährungsfrist für Mängelansprüche abweichend von Abs. 1 zwei Jahre, wenn der Auftraggeber sich dafür entschieden hat, dem Auftragnehmer die Wartung für die Dauer der Verjährungsfrist nicht zu übertragen; dies gilt auch, wenn für weitere Leistungen eine andere Verjährungsfrist vereinbart ist.

(3) Die Frist beginnt mit der Abnahme der gesamten Leistung; nur für in sich abgeschlossene Teile der Leistung beginnt sie mit der Teilabnahme (§ 12 Nr. 2).«

Um Ihre Gewährleistungsansprüche während der Gewährleistungszeit zu sichern, wird in aller Regel ein Sicherheitseinbehalt vertraglich vereinbart. Dies ist ein Geldeinbehalt, der erst mit Auslaufen der Gewährleistungszeit an den Unternehmer ausgezahlt wird, wenn bis dahin keine Mängel aufgetreten sind. Der Sicherheitseinbehalt darf, wie bereits erwähnt, 5 % der Bausumme nicht überschreiten. Tut er dies doch kann die gesamte Regelung unter Umständen nichtig sein. Daher ist auch ein solcher sehr wichtiger Vertragspunkt, wie erwähnt, sorgsam mit einem Fachanwalt für Bau- und Architektenrecht abzustimmen.

Sicherheitseinbehalt und Bürgschaft

Alternativ zu diesem Sicherheitseinbehalt kann auch eine Gewährleistungsbürgschaft bei einer Bank des Generalunternehmers vereinbart werden. Das heißt, wenn ein Mangel während der Gewährleistungszeit auftaucht, kann diese Bürgschaft für die ggf. auftretenden Kosten herangezogen werden. Dies geht unkompliziert allerdings nur, wenn die Bürgschaft »auf erstes Anfordern« vereinbart wird. Es nutzt Ihnen relativ wenig, wenn zunächst gerichtlich geklärt werden müsste, ob eine Mangel vorliegt oder nicht, bevor sie an die Bürgschaft kämen. Außerdem muss die Bürgschaft »insolvenzfest« sein, darf also im Fall einer der Insolvenz des Generalunternehmers nicht mit in dessen Insolvenzmasse einfließen.

Sehr wichtig zu wissen ist, dass das Vorgehen im Falle von Mängeln je nach vereinbartem Vertrag, also BGB oder VOB, unterschiedlich ist. Während bei einem VOB-Vertrag das Mängelschreiben, in dem der Mangel angezeigt und zur Beseitigung aufgefordert wird, bereits reicht, um die Gewährleistungszeit auszusetzen, ist dies beim BGB-Vertrag anders. Hier wird die Gewährleistung nur bei Anerkenntnis des Mangels durch den Generalübernehmer ausgesetzt. Erkennt er den Mangel hingegen nicht an und stehen Sie unmittelbar vor dem Ende der Gewährleistungszeit, müssen Sie schnell die richtigen Schritte einleiten, beispielsweise ein selbstständiges gerichtliche Beweissicherungsverfahren.

Lassen Sie sich vom Generalübernehmer auf keinen Fall hinhalten. Denn selbst wenn er sich seit Mangelanzeige auf Verhandlungen einlässt, wird die Verjährung nach dem BGB dann nur gehemmt. Nach § 203 des BGB tritt die Verjährung zwar frühestens drei Monate nach dem Ende der Hemmung ein, doch das ist nicht viel Zeit. Beginnt der Generalübernehmer also eine Lavierungs- und Verzögerungstaktik ist große Vorsicht geboten, damit Sie mit Ihren Gewährleistungsansprüchen nicht aus der Gewährleistungszeit hinausrutschen.

Um hier keine Fehler zu machen und nicht aus der Gewährleistungszeit zu rutschen, empfiehlt sich auch in diesem Punkt die enge Abstimmung mit einem Fachanwalt für Bau- und Architektenrecht.

Mängel sollten immer schriftlich angezeigt werden. Es kann dabei ein Vor-Ort-Termin zur Begutachtung des Mangels vorgeschlagen werden. Die Anerkenntnis des Mangels durch den Generalübernehmer sollte im Gegenzug ebenfalls möglichst schriftlich erfolgen, wenn er ihn nicht unmittelbar behebt.

Für arglistig verschwiegene Mängel gilt übrigens eine dreißigjährige Verjährungsfrist. Die Arglist, also z.B. die Kenntnis oder gar Herbeiführung eines Mangels, den der Generalübernehmer Ihnen bewusst verschwiegen hat, muss dem Unternehmer aber nachgewiesen werden.

Wenn Sie sich ernsthaft mit dem Gedanken tragen, ein Bauvorhaben auf eigenem Grundstück mit dem Generalübernehmer anzugehen, kann für Sie auch das Buch »Schlüsselfertig bauen / Mit dem Fertighausanbieter oder Generalunternehmer auf eigenem Grundstück« derselben Autoren, erschienen im Fraunhofer IRB Verlag, interessant sein, in dem Sie viele weitere Detail-Informationen zum Bauen mit dem Generalübernehmer finden (siehe auch Anhang »Weiterführende Literatur«).

E. Bauen mit dem Fertig- und Massivhausanbieter

Wer ein eigenes Grundstück besitzt kann alternativ zum Generalübernehmer natürlich auch mit dem Fertighausanbieter bauen. Der Begriff Fertighausanbieter unterliegt dabei keiner klaren Definition. Unter Fertighausanbietern werden gemeinhin Anbieter von Typenhäusern in Holzbauweise verstanden, die vorgefertigt an die Baustelle geliefert und dort aufgestellt werden. Aber die Branche ist längst deutlich vielfältiger. Von kleinen Zimmereien, die nach Plänen von Architekten Häuser vorfabrizieren über individuell geplante Häuser größerer Anbieter bis hin zu Massivfertighäusern, die nicht aus Holz, sondern aus vorgefertigten Massivbauelementen bestehen, bietet die Branche zwischenzeitlich eine große Bandbreite an. Fertighäusern haftete lange das Image minderer Qualität an. Dies resultierte vor allem aus den ersten Fertighäusern, die in den 1960er und 1970er Jahren auf den westdeutschen Markt kamen. Deren Qualität war in der Tat mitunter unzureichend, ferner kam es auch zu baugesundheitlichen Problemen aufgrund der Bauinhaltsstoffe dieser Häuser. Diese Probleme haben die Hersteller zwischenzeitlich überwiegend hinter sich gelassen, einige konzentrieren sich sogar auf ökologische Bauweisen.

I. Die Anbietersuche

Der Markt an Fertighausangeboten ist zwischenzeitlich fast unüberschaubar geworden. Es ist sehr schwierig, ein passendes und gutes Angebot zu finden. Zwar können Sie auch beim Bauen mit dem Fertighausanbieter grundsätzlich natürlich eine Planung von einem Architekten anfertigen lassen und diese dann verschiedenen Fertighausherstellern mit Bitte um Unterbreitung eines Angebotes vorlegen. Normalerweise wählt man ja aber den Weg über Fertighausanbieter gerade, weil man sich die individuelle Planung ersparen und lieber ein Typenhaus zum Pauschalpreis erwerben will.

Eine der Grundvoraussetzungen zur Errichtung eines Hauses ist selbstverständlich seine Genehmigungsfähigkeit. Unterliegt ihr Grundstück den Regelungen eines Bebauungsplans, dann hält dieser fest, was sie auf ihrem Grundstück errichten können, also etwa ein eingeschossiges Haus, ein zweigeschossiges Haus, ein Sat-

Welches Haus für welches Grundstück?

teldach, ein Pultdach etc. Aber selbst auf Grundstücken, für die kein Bebauungsplan gilt, dies sind häufig Grundstücke in älteren Baugebieten oder Ortsteilen, müssen Sie gemäß § 34 des Baugesetzbuchs (BauGB) dafür sorgen, dass sich das Gebäude in die bestehende Bebauung einfügt, wörtlich heißt es hier:

> »Innerhalb der im Zusammenhang bebauten Ortsteile ist ein Vorhaben zulässig, wenn es sich nach Art und Maß der baulichen Nutzung, der Bauweise und der Grundstücksfläche, die überbaut werden soll, in die Eigenart der näheren Umgebung einfügt und die Erschließung gesichert ist.«

Dies zu wissen ist deswegen wichtig, weil dadurch bestimmte Fertighaustypen für Sie nicht in Frage kommen. Damit Sie eine allererste Orientierung bekommen, kann es daher z.B. sinnvoll sein, einen Auszug aus dem Bebauungsplan bei der örtlichen Gemeinde zu kopieren und sich erläutern zu lassen. Eine solche Kopie, die mitunter etwas kostet, können Sie dann Ihrerseits mehrfach kopieren und zu Gesprächen bei Fertighausanbietern mitnehmen.

Wo gibt es Fertighausausstellungen?

Um überhaupt einmal einen ersten Einblick in das Angebot von Fertighausherstellern zu kriegen, können Sie eine der größeren Fertighausausstellungen in Deutschland besuchen. Lage, Eintrittspreise und Öffnungszeiten dieser großen Ausstellungen, sowie Anzahl der ausgestellten Häuser, finden Sie im Internet unter www.musterhaus-online.de. Auch weitere Anfahrten zu diesen Anlagen lohnen sich, wenn beispielsweise über 50 Häuser ausgestellt sind. Sie finden dann zwar bei weitem immer noch nicht alle Hersteller, aber Sie erhalten einen ersten Überblick über die großen Hersteller in Deutschland. Diese Ausstellungsparks werden von einer Ausstellungsgesellschaft betrieben, d.h. die Hersteller pachten in den Anlagen Bauplätze und bauen darauf ihre Häuser. Dies und die Bereitstellung von Beratungspersonal in den Häusern ist natürlich sehr kostenintensiv, weshalb sich diese Form der Darbietung nur größere Hersteller leisten können. Teilweise finden Sie in den Ausstellungsparks auch regionale Unterschiede. So ist nicht jeder Hersteller in jedem der regionalen Parks vertreten.

Sie sollten für die Besichtigung eines solchen Parks auf alle Fälle einen kompletten Tag einplanen und sich neben den Gebäuden auch die angebotene Haustechnik ansehen und erläutern lassen.

Begreifen Sie einen solchen ersten Rundgang nur als »Schnuppertag«, bei dem Sie erste Eindrücke auf sich wirken lassen und

I. Die Anbietersuche

überlegen können, welcher Haustyp Ihnen warum vielleicht besonders gut gefallen hat.

Neben den auf diesen Ausstellungen vertreten großen Herstellern, gibt es auch zahlreiche kleine Hersteller. Auf Internetplattformen, auch auf kommerziellen, wie z.B. unter www.fertighaus.de, finden Sie eine größere Anzahl von Herstellern. Über Verlinkungen zu den Herstellern können Sie hier einiges an Recherche vornehmen. Aber auch auf den Internetseiten des Bundesverbandes Deutscher Fertigbau (www.bdf-ev.de) oder des Deutschen Fertigbauverbands (www.dfv.com) finden Sie Links zu Herstellern, die Mitglied der Verbände sind. Ferner gibt es neben den klassischen Fertighäusern auch die sogenannten Massivfertighäuser, die nicht aus Holz, sondern in Massivbauweise gefertigt werden. Und schließlich gibt es auch kleine Zimmereien, die Fertighäuser herstellen und von denen sich einige zu einem Qualitätsverbund zusammengeschlossen haben. Diesen sogenannten Zimmer-Meister-Haus-Verbund finden Sie im Internet unter www.zmh.com. Einige dieser kleinen Hersteller bieten sowohl Typenhäuser wie individuell planbare Häuser an. Manche der kleinen Hersteller haben auch eigene Planer bzw. Architekten im Haus, so dass individuelle Planung und Fertigung aus einer Hand möglich ist. Dies kann haftungstechnische Vorteile haben, weil Sie im Falle von Mängeln, seien es Planungsmängel oder Ausführungsmängel, nur einen Ansprechpartner haben.

Fertighausverbände und Internetplattformen

Sehr schnell werden Sie aber feststellen, dass es sehr schwierig ist, einen objektiven Vergleich über die unterschiedlichen Angebote anzustellen, da die unterschiedlichsten Ausstattungsvarianten und Baustoffe eingesetzt werden, ebenso wie sehr unterschiedliche Haustechnik und Baustellenleistungen.

Angebote richtig vergleichen

Es ist aber sehr wichtig, einen solchen Vergleich anzustellen, um möglichst früh zu wissen, welchen Umfang ein Angebot wirklich enthält und welche ggf. sehr teuren Leistungen fehlen. Übersehen Sie notwendige aber nicht im Preis enthaltene Leistungen, kann das Angebot nur sehr schwer bewertet werden. Bevor Sie aber detailliert in den Ausstattungsvergleich verschiedener Häuser gehen, empfiehlt es sich, einen ersten Vergleich mit den wichtigsten und kostenintensivsten Positionen vorzunehmen.

So ist beispielsweise ein Keller meist nicht im Angebot enthalten, selbst aber wenn, stellt sich die Frage, ob dieser Keller gemauert oder betoniert ist oder gar als WU-Beton-Keller erhältlich ist, also als Keller aus wasserundurchlässigem Beton.

Nach einer solchen ersten Prüfung, durch die möglichst frühzeitig teure Angebote herausgefiltert werden sollten, muss dann für die verbleibenden Angebote eine umfassende Überprüfung der Baubeschreibungen erfolgen.

Anhand der nachfolgenden Checkliste können Sie stichpunktweise prüfen, welche Leistungen in dem Ihnen vorliegenden Festpreisangebot enthalten sind.

II. Checkliste: Was ist im Festpreis enthalten?

	enthalten?	
1.0 Planungs- und Bauleitungsleistungen:	ja	nein
Entwurfsplanung	☐	☐
Baugenehmigungsplanung	☐	☐
Ausführungsplanung	☐	☐
Leistungen von Fachingenieuren	☐	☐
Bauleitung	☐	☐
Koordination sämtlicher behördlicher Abnahmen	☐	☐

	enthalten?	
2.0 Grundstück:	ja	nein
Vermessungskosten	☐	☐
Baugrunduntersuchung	☐	☐
Altlastenbeseitigung, wenn nötig	☐	☐
Grundstück:		
Erschließung des Grundstücks mit Strom	☐	☐
Erschließung des Grundstücks mit Gas	☐	☐
Erschließung des Grundstücks mit Wasser	☐	☐
Erschließung des Grundstücks mit Kabel	☐	☐
Erschließung des Grundstücks mit Telefon	☐	☐
Anschluss des Grundstücks an die Straßenentwässerung	☐	☐
Erschließung des Grundstücks mit Straßen und Wegen	☐	☐
Erschließungsbeiträge der Kommune für den Grundstückseigentümer	☐	☐
Gebäude:		
Erschließung des Gebäudes mit Strom	☐	☐
Erschließung des Gebäudes mit Gas	☐	☐
Erschließung des Gebäudes mit Wasser	☐	☐
Erschließung des Gebäudes mit Kabelanschluss	☐	☐

II. Checkliste: Was ist im Festpreis enthalten?

	enthalten?	
	ja	nein
Erschließung des Gebäudes mit Telefonanschluss	☐	☐
Anschluss des Gebäudes an das Kanalnetz	☐	☐

3.0 Erdarbeiten:	enthalten?	
	ja	nein
Aushub der Baugrube	☐	☐
Abfuhr von überschüssigem Material	☐	☐
Deponiegebühren für das Material	☐	☐
Wiederverfüllen der Baugrube	☐	☐
Andecken von Mutterboden	☐	☐
Geländemodellierung an das Gebäude	☐	☐
Füllmaterial, wenn der Aushub zum Verfüllen nicht geeignet ist	☐	☐
Falls notwendig: Bodenaustausch zur Baugrundverbesserung	☐	☐
Bei hohem Grundwasserstand: Grundwasserabsenkung während der Rohbauarbeiten	☐	☐

4.0 Gebäude:	enthalten?	
	ja	nein
Kosten für Baustrom und Bauwasser während der Bauzeit	☐	☐
Kellerdämmung unterhalb der Kellerbodenplatte	☐	☐
Kelleraußendämmung der Kellerwände	☐	☐
Verputzarbeiten im Keller	☐	☐
Heizkörper im Keller	☐	☐
Wasseranschlüsse im Keller (z.B. Waschmaschine, WC)	☐	☐
Genügend Elektroanschlüsse in allen Räumen und Fluren einschließlich Keller	☐	☐
Schwimmender Estrich im Hobbyraum im Keller	☐	☐
Estrich im Keller	☐	☐
Bodenbeläge im Keller	☐	☐
Gedämmte Kellerdecke in unbeheizten Kellerräumen	☐	☐
Ausreichend große Kellerfenster (Wohnraumbelichtung)	☐	☐
Gitter vor Kellerfenstern	☐	☐
Verputzen aller Deckenunterschichten im Haus	☐	☐
Maler- und Tapezierarbeiten im gesamten Haus	☐	☐
Fliesenarbeiten mit ausreichend hohen Wandverfliesungen	☐	☐
Treppenbelag	☐	☐

Bodenbeläge in den Wohnbereichen und im übrigen Haus	☐	☐
Rollläden an allen Fenstern	☐	☐
Außen liegender Sonnenschutz für Dachflächenfenster	☐	☐
Be- und Entlüftungsanlagen	☐	☐
Nachweis der Luftdichtigkeit der Gebäudehülle	☐	☐
Eingangspodest und Vordach	☐	☐
Klingelanlage / Haussprechanlage / Außenbeleuchtung / Briefkasten	☐	☐

	enthalten?	
5.0 Außenanlage:	ja	nein
Bodenverbesserungen wie Düngen oder Auflockern	☐	☐
Terrassenbelag inklusive Unterbau	☐	☐
Zugangsweg zum Haus	☐	☐
Zäune	☐	☐
Tore	☐	☐
Außenbeleuchtung	☐	☐
Garage	☐	☐
Einfahrt vor Garage	☐	☐
Mülltonnenstellplatz	☐	☐
Sträucher / Rasen	☐	☐

III. Die exakte Angebotsüberprüfung

Baubeschreibung prüfen

Mit der Checkliste zum Festpreis haben Sie einen ersten Überblick erhalten, was in welchen Festpreisangeboten enthalten ist und was nicht. Jetzt kommt es darauf an, verbleibende Angebote auch auf die angebotene Qualität hin zu überprüfen. Wichtigstes Instrument hierbei ist die Baubeschreibung. Die Baubeschreibung enthält die Beschreibung aller Baustoffe und Bauleistungen und gibt damit Auskunft über die angebotene Qualität. Sie sollte immer auch Vertragsbestandteil beim Kauf eines Fertighauses werden. In Kapitel C »Bauen mit dem Bauträger« konnten Sie bereits einiges über die teilweise dürftige Qualität von Baubeschreibungen erfahren. Allgemein sind Baubeschreibungen von Fertighausanbietern zwar deutlich besser als die von Bauträgern, trotzdem müssen auch diese sehr sorgsam geprüft werden. Damit Sie einmal ein Gefühl dafür kriegen, wie eine vollständige und exakte Baubeschreibung aussieht, finden Sie – wie schon im Kapitel C erwähnt – im Anhang dieses Buches eine komplette Musterbaubeschreibung. Sie können an Detailliertheit und Umfang erkennen, was in einer Baubeschreibung enthalten sein muss. Eine Baubeschreibung sollte nicht mit schwammigen und rechtlich nicht fassbaren begriffen, wie »Bad in qualitativ hochwertigem Design« arbeiten. Denn kein Gericht weiß, was »qualitativ hochwertiges Design« ist. Auch Definitionen wie »qualitativ hochwertige Fliesen und schöne Tapeten« helfen Ihnen überhaupt nicht weiter. All' diese Begriffe sind frei und sehr breit interpretierbar. Die Ihnen zugesicherten Baustoffe, Bauelemente und Bauleistungen sollten aber gerade nicht breit interpretierbar sein, sondern gut und einfach nachprüfbar. So dass Sie bereits vor dem Kauf wissen, welche Qualität Sie erhalten.

Baubeschreibungen unterliegen, wie bereits erwähnt, leider keinerlei Normung oder anderweitigen, z.B. gesetzlichen Anforderungen. Daher sieht jede Baubeschreibung in Deutschland hinsichtlich ihrem formalen Aufbau und ihrem Inhalt anders aus. Dies ist für Verbraucher außerordentlich ärgerlich, denn es ist dadurch sehr schwierig, Baubeschreibungen – und damit die angebotene Qualität – zu vergleichen.

Im Anhang des Buches finden Sie daher eine Checkliste, mit der Sie jede Ihnen vorgelegte Baubeschreibung hinsichtlich ihrer inhaltlichen Vollständigkeit überprüfen können. Ferner können Sie in diese Checkliste auch einzelne Baustoffmerkmale oder Bauelementeeigenschaften, wie z.B. Wärmedämmwerte eintragen, um diese Punkte im weiteren Verlauf der Angebotsprüfung auch mit einem unabhängigen Fachmann durchzugehen und die Qualität des Angebotes zu überprüfen.

Ein weiterer wichtiger Punkt zur Qualitätsüberprüfung von Ihnen gemachten Angeboten ist die Besichtigung von bewohnten Referenzobjekten, die möglichst mindestens schon fünf Jahre stehen sollten. Das Problem hierbei ist immer, dass Ihnen der Hersteller natürlich nur ausgesuchte Referenzkunden benennen wird, trotzdem sollten Sie ein solches Gespräch führen, allerdings ohne das Beisein von Vertretern des Herstellers. Nehmen Sie sich für ein solches Gespräch Zeit, bringen Sie auch hier vielleicht einen Kuchen oder eine Flasche Wein mit und versuchen Sie eine ehrliche und freundschaftliche Atmosphäre herzustellen, dann wird man Ihnen unter Umständen doch auch Dinge benennen, die vielleicht nicht so gut liefen. Auch längere Anfahrten zu solchen Referenzobjekten lohnen sich durchaus, wenn man die Höhe der geplanten Investition bedenkt.

Referenzobjekte besichtigen

Eine weitere Möglichkeit, mehr über die Qualität von Fertighausherstellern herauszubekommen sind Internetforen, in denen sich zwischenzeitlich Bauherren zu Wort melden, wenn Sie über den Hersteller verärgert sind. Ein größeres Forum hat beispielsweise das Internetportal www.baunetz.de eingerichtet. Sie können aber auch ganz einfach über eine Suchmaschine wie z.B. Google den Namen des Herstellers und dann den Begriff »Mängel«, »Baumängel« oder »Qualitätsmängel« oder ähnliches eingeben, um das Internet nach Hinweisen ggf. nicht guter Erfahrungen zu überprüfen. Sie können dann auch überlegen, ggf. Kontakt mit Bauherren aufzunehmen, die möglicherweise keine guten Erfahrungen mit einem bestimmten Hersteller gemacht haben. Dies muss keinesfalls automatisch dazu führen, dass Sie mit dem betreffenden Hersteller nicht zusammenarbeiten, aber es hilft, einen objektiveren Blick für die Dinge zu entwickeln und die häufig allzu blumigen Worte von Verkäufern doch etwas realistischer einzuschätzen.

Aber nicht nur der gebotene Leistungsumfang und die gebotene Bauqualität zu einem interessanten Preis entscheiden über die Attraktivität eines Angebots, ganz entscheidend ist natürlich auch die vertragliche Basis, auf der der Kauf und Bau eines Fertighauses abgewickelt werden soll. Selbst das qualitativ hochwertigste Haus zum günstigsten Preis kann auf Basis eines ungünstigen Kaufvertrages zum Hochrisiko werden und ein ansonsten attraktives Angebot vollkommen uninteressant machen. Daher gehört natürlich auch die präventive Prüfung des Ihnen vorgelegte Kaufvertrages zu den ganz wesentlichen Tätigkeiten im Vorfeld einer Kaufentscheidung.

IV. Der Kaufvertrag eines Fertighauses nach dem BGB oder der VOB

Wenn Sie ein Fertighaus kaufen, muss dies nicht notariell beurkundet werden, denn Sie erwerben mit dem Fertighaus in aller Regel ja nicht gleichzeitig auch Grund und Boden, sondern lassen das Haus auf Ihrem eigenen Grundstück errichten. Rechtlich passiert also nichts anderes, als wenn Sie z.B. eine Einbauküche kaufen und später liefern und einbauen lassen. Auch dieser Kaufvorgang wird ja nicht notariell beurkundet.

Der Kauf eines Fertighauses erfolgt meist auf Basis des Werkvertragsrechts des BGB, kann aber auch auf Basis der VOB erfolgen. Beide Regelungen konnten Sie bereits im Kapitel D »Bauen mit

IV. Der Kaufvertrag eines Fertighauses nach dem BGB oder der VOB

dem Generalübernehmer« ausführlich kennen lernen. Der Auszug des Werkvertragsrechts nach dem BGB sowie die VOB / B finden Sie darüber hinaus im Anhang dieses Buches.

Man kann nicht sagen, welche Regelung für den Kauf eines Fertighauses geeigneter ist. Die VOB / B enthält grundsätzlich die spezielleren Regelungen, stark abgestimmt auf das Bauwesen. Das BGB regelt die Dinge eher allgemeiner.

Auch wenn Sie ein Fertighaus kaufen, unterliegt dieser Kauf nicht dem Kaufvertragsrecht nach BGB, sondern dem Werkvertragsrecht nach BGB, denn das Fertighaus existiert zum Zeitpunkt des Kaufs ja noch nicht, sondern muss erst noch »ins Werk« gesetzt werden.

Grundsätzlich kann man sagen, dass der Kaufvertrag eines Fertighauses, wie jeder Bauvertrag, vor allem drei wichtige Dinge regeln sollte: Die Baukosten, die Bauzeit und die Bauqualität. Daher sollte in einem Vertrag mit einem Fertighausanbieter natürlich zunächst die Benennung des Festpreises und dessen Bindefrist, also wie lange nach Kaufvertragsunterzeichnung dieser gilt, erfolgen. Falls es beispielsweise beim Bauantrag zu Verzögerungen kommt, sollte dadurch keinesfalls der vereinbarte Kaufpreis in Gefahr geraten. Ferner sollte das Lieferdatum des Hauses und der Fertigstellungstermin, mindestens auf die Woche genau vereinbart werden. Es sollte nach Möglichkeit im Kaufvertrag auch festgehalten werden, dass das Gebäude nicht bei Regen aufgestellt wird. Ferner sollte auch ein Zahlungsplan erstellt werden, wann welche Zahlungsrate fällig ist. Zahlungsraten sollten grundsätzlich immer erst nach vollständig erbrachter und mangelfreier Leistung oder Teilleistung fällig werden. Wie ein solcher Zahlungsplan aussehen kann konnten Sie bereits in Kapitel C »Bauen mit dem Bauträger« erfahren. Es gibt allerdings einen Unterschied zum Bauen mit dem Bauträger, Generalübermehmer oder gar Architekten: Beim Bauen mit dem Fertighausanbieter werden auf Sie in einem relativ kurzen Zeitraum relativ hohe Zahlungsraten zukommen. Anders als beim Bauen beispielsweise mit dem Architekten, bei dem die einzelnen Handwerkerrechnungen in aller Regel sukzessive anfallen, steht ein Fertighaus binnen weniger Tage und muss dann meist auch zu einem Großteil bezahlt werden. Was folgt ist dann nur noch der Innenausbau, also z.B. der Estricheinbau etc., meist ganz klassisch mit den dann entsprechenden etwas längeren Zeiträumen.

Zur Sicherung der Qualität der Bauausführung ist es zunächst wichtig, dass eine sogenannte Bemusterung, also die gesamte Ausstattungswahl des zu kaufenden Hauses, von der Frage, ob ein Kel-

Bemusterung vor Vertragsunterzeichnung

ler errichtet werden soll oder nicht und wenn, in welcher Ausführung, über die Frage welche Heizung zum Einsatz kommt bis hin zur Raumausstattung (Bodenbeläge etc.) vor der Kaufvertragsunterzeichnung geklärt ist. Auch alle Nebenkosten, die anfallen können müssen besprochen und berücksichtigt sein. Auf Seite 76 konnten Sie eine entsprechende Checkliste finden, die Ihnen hilft zu überprüfen, ob Sie an alles gedacht haben. Ferner finden Sie im Anhang dieses Buches eine Musterbaubeschreibung und einen Fragenkatalog zu Baubeschreibungen, so dass Sie die Vollständigkeit der Ihnen vorgelegten Ausstattungsangebote überprüfen können.

Häufig sind Fertighaushersteller nicht bereit, eine Bemusterung vor Kaufvertragsunterzeichnung durchzuführen oder eine umfassende Baubeschreibung zu erstellen. In einem solchen Fall haben Sie mehrere Möglichkeiten zu reagieren. Eine Möglichkeit ist, dass Sie argumentieren, dass die Banken, mit denen Sie gegenwärtig verhandeln, allesamt auf einer exakten Baubeschreibung bestehen, um keine späteren Überraschungen bei der Baufinanzierung zu erleben. Auf diese Weise haben Sie nicht mehr den »Schwarzen Peter«, sondern die finanzierende Bank will nachvollziehbar Sicherheit. Die direkte Konfrontation im Verhandlungsgespräch mit dem Fertighausanbieter kann auf diese Weise etwas gemildert werden, da nicht Sie »schuld« sind an den gestellten Forderungen. Falls Ihnen der Fertighausanbieter dann anbietet, selbst mit dem Banker zu reden, sollten Sie darauf verweisen, dass Sie gegenwärtig noch mit mehreren Banken verhandeln, dass aber alle Banken auf exakten Unterlagen bestünden. Sie können in diesem Zuge auch gleich erwähnen, dass die Bank auch technische Anlagen wie die Wohnflächenberechnung nach der Wohnflächenverordnung (WoFlV), den Gebäudeenergieausweis nach der Energieeinsparverordnung (EnEV) und die komplette Baueingabeplanung haben will.

Tipp Kommt man Ihnen dann immer noch nicht entgegen und begründet dies mit den viel zu hohen Kosten einer Bemusterung und dem Risiko dass dann eventuell doch kein Vertrag zustande käme, können Sie auch vorschlagen die Kosten einer Bemusterung separat zu begleichen und diese im Falle des Hauskaufs später mit dem Haus zu verrechnen. Hat man Ihnen beispielsweise erzählt, eine Bemusterung dauere bis zu drei Tage, können Sie eine sehr einfache Rechnung aufmachen:

3 Tage x 8 Stunden x 75 Euro (Stundensatz für einen Verkäufer)
= 1.800 Euro.

Dies sind die Kosten, die dem Fertighausanbieter maximal z.B. entstehen könnten. Wenn Sie über solche Rechnungen handfest argumentieren, kommen Sie weiter als in abstrakten Diskussionen über viel zu aufwändige Bemusterungskosten vor Vertragsunterzeichnung.

Abgesehen von der Tatsache, dass dies natürlich Akquisitionskosten von Fertighausanbietern im absolut üblichen Rahmen sind, sollten Sie beim Bauen mit dem Fertighausanbieter mit einem gesunden Selbstbewusstsein auftreten. Schließlich sind Sie Grundstücksbesitzer und Sie entscheiden, wer auf Ihrem Grundstück ein Haus errichtet. Sie können in den Gesprächen mit einem Fertighausanbieter auch darauf verweisen, dass Sie ja auch beim Bauen mit dem Architekten vor Unterzeichnung der Handwerkerverträge genau zusammenstellen müssten, was Sie wollten, damit Sie überhaupt wüssten, was das alles kostet. Eine umfassende und exakte Baubeschreibung ist in jedem Falle ein sehr wichtiger Vertragsbestandteil auch eines Fertighauskaufvertrages.

Wird eine Bodenplatte oder ein Keller nicht vom Fertighausbieter selbst errichtet, sondern separat von externen Unternehmen, müssen im Bauvertrag für die Bodenplatte oder den Keller unbedingt die technischen Anforderungen des Fertighausanbieters zu Errichtung seines Hauses aufgenommen werden. Häufig gibt es Probleme bei der Passgenauigkeit zwischen einem extern errichteten Keller und dem darauf zu montierenden Fertighaus. Sinnvoll ist es auch, vor Abnahme der Bodenplatte oder des Kellers, den Fertighausanbieter mit auf die Baustelle zu nehmen und ihn um Begutachtung zu bitten.

Besonderheit Keller

V. Die Fabrikationsbesichtigung

Sie können im Kaufvertrag eines Fertighauses auch das Recht der Fabrikationsbesichtigung des Hauses vereinbaren. Denn im Gegensatz zu klassischen Hausbauten sehen Sie bei einem Fertighaus zum Zeitpunkt der Aufstellung auf der Baustelle natürlich nur noch die Außenhüllen der Fertigbauteile. Ob beispielsweise die Dämmung oder die Dampfbremse sorgfältig und vollflächig eingebaut wurde, sehen Sie nicht mehr. Ein Haus wird in aller Regel in wenigen Tagen in der Fabrikationsanlage vorfabriziert. Sie können Ihrem Wunsch nach Besichtigung der Fabrikation auch die Schärfe nehmen, indem Sie darlegen, dass Sie fürs »Familienalbum« die Herstellung fotografieren wollten, dann haben Sie zwei Fliegen mit einer Klappe geschlagen: Sie haben ein sanftes Argument für die Fabrikationsbesichtigung auch über mehrere Tage und Sie können die Produktion fotografieren.

Wollen Sie auch einen Fachmann zu Rate ziehen, sollten Sie dies allerdings offen ansprechen und ihn möglichst auch offiziell mitnehmen.

Sie müssen die Fabrikation natürlich nicht besichtigen, aber Sie sollten sich andererseits auch keinen Illusionen hingeben, dass die tatsächliche Qualität der Fabrikation später nur sehr schwer nachvollziehbar ist.

VI. Die Bauüberwachung und Bauabnahme

Eine fachmännische Beobachtung des Aufstellungsprozesses und des darauf folgenden Innenausbaus eines Fertighauses ist in jedem Fall dann sehr sinnvoll, wenn Sie selbst keine Baufachkenntnisse haben. Spätestens aber einige Tage vor der Abnahme des Gebäudes vom Hersteller sollten Sie gemeinsam mit einem Baufachmann durch das Gebäude gehen und alle vorzubehaltenden Mängel in Ruhe auflisten und ggf. auch einmal ein komplettes Probeprotokoll erstellen. Hierzu ist es notwendig, dass Sie bereits vor Abnahme über einen Haustürschlüssel verfügen. Ein kleines aber wichtiges Detail, das ggf. auch im Kaufvertrag geregelt werden sollte. Die Schlüsselentgegennahme sollte dabei jedoch keinesfalls eine Abnahme oder ähnliches bedeuten.

Wie eine Bauüberwachung mit externem Personal organisiert werden kann und wie eine Bauabnahme sorgsam vorbereitet und durchgeführt wird, konnten Sie bereits im Kapitel D »Bauen mit dem Generalübernehmer« erfahren. Wichtig ist grundsätzlich die Vereinbarung einer sogenannten förmlichen Abnahme bereits im Kaufvertrag. Eine förmliche Abnahme legt fest, dass die Abnahme durch eine Begehung der Werkleistung und ein anzufertigendes Abnahmeprotokoll vorgenommen wird.

Sie sollten sich auch diese im Kapitel D »Bauen mit dem Generalübernehmer« dargelegten Grundlagen ggf. nochmals sorgsam durchlesen, denn mit der Bauabnahme erkennen Sie die Leistung des Unternehmers als im wesentlichen erbracht an, die Schlussrechnung wird fällig und die Gewährleistung beginnt zu laufen. Ferner verlieren Sie für alle sichtbaren Mängel, die sie im Abnahmeprotokoll nicht ausdrücklich vorbehalten haben, das Recht auf Nachbesserung. Auch Vertragsstrafen oder Geldeinbehalte können Sie nur dann geltend machen, wenn Sie diese im Abnahmeprotokoll schriftlich vorbehalten haben.

VII. Die Schlussrechnung und Gewährleistung

Ist die Bauabnahme durchgeführt, wird Ihnen bald danach die Schlussrechnung des Fertighausherstellers zugehen. Diese muss sehr sorgsam geprüft werden. Es empfiehlt sich auch hier entsprechend der in Kapitel D »Bauen mit dem Generalübernehmer« dargelegten Weise vorzugehen, damit keine wichtigen Prüfpunkte übersehen werden oder ungewollt nicht erbrachte Leistungen anerkannt werden. Wichtig ist also zunächst einmal sachlich zu überprüfen, ob alle aufgeführten Leistungen auch tatsächlich erbracht wurden. Dann ist zu überprüfen, ob in der Schlussrechnung bereits aufgeführte Leistungen nicht ggf. schon bezahlt wurden und vereinbarte Sicherheitseinbehalte berücksichtigt wurden. Ferner muss überprüft werden, ob im Zuge der Abnahme im Abnahmeprotokoll ggf. Geldeinbehalte für noch vorliegende Mängel aufgenommen wurden. Schließlich ist zu überprüfen, ob die angeforderten Zahlungen auch rein rechnerisch stimmen und ein evtl. vereinbarter Skontoabzug ausgewiesen ist.

Eine geprüfte Schlussrechnung ist immer auch ein rechtliches Dokument, weil Sie durch Anerkennungen in der Schlussrechnungen auch Leistungen anerkennen. Nicht zuletzt in Wechselwirkung mit dem Abnahmeprotokoll ist daher Vorsicht geboten. Im Zweifel sollte man auch eine Schlussrechnungen und deren Prüfung nochmals mit Fachleuten juristisch und technisch durchgehen.

Schlussrechnungen, die vor der Durchführung einer vereinbarten förmlichen Abnahme eingehen, stehen nicht zur Fälligkeit an.

Wenn Sie entschlossen sind, Ihr Bauvorhaben mit einem Fertig- oder Massivhausanbieter umzusetzen, kann für Sie auch das Buch »Schlüsselfertig bauen / Mit dem Fertighausanbieter oder dem Generalunternehmer auf eigenem Grundstück« derselben Autoren, erschienen im Fraunhofer IRB Verlag, hilfreich sein (siehe auch Anhang »Weiterführende Literatur«).

Tipp

F. Bauen mit dem Architekten

Früher der klassische Weg um zum eigenen Haus zu gelangen, ist das Bauen mit dem Architekten heute eher die Ausnahme. Das Bauen mit dem Architekten gilt als kompliziert sowie kosten- und zeitintensiv. Dies ist nicht ganz von der Hand zu weisen, denn beim Bauen mit dem Architekten ist der Bauherr sehr gefordert. Er kauft nicht nur ein fertig geplantes Haus, sondern er plant mit, sucht aus, wählt, wird direkter Vertragspartner der Handwerker und verantwortlicher Bauherr gegenüber den Behörden. Diese Nachteile bergen aber auch Chancen. So kann bei der Zusammenarbeit mit einem kostenbewussten Architekten auch viel Geld gespart werden. Das große Problem nur: Das Honorar des Architekten bemisst sich nach den Baukosten. Je höher diese sind, desto mehr verdient er, was das Interesse eines Architekten an niedrigen Baukosten mindestens dämpft. Aber der Reihe nach, denn die Probleme bei der Zusammenarbeit mit einem Architekten beginnen viel früher, schon bei der Suche nach einem geeigneten Architekten.

I. Die Suche nach einem geeigneten Architekten

Während Sie einen Bauträger sehr einfach über dessen Angebote finden, z.B. in der regionalen Tageszeitung, ist dies beim Bauen mit dem Architekten natürlich nicht der Fall, denn Sie sind ja im Besitz des Grundstücks und können nun Ihrerseits wählen, mit welchem Architekten Sie Ihr Bauvorhaben umsetzen.

Die Berufsbezeichnung »Architekt« ist geschützt. Nur wer ein entsprechendes Studium absolviert hat und anschließend zwischen zwei und drei Jahren praktische Erfahrung vorweisen kann sowie dann auch Mitglied in einer der 16 Landesarchitektenkammern wird, darf sich Architekt bzw. Architektin nennen.

Das heißt, Sie finden bei Architekten zwar generell eine gewisse Grundqualifikation, allerdings bleibt damit trotzdem die Frage offen, wie Sie einen guten und erfahrenen Architekten finden, der auch in der persönlichen Zusammenarbeit zu Ihnen passt. Denn auch dieses muss bedacht werden: Sie werden viele Stunden in direkten Arbeitsgesprächen mit dem Architekten verbringen, so dass Sie einen Ansprechpartner benötigen, mit dem Sie ein kommunikativ gutes Arbeitsverhältnis aufbauen können.

Zwischenzeitlich gibt es zwar Architektensuchdienste und ähnliches. Das Problem all' dieser Suchmaschinen ist jedoch, dass sich Architekten hier weitestgehend nur über schöne Darstellungen einiger Projekte oder über recht knappe Büroangaben vorstellen. Das hilft Ihnen wenig weiter. Sie müssen über das Architekturbüro, mit dem Sie zusammenarbeiten wollen, sehr viel Substantielleres erfahren.

Aufgrund der Tatsache, dass ein Architekt mit seinem Büro ohnehin nicht weiter als etwa 50 Kilometer von einer Baustelle entfernt sein sollte, können Sie daher so vorgehen, dass Sie in einem solchen Umkreis die bestehenden Architekturbüros recherchieren. Dies ist sehr einfach beispielsweise über einen Blick in das Branchenfernsprechbuch »Gelbe Seiten« machbar. Sie werden erstaunt sein, wie viele Eintragungen Sie dort unter dem Stichwort »Architekten« oder »Architekturbüros« finden. Sie sollten aus diesen ruhig 20 oder mehr auswählen und diesen Büros einen Standardbrief senden, in dem Sie sich und Ihr Bauvorhaben kurz vorstellen und um Referenzen ähnlicher Projekte in der näheren Umgebung anfragen. Ein solcher Brief könnte beispielsweise wie folgt aussehen:

Familie Mustermann
Musterweg 1
12345 Musterstadt

Herrn
Architekten Meier
Meierweg 2
12345 Musterstadt

                                      Musterstadt, den

Betr.: Neubau eines Einfamilienhauses

Sehr geehrter Herr Meier,

wir, Familie Mustermann aus Musterstadt, planen den Neubau eines Einfamilienhauses mit Keller und ausgebauten Dachgeschoss. Wir möchten mit der Planung und Bauleitung dieser Baumaßnahme einen Architekten aus unserer näheren Umgebung beauftragen und möchten daher auch bei Ihnen anfragen, ob Sie bereits entsprechende Neubauten durchgeführt haben.

> Wenn ja, würden wir uns über die Zusendung von Referenzadressen ähnlicher Größe und Ansprechpartnern auf Bauherrenseite freuen, die Sie bei solchen Projekten betreut haben. Wir würden uns nach Durchsicht der Unterlagen und Besichtigung der Referenzobjekte dann nochmals mit Ihnen in Verbindung setzen.
>
> Mit freundlichen Grüßen
>
> Familie Mustermann

Es ist sinnvoll, vor Aussendung eines solchen Schreibens kurz bei den Architekturbüros anzurufen und anzufragen, ob diese überhaupt Architektenleistungen im Bereich des Einfamilienhausbaus erbringen. Ist dies der Fall, können Sie den Brief absenden.

Referenzobjekte ansehen

Sie werden von den meisten Architekturbüros auch Antworten erhalten, denn der Konkurrenzdruck unter den Architekten ist zwischenzeitlich sehr groß, so dass diese sich auf alle Fälle um einen Auftrag bemühen werden. Wichtig ist bei den Antworten, welche Referenzen Ihnen die Architekturbüros benennen können. Sie sollten sich diese Referenzobjekte dann in einem persönlichen Gespräch mit dem Bauherrn aber zunächst ohne den Architekten vor Ort ansehen. Zwar gilt auch hier, dass Ihnen der Architekt in aller Regel natürlich nur diejenigen Objekte und Bauherren benennen wird, wo alles gut lief, trotzdem können Sie auch im Gespräch mit einem solchen Bauherrn durch interessiertes Nachfragen auf kritische Punkte stoßen. Niemand ist perfekt, auch kein Architekt, wichtig ist aber, dass er das Bauvorhaben im vereinbarten Rahmen qualitäts-, kosten-, zeit- und rechtssicher umgesetzt hat.

Wenn Ihnen einige der Ihnen benannten Referenzobjekte gefallen und sich auch die Bauherren positiv über den Architekten geäußert haben, können Sie um ein erstes, unverbindliches Gespräch in dem betreffenden Architekturbüro nachsuchen. In diesem ersten Gespräch sollte der Architekt auf keinen Fall schon um konkrete Planungsleistungen oder ähnliches angefragt werden, sondern es sollte vor allem dem wechselseitigen Kennenlernen dienen. Denn bei der abschließenden Auswahl, mit welchem Architekten man das Bauvorhaben umsetzen will, kommt der persönlichen Note ein großes Gewicht zu. Hat man es mit einem offenen, selbstkritischen Planer zu tun, der gut zuhören und die

Bauherrenwünsche analysieren kann oder sitzt Ihnen ein eher architekturideologisch geprägter Planer gegenüber, der im Wesentlichen an seine eigenen Architekturvorstellungen glaubt und schon deren kritische Hinterfragung nicht gut verträgt. Neben dem Kennenlernen des Architekten bzw. der Architektin bietet ein Termin im Architekturbüro auch die gute Gelegenheit, sich dort umzusehen: Sieht es ordentlich und gut strukturiert aus oder stolpert man eher über Papierberge etc., welchen Eindruck machen die Mitarbeiter, soweit solche beschäftigt werden etc.?

Irgendwann werden Sie sich dann schließlich für einen Architekten entscheiden, mit dem Sie zusammenarbeiten möchten. Bevor Sie diesen aber nun um erste Entwürfe und Kostenvoranschläge und ähnliches bitten, ist große Vorsicht geboten, denn zuvor sollte auf alle Fälle ein schriftlicher Architektenvertrag geschlossen werden, sonst ist Ärger vorprogrammiert.

Vorsicht übrigens auch mit Architekten aus dem eigenen Verwandten- oder Bekanntenkreis. So wertvoll diese im freundschaftlichen oder familiären Umfeld sein mögen, so fatal kann es sein, sich mit diesen auf ein Bauvorhaben einzulassen. Geht dieses schief, was sehr schnell passieren kann, denn man kennt die eigenen Verwandten oder Bekannten meist nur aus der Freizeitperspektive, selten aus der Berufsperspektive, leidet fast immer auch die Freundschaft bzw. das verwandtschaftliche Verhältnis. Sehr viel sinnvoller ist es, wenn diese Verwandten oder Bekannten Ihnen mit Rat und Tat im Hintergrund zur Seite stehen ohne an verantwortlicher Stelle vertraglich eingebunden zu sein, mit allen Konsequenzen, die daraus resultieren können.

II. Der Architektenvertrag und das Architektenhonorar

Vor jeglicher Zusammenarbeit mit einem Architekten sollte in jedem Fall ein schriftlicher Architektenvertrag geschlossen werden. Würden Sie dies nicht tun und zunächst einmal sehen wollen, was Ihnen der Architekt an Planungsideen und ersten Kostenschätzungen vorlegt, wie dies leider nach wie vor viele Bauherren tun, wären damit u.U. bereits zahlungspflichtige Architektenleistungen angefallen, ohne dass diese jedoch in einen vertraglichen Rahmen eingebunden wären. Damit wären zahlreiche Dinge, wie z.B. der Abrechnungsmodus oder der vereinbarte Umfang der Leistungen völlig unklar und müssten im Zweifel dann sogar gerichtlich geklärt werden. All' solchen Ärger sollten Sie durch den frühzeitigen Abschluss eines klaren schriftlichen Architektenvertrages vermeiden.

Spätestens beim Architektenvertrag beginnt auch die Komplexität der Zusammenarbeit mit einem Architekten. Es muss hierzu leider viel erläutert werden. Zunächst zur Vergütung der Architekten:

Die Honorarordnung für Architekten und Ingenieure (HOAI)

Architekten werden auf Grundlage der sogenannten Honorarordnung für Architekten und Ingenieure (HOAI) vergütet. Diese bestimmt zunächst einmal die anrechenbaren Kosten eines Bauvorhabens. Die anrechenbaren Kosten eines Bauvorhabens berechnen sich aus den anfallenden Kosten für das Bauwerk und dessen technischen Installationen ohne die gesetzliche Mehrwertsteuer. Auch Grundstückskosten, Erschließungsgebühren oder andere Kosten werden nicht einbezogen. Die Kostenermittlung eines Bauvorhabens durch Architekten erfolgt auf Grundlage der DIN 276 »Kosten im Hochbau«. Diese untergliedert sich in sogenannte Kostengruppen (KGs). Diese sind:

KG 100: Grundstück
KG 200: Herrichten und Erschließen
KG 300: Bauwerk - Baukonstruktion
KG 400: Bauwerk - Technische Anlagen
KG 500: Außenanlagen
KG 600: Ausstattung und Kunstwerke
KG 700: Baunebenkosten

Für die anrechenbaren Kosten werden allerdings nur die Kostengruppen 300 und 400 berücksichtigt. Diese wiederum untergliedern sich gemäß der DIN 276 wie folgt:

KG 300 Bauwerk – Baukonstruktion
  310 Baugrube
  311 Baugrubenherstellung
  312 Baugrubenumschließung
  313 Wasserhaltung
  319 Baugrube, sonstiges
  320 Gründung
  321 Baugrundverbesserung
  322 Flachgründungen
  323 Tiefgründungen
  324 Unterböden und Bodenplatten
  325 Beläge auf Boden- und Fundamentplatten
  326 Bauwerksabdichtungen

327 Dränagen
329 Gründung, sonstiges
330 Außenwände
331 Tragende Außenwände
332 Nichttragende Außenwände
333 Tragende Außenstützen
334 Außentüren, -fenster
335 Außenwandbekleidungen außen
336 Außenwandbekleidungen innen
337 Elementierte Außenwände
338 Sonnenschutz
339 Außenwände sonstiges
340 Innenwände
341 Tragende Innenwände
342 Nichttragende Innenwände
343 Tragende Innenstützen
344 Innentüren, -fenster
345 Innenwandbekleidungen
346 Elementierte Innenwände
349 Innenwände, sonstiges
350 Decken
351 Deckenkonstruktion
352 Deckenbeläge
353 Deckenbekleidungen
359 Decken, sonstiges
360 Dächer
361 Dachkonstruktion
362 Dachfenster, Dachöffnungen
363 Dachbeläge
364 Dachbekleidungen
369 Dächer, sonstiges
370 Baukonstruktive Einbauten
371 Allgemeine Einbauten
372 Besondere Einbauten
379 Baukonstruktive Einbauten, sonstiges
390 Sonstige Maßnahmen für Baukonstruktion
391 Baustelleneinrichtung
392 Gerüste
393 Sicherungsmaßnahmen
394 Abbruchmaßnahmen
395 Instandsetzungen
396 Recycling, Zwischendeponierung und Entsorgung
397 Schlechtwetterbau

398 Zusätzliche Maßnahmen
399 Sonstige Maßnahmen für Baukonstruktion, sonstiges

KG 400 Bauwerk – Technische Anlagen
410 Abwasser-, Wasser-, Gasanlagen
411 Abwasseranlagen
412 Wasseranlagen
413 Gasanlagen (wenn zu Kochzwecken)
414 Feuerlöschanlagen
419 Abwasser-, Wasser- und Gasanlagen, sonstiges
420 Wärmeversorgungsanlagen
421 Wärmeerzeugungsanlagen
422 Wärmeverteilnetze
423 Raumheizflächen
429 Wärmeversorgungsanlagen, sonstiges
430 Lufttechnische Anlagen
431 Lüftungsanlagen (LA)
432 Teilklimaanlagen (TKA)
433 Klimaanlagen (KLA)
434 Prozesslufttechnische Anlagen (PLA)
435 Kälteanlagen (KA)
439 Lufttechnische Anlagen, sonstiges
440 Starkstromanlagen
441 Hoch- und Mittelspannungsanlagen
442 Eigenstromversorgungsanlagen
443 Niederspannungsschaltanlagen
444 Niederspannungsinstallationsanlagen
445 Beleuchtungsanlagen
446 Blitzschutz- und Erdungsanlagen
449 Starkstromanlagen, sonstiges
450 Fernmelde- und informationstechnische Anlagen
451 Telekommunikationsanlagen
452 Such- und Signalanlagen
453 Zeitdienstanlagen
454 Elektroakustische Anlagen
455 Fernseh- und Antennenanlagen
456 Gefahrenmelde- und Alarmanlagen
457 Übertragungsnetze
459 Fernmelde- und informationstechnische Anlagen, sonstiges
460 Förderanlagen
461 Aufzugsanlagen
462 Fahrtreppen, Fahrsteige

463 Befahranlagen
464 Transportanlagen
465 Krananlagen
469 Förderanlagen, sonstiges
470 Nutzungsspezifische Anlagen
471 Küchentechnische Anlagen
472 Wäscherei- und Reinigungsanlagen
473 Medienversorgungsanlagen
474 Medizintechnische Anlagen
475 Labortechnische Anlagen
476 Badetechnische Anlagen
477 Kälteanlagen
478 Entsorgungsanlagen
479 Nutzungsspezifische Anlagen, sonstiges
480 Gebäudeautomation
481 Automationssysteme
482 Leistungsteile
483 Zentrale Einrichtungen
489 Gebäudeautomation, sonstiges
490 Sonstige Maßnahmen für technische Anlagen
491 Baustelleneinrichtung (TA)
492 Gerüste (TA)
493 Sicherungsmaßnahmen (TA)
494 Abbruchmaßnahmen (TA)
495 Instandsetzungen (TA)
496 Recycling, Zwischendeponierung und Entsorgung (TA)
497 Schlechtwetterbau (TA)
498 Zusätzliche Maßnahmen (TA)
499 Sonstige Maßnahmen für Technische Anlagen, sonstiges

Nun kann man, bevor man begonnen hat, eine umfassende Planung, Ausschreibung und Vergabe zu erstellen, Baukosten aber natürlich nur schätzen und nicht sicher vorhersagen. Diesem Umstand trägt die HOAI Rechnung, indem sie dem Architekten für die verschiedenen Phasen seiner Leistungen unterschiedliche Berechnungsgrundlagen der Baukosten vorgibt. Die HOAI kennt neun Leistungsphasen für Architektur- und Ingenieurleistungen. Jeder Leistungsphase, die ein Architekt erbringt, ist auch ein prozentualer Anteil am Gesamthonorar zugeordnet. Das Ganze gliedert sich wie folgt:

Leistungsphase   Anteil am Gesamthonorar von 100 %
Leistungsphase 1 (Grundlagenermittlung)   3 %

Leistungsphase 2 (Vorplanung) 7 %
Leistungsphase 3 (Entwurfsplanung) 11 %
Leistungsphase 4 (Genehmigungsplanung) 6 %
Leistungsphase 5 (Ausführungsplanung) 25 %
Leistungsphase 6 (Vorbereitung der Vergabe) 10 %
Leistungsphase 7 (Mitwirkung bei der Vergabe) 4 %
Leistungsphase 8 (Objektüberwachung) 31 %
Leistungsphase 9 (Objektbetreuung und Dokumentation) 3 %

Für die Leistungsphasen 1 bis 4 werden die anrechenbaren Baukosten auf Grundlage der sogenannten Kostenberechnung ermittelt. Grundlage für diese Kostenberechnung sind die Grundlagenermittlung, die Vorplanung, die Entwurfsplanung und die Genehmigungsplanung

Für die Leistungsphasen 5 bis 7 werden die anrechenbaren Baukosten auf Grundlage des sogenannten Kostenanschlags ermittelt. Grundlage für diesen Kostenanschlag ist die Ausführungsplanung sowie die erfolgte Ausschreibung und Vergabe aller Bauleistungen.

Für die Leistungsphasen 8 und 9 schließlich werden die anrechenbaren Baukosten nach der sogenannten Kostenfeststellung ermittelt. Grundlage für diese Kostenfeststellung sind die erfolgte Bauüberwachung und die Dokumentation des abgeschlossenen Bauvorhabens.

Das anfallende Honorar für die jeweils anrechenbaren Baukosten richtet sich aber nicht nur nach dem Umfang der Leistung (also danach, welche Leistungsphasen erbracht wurden), sondern auch nach dem Schwierigkeitsgrad der erbrachten Leistung, respektive des zu erstellenden Gebäudes. So ist es beispielsweise natürlich einfacher eine Garage zu planen und zu bauen als ein ganzes Einfamilienhaus oder gar eine komplette Intensivklinik. Diesem Sachverhalt tragen die Honorarzonen Rechnung. Je nach Schwierigkeitsgrad des zu erstellenden Gebäudes gewähren diese höhere anrechenbare Baukosten als Grundlage zur Ermittlung des Honorars. Die HOAI kennt insgesamt fünf Honorarzonen, die jeweils einen Korridor für anrechenbare Baukosten vorgeben:

- Honorarzone I
- Honorarzone II
- Honorarzone III
- Honorarzone IV
- Honorarzone V

II. Der Architektenvertrag und das Architektenhonorar

Für Einfamilienhäuser gelten in der Regel anrechenbare Baukosten nach der Honorarzone III bis IV. Innerhalb dieser Honorarzonen gibt es nun aber nochmals eine Bandbreite bezüglich der Höhe der anrechenbaren Kosten. Diese Bandbreite liegt zwischen einem Mindestsatz und einem Höchstsatz, was in der HOAI nach der Honorartabelle zu § 16 Absatz 1 festgehalten ist. Zum besseren Verständnis finden Sie nachfolgend einen Auszug dieser Tabelle für die Honorarzonen III und IV:

Anrechenbare Kosten	Zone III	Zone IV
in Euro	in Euro	in Euro
25.565	2.991 – 3.855	3.855 – 4.433
30.000	3.497 – 4.498	4.498 – 5.169
35.000	4.075 – 5.236	5.236 – 6.012
40.000	4.647 – 5.968	5.968 – 6.853
45.000	5.221 – 6.702	6.702 – 7.689
50.000	5.780 – 7.413	7.413 – 8.496
100.000	11.311 – 14.360	14.360 – 16.393
150.000	16.578 – 20.818	20.818 – 23.644
200.000	21.586 – 26.792	26.792 – 30.263
250.000	26.380 – 32.373	32.373 – 36.369
300.000	30.650 – 37.643	37.643 – 42.309
350.000	34.561 – 42.700	42.700 – 48.131
400.000	38.127 – 47.432	47.432 – 53.637
450.000	41.362 – 51.840	51.840 – 58.820
500.000	44.243 – 55.876	55.876 – 63.631
1.000.000	79.193 – 99.682	99.682 – 113.340

In jeder Honorarzone gibt es also Mindest- und Höchstsätze der anrechenbaren Baukosten. So spricht man etwa von einem Honorar nach »Honorarzone III Mindestsatz« oder nach »Honorarzone III Höchstsatz«. Gemäß § 5a der HOAI sind die zulässigen Mindest- und Höchstsätze für Zwischenstufen der in den Honorartabellen angegeben anrechenbaren Kosten, Werte und Verrechnungseinheiten durch lineare Interpolation zu ermitteln.

Soviel zur Theorie der für Laien kaum mehr verständlichen HOAI. Wenn Sie all' diese viel zu komplizierten und auch unnötig aufwändigen Regelungen nicht sofort verstehen, dürfen Sie sich damit trösten, dass dies auch viele Architekten nicht tun. Immer wieder kommen Architekten mit den komplexen Regelungen der HOAI nicht zurecht und stellen falsche Honorarabrechnungen, was in unzähligen Prozessen zwischen Bauherren und Architekten immer neu belegt wird. Damit Sie aber wenigsten einmal ein Gefühl dafür erhalten, welches Architektenhonorar für welche Bausumme anfällt, finden Sie nachfolgend einmal eine Beispielberechnung für ein Honorar für alle Leistungsphasen der HOAI nach Honorarzone III Mindestsatz bei anrechenbaren Baukosten von 200.000 Euro:

Beispiel einer Honorarermittlung für ein Einfamilienhaus

1.0 Ermittlung der anrechenbaren Kosten:

z.B.

Gesamtkosten:	290.000,00 EUR
davon Kostengruppe 300, 400:	238.000,00 EUR
abzügl. ges. Mehrwertsteuer 19 %:	- 38.000,00 EUR
anrechenbare Kosten:	200.000,00 EUR

2.0 Ermittlung des Gesamthonorars:

vereinbarte Honorarzone:	III
vereinbarter Honorarsatz:	Mindestsatz
Gesamthonorar gemäß HOAI § 16:	21.586,00 EUR
ges. Mehrwertsteuer 19 %:	4.101,34 EUR
Gesamthonorar:	25.687,34 EUR

II. Der Architektenvertrag und das Architektenhonorar

3.0 Aufteilung des Honorars in Leistungsphasen (gerundet):

1. Grundlagenermittlung	3%	770,62,- EUR
2. Vorplanung	7%	1.798,11,- EUR
3. Entwurfsplanung	11%	2.825,61,- EUR
4. Genehmigungsplanung	6%	1.541,24,- EUR
5. Ausführungsplanung	25%	6.421,84,- EUR
6. Vorbereitung der Vergabe	10%	2.568,74,- EUR
7. Mitwirkung bei der Vergabe	4%	1.027,49,- EUR
8. Objektüberwachung	31%	7.963,08,- EUR
9. Objektbetreuung, Dokumentation	3%	770,62,- EUR
Gesamt	100%	25.687,34,-EUR

Hinzu kommen können:
- Ggf. Nebenkosten
- Ggf. Wärmeschutz / Schallschutznachweis
- Ggf. besondere Leistungen

Die HOAI ist eine gesetzliche Vorgabe. Das dort festgelegte Mindesthonorar darf nicht unterschritten werden, allerdings können Sie selbstverständlich genau dieses Mindesthonorar vereinbaren.

Architekten und Ingenieuren wird mit den viel zu komplizierten Regelungen der HOAI sicher kein Gefallen getan. Ihr Umfang von über 100 Paragraphen – nur zur Regelung des Honoraranspruchs einer Berufsgruppe – dürfte seinesgleichen suchen. Die HOAI ist schon für Fachleute komplex aber für Bauinteressenten schlicht eine Überforderung. Selbst in ihrem Kern, der Berechnung der Honorare, sind die Regelungen viel zu kompliziert. Solange die HOAI aber gilt, müssen Sie sich daran halten.

Tipp

Bevor Sie nun mit einem Architekten einen umfassenden Vertrag über alle Leistungsphasen der HOAI schließen, sollten Sie überlegen, mit dem Architekten schrittweise vorzugehen und beispielsweise zunächst nur die Leistungsphasen 1 bis 4 zu vereinbaren. Denn dies können Sie tun. Sie können sogar jede Leistungsphase einzeln vereinbaren. Wenn Sie Leistungsphasen in sinnvollen Blöcken (z.B. 1 – 4) schrittweise abschließen, entgehen Sie damit einem weiteren Risiko. Schließen Sie nämlich einen Architektenvertrag über alle Leistungsphasen, also 1 bis 9, und kommt es im Verlauf der Zusammenarbeit mit dem Architekten zu

Schwierigkeiten, ist es gar nicht so einfach, einen solchen Vertrag zu kündigen. Erstens müssen Sie dabei natürlich richtig vorgehen, was – je nach Vertragslage – sinnvollerweise immer unter vorheriger Einschaltung eines auf Bau- und Architektenrecht spezialisierten Anwalts geschehen sollte und zweitens stehen Sie u.U. vor dem Problem, dass der Architekt seinen entgangenen Gewinn einklagen wird, jenes Geld also, das er aufgrund der vorzeitigen Vertragskündigung nicht mehr erhält. Kann der Architekt dann nachweisen, dass er für die Kündigung nicht verantwortlich gemacht werden kann und auch keinen anderen Auftrag hat, der das vorgesehene Zeitfenster zur Bearbeitung Ihres Auftrages füllt, kann es für Sie teuer werden. Im ungünstigsten Fall zahlen Sie dann das Architektenhonorar doppelt, einmal für den Architekten, dem Sie kündigten und einmal für den Architekten, den Sie neu beauftragen. Aus solcherlei Gründen ist es ausgesprochen sinnvoll, die Leistungsphasen schrittweise zu beauftragen. Es ist aber wichtig, dass bestimmte Leistungsphasen zusammengefasst bleiben, damit Verantwortlichkeiten und im Zweifel auch Haftungsgrenzen klar bleiben. So ist es beispielsweise wenig sinnvoll, einen Architekten mit der Grundlagenermittlung, der Vorplanung und Entwurfsplanung zu beauftragen und nicht gleichzeitig auch mit der Genehmigungsplanung. Es kann sonst sein, dass der Architekt Ihnen zwar einen schönen Entwurf liefert, sich im Zuge der Genehmigungsplanung dann aber herausstellt, dass der Entwurf so nicht genehmigungsfähig ist. Ähnlich sieht es bei den Leistungsphasen 6, 7 und 8 aus. Wenn Ausschreibung, Vergabe und Bauleitung nicht in einer Hand liegen, hat es der bauleitende Architekt sehr einfach, Mehrkosten jedesmal auf eine ungenügende Ausschreibung zu schieben. Hat er die Ausschreibung hingegen selbst erstellt, wird er in aller Regel jeden Angriff darauf, etwa seitens der Unternehmer mit Nachforderungen, engagierter abwehren, denn es ist dann ein Angriff auf die von ihm zu verantwortende Leistungsbeschreibung. Auch fachlich-inhaltlich ist es sinnvoll, wenn die Ausschreibung von derjenigen Person oder Institution erstellt wird, die auch die Bauleitung übernimmt. Nur so kann sichergestellt werden, dass von den Vorbemerkungen und den darin enthaltenen Baustellensteuerungsinstrumenten bis hin zu den einzelnen Leistungspositionen alles möglichst optimal auf den Bauleiter abgestimmt wird, der dafür dann auch die Verantwortung trägt.

Gemäß § 8 Absatz 1 der HOAI fällt das Honorar zwar erst an, wenn die Leistung vertragsgemäß erbracht und eine prüffähige Honorarschlussrechnung erstellt ist, nach Absatz 2 desselben

Paragraphen können jedoch in zeitlich angemessenen Abständen auch Abschlagszahlungen gefordert werden. Daher ist es sinnvoll, auch mit dem Architekten einen klaren Zahlungsplan zu vereinbaren. So kann beispielsweise jede Leistungsphase separat vergütet werden.

Neben dem Honorar müssen ggf. auch zusätzliche Aufwendungen des Architekten vereinbart oder ausgeschlossen werden. Hier zeigt sich ein weiteres Ärgernis aus der HOAI für den Verbraucher: Dinge, die nicht vereinbart werden, sind deswegen nicht zwingend von der Honorierung ausgeschlossen und können später durch den Architekten u.U. trotzdem in Rechnung gestellt werden. Da jeder Architekt die HOAI mindestens besser kennt als ein Bauherr, entsteht eine Informations-Asymmetrie über Honoraransprüche, die schon viele Bauherren sehr verärgert hat. Wichtig ist vor allem zu unterscheiden zwischen den sogenannten Grundleistungen und den Besonderen Leistungen. Sie finden deren Gegenüberstellung im Anhang dieses Buches in § 15 der HOAI. Zusätzliche Aufwendungen können ferner z.B. Nebenkosten sein, also etwa Fahrtkosten, Kopierkosten, Telefonkosten, Portokosten und ähnliches. Zusatzhonorare können aber auch im Rahmen von Umbauten. Modernisierungen und Instandhaltungen auf Sie zukommen. Mehr hierzu erfahren Sie in Kapitel G.

<small>Achtung Zusatzhonorare</small>

Vereinbart werden kann mit dem Architekten auch ein sogenanntes Erfolgshonorar, was durch § 5 Absatz 4a der HOAI geregelt wird. Hier heißt es wörtlich:

>*»Für Besondere Leistungen, die unter Ausschöpfung der technisch-wirtschaftlichen Lösungsmöglichkeiten zu einer wesentlichen Kostensenkung ohne Verminderung des Standards führen, kann ein Erfolgshonorar zuvor schriftlich vereinbart werden, das bis zu 20 vom Hundert der vom Auftragnehmer durch seine Leistungen eingesparten Kosten betragen kann.«*

Das Problem hierbei ist nur, was ist die Ausgangsbasis der Baukosten? Setzt der Architekt diese sehr hoch an, kann er sie im Folgenden relativ einfach unterschreiten und ein Erfolgshonorar sichern. Die Regelung ist daher relativ unglücklich und für Verbraucher wenig hilfreich.

Damit haben Sie einen ersten, groben Überblick über die mit dem Architekten zu treffenden Honorarvereinbarungen. Aber diese sind natürlich nur ein Teil der Regelungen eines Architektenvertrages.

Grundsätzlich unterliegt ein Architektenvertrag dem Werkvertragsrecht nach dem BGB, das durch die Paragraphen 631 bis 651 des BGB geregelt ist. Diesen Auszug aus dem BGB finden Sie im

Anhang dieses Buches. Wichtigstes Merkmal des Werkvertragsrechtes ist es, dass Ihnen nicht nur die Erbringung einer Leistung geschuldet wird, sondern auch der Werkerfolg, also die erfolgreiche und mangelfreie Erbringung eines Werkes. Wörtlich heißt es hierzu in § 631 BGB:

> »(1) Durch den Werkvertrag wird der Unternehmer zur Herstellung des versprochenen Werkes, der Besteller zur Entrichtung der vereinbarten Vergütung verpflichtet.
>
> (2) Gegenstand des Werkvertrags kann sowohl die Herstellung oder Veränderung einer Sache als auch ein anderer durch Arbeit oder Dienstleistung herbeizuführender Erfolg sein.«

Das BGB gibt allerdings nur einen Rahmen vor, in dem nun sehr viel detailliertere Vereinbarungen getroffen werden müssen, um einen umfassenden Vertrag mit dem Architekten zu erhalten. Hierbei sollten auch die folgenden Punkte nicht fehlen:

- Der Honorarsatz muss vereinbart werden.
- Es muss vereinbart werden, welche Leistungsphasen erbracht werden sollen.
- Evtl. anfallende Besondere Leistungen müssen vereinbart werden.
- Zusatzhonorare (z.B. Modernisierungszuschlag) müssen klar vereinbart oder ausgeschlossen werden.
- Nebenkosten müssen geregelt und vereinbart werden.
- Die Höchstkosten des Gebäudes (Kostenobergrenze) müssen fixiert werden, netto und brutto.
- Ein Fertigstellungstermin für das Bauvorhaben sollte vereinbart werden.
- Ein Projektzeitenplan sollte vereinbart werden (bis wann ist beispielsweise die Entwurfsplanung fertig, bis wann die Genehmigungsplanung etc.?).
- Wenn es bereits eine Bau- oder Aufgabenbeschreibung gibt, kann diese Vertragsbestandteil werden kann?
- Ein fester Jour-Fixe für Besprechungen sollte vereinbart werden (z.B. einmal wöchentlich ein bis zwei Stunden).
- Das Führen eines Bautagebuchs und einer Fotodokumentation sollte vereinbart werden, auch wenn ersteres ohnehin zu den Grundleistungen nach HOAI gehört.
- Die Anwesenheitspflicht des Architekten auf der Baustelle sollte möglichst detailliert geklärt werden, weil es sonst sein kann, dass er nur bei wichtigen Bauschritten auf der Baustelle ist.

- Es sollten Vereinbarungen zu Kündigungsmodalitäten im Falle einer vorzeitigen Kündigung des Architektenvertrages getroffen werden.
- Der Versicherungsschein der Berufshaftpflicht des Architekten sollte Ihnen vorgelegt werden.
- Eine salvatorische Klausel sollte vereinbart werden.

Und grundsätzlich gilt immer: Der Architekt kann Ihnen natürlich einen Vertrag mitgeben oder zusenden, wie er ihn üblicherweise abschließt. Diesen Vertrag sollten Sie aber nur als Vorschlag seinerseits begreifen. Selbstverständlich können Sie umgekehrt Ihren Vorschlag unterbreiten. Und Ihr Vorschlag kann beispielsweise so aussehen, dass Sie den Vertragsvorschlag des Architekten einem auf Bau- und Architektenrecht spezialisierten Anwalt vorlegen. Ein solcher sollte es aber auf alle Fälle sein. Das Bau- und Architektenrecht ist zwischenzeitlich so komplex geworden, dass nur ein dort versierter und prozesserfahrener Anwalt Fallstricke erkennt. Eine solche Prüfung des Vertragsvorschlags eines Architekten durch einen Fachanwalt für Bau- und Architektenrecht kostet zwar Geld aber dieses gehört zu den am besten investierten Geldern im Rahmen eines Bauvorhabens, denn Sie können sich dadurch u.U. erheblichen Ärger sparen und sehr viel souveräner und fundierter reagieren, wenn Ärger auftaucht.

III. Die Aufgaben des Architekten, der Fachingenieure und des Bauherrn

Je nachdem, in welchem Umfang ein Architekt beauftragt wird, hat er ein sehr umfangreiches Arbeitsfeld wahrzunehmen. Die Grundleistungen, die ein Architekt für sein Grundhonorar gemäß HOAI zu erbringen hat, definiert die HOAI in § 15 wörtlich wie folgt:

»1. Grundlagenermittlung
- Klären der Aufgabenstellung
- Beraten zum gesamten Leistungsbedarf
- Formulieren von Entscheidungshilfen für die Auswahl anderer an der Planung fachlich Beteiligter
- Zusammenfassen der Ergebnisse

2. Vorplanung (Projekt- und Planungsvorbereitung)
- Analyse der Grundlagen
- Abstimmen der Zielvorstellungen (Randbedingungen, Zielkonflikte)
- Aufstellen eines planungsbezogenen Zielkatalogs (Programmziele)

- Erarbeiten eines Planungskonzepts einschließlich Untersuchung der alternativen Lösungsmöglichkeiten nach gleichen Anforderungen mit zeichnerischer Darstellung und Bewertung, zum Beispiel versuchsweise zeichnerische Darstellungen, Strichskizzen, gegebenenfalls mit erläuternden Angaben
- Integrieren der Leistungen anderer an der Planung fachlich Beteiligter
- Klären und Erläutern der wesentlichen städtebaulichen, gestalterischen, funktionalen, technischen, bauphysikalischen, wirtschaftlichen, energiewirtschaftlichen (z.B. hinsichtlich rationeller Energieverwendung und der Verwendung erneuerbarer Energien) und landschaftsökologischen Zusammenhänge, Vorgänge und Bedingungen sowie der Belastung und Empfindlichkeit der betroffenen Ökosysteme
- Vorverhandlungen mit Behörden und anderen an der Planung fachlich Beteiligten über die Genehmigungsfähigkeit
- Bei Freianlagen: Erfassen, Bewerten und Erläutern der ökosystemaren Strukturen und Zusammenhänge, zum Beispiel Boden, Wasser, Klima, Luft, Pflanzen- und Tierwelt, sowie Darstellen der räumlichen und gestalterischen Konzeption mit erläuternden Angaben, insbesondere zur Geländegestaltung, Biotopverbesserung und -vernetzung, vorhandenen Vegetation, Neupflanzung, Flächenverteilung der Grün-, Verkehrs, Wasser-, Spiel- und Sportflächen; ferner Klären der Randgestaltung und der Anbindung an die Umgebung
- Kostenschätzung nach DIN 276 oder nach dem wohnungsrechtlichen Berechnungsrecht
- Zusammenstellen aller Vorplanungsergebnisse

3. Entwurfsplanung (System- und Integrationsplanung)
- Durcharbeiten des Planungskonzepts (stufenweise Erarbeitung einer zeichnerischen Lösung) unter Berücksichtigung städtebaulicher, gestalterischer, funktionaler, technischer, bauphysikalischer, wirtschaftlicher, energiewirtschaftlicher (z.B. hinsichtlich rationeller Energieverwendung und der Verwendung erneuerbarer Energien) und landschaftsökologischer Anforderungen unter Verwendung der Beiträge anderer an der Planung fachlich Beteiligter bis zum vollständigen Entwurf
- Integrieren der Leistungen anderer an der Planung fachlich Beteiligter
- Objektbeschreibung mit Erläuterung von Ausgleichs- und Ersatzmaßnahmen nach Maßgabe der naturschutzrechtlichen Eingriffsregelung
- Zeichnerische Darstellung des Gesamtentwurfs, z.B. durchgearbeitete, vollständige Vorentwurfs- und/oder Entwurfszeichnungen (Maßstab nach Art und Größe des Bauvorhabens; bei Freianlagen im Maßstab 1:500 bis 1:100, insbesondere mit Angaben zur Verbesserung der Biotopfunktion, zu Vermeidungs-, Schutz-, Pflege- und Entwicklungsmaßnahmen sowie zur differenzierten Bepflanzung;

bei raumbildenden Ausbauten: im Maßstab 1:50 bis 1:20, insbesondere mit Einzelheiten der Wandabwicklungen, Farb-, Licht- und Materialgestaltung), gegebenenfalls auch Detailpläne mehrfach wiederkehrender Raumgruppen; Verhandlungen mit Behörden und anderen an der Planung fachlich Beteiligten über die Genehmigungsfähigkeit
- Kostenberechnung nach DIN 276 oder nach dem wohnungsrechtlichen Berechnungsrecht
- Zusammenfassen aller Entwurfsunterlagen
- Kostenkontrolle durch Vergleich der Kostenberechnung mit der
- Kostenschätzung

4. Genehmigungsplanung
- Erarbeiten der Vorlagen für die nach öffentlich-rechtlichen Vorschriften erforderlichen Genehmigungen oder Zustimmungen einschließlich der Anträge auf Ausnahmen und Befreiungen unter Verwendung der Beiträge anderer an der Planung fachlich Beteiligter sowie noch notwendiger Verhandlungen mit Behörden
- Einreichen dieser Unterlagen
- Vervollständigen und Anpassen der Planungsunterlagen, Beschreibungen und Berechnungen unter Verwendung der Beiträge anderer an der Planung fachlich Beteiligter
- Bei Freianlagen und raumbildenden Ausbauten: Prüfen auf notwendige Genehmigungen, Einholen von Zustimmungen und Genehmigungen

5. Ausführungsplanung
- Durcharbeiten der Ergebnisse der Leistungsphasen 3 und 4 (stufenweise Erarbeitung und Darstellung der Lösung) unter Berücksichtigung städtebaulicher, gestalterischer, funktionaler, technischer, bauphysikalischer, wirtschaftlicher, energiewirtschaftlicher (z.B. hinsichtlich rationeller Energieverwendung und der Verwendung erneuerbarer Energien) und landschaftsökologischer Anforderungen unter Verwendung der Beiträge anderer an der Planung fachlich Beteiligter bis zur ausführungsreifen Lösung
- Zeichnerische Darstellung des Objekts mit allen für die Ausführung notwendigen Einzelangaben, z.B. endgültige, vollständige Ausführungs-, Detail- und Konstruktionszeichnungen im Maßstab 1:50 bis 1:1, bei Freianlagen je nach Art des Bauvorhabens im Maßstab 1:200 bis 1:50, insbesondere Bepflanzungspläne mit den erforderlichen textlichen Ausführungen
- Bei raumbildenden Ausbauten: Detaillierte Darstellung der Räume und Raumfolgen im Maßstab 1:25 bis 1:1, mit den erforderlichen textlichen Ausführungen; Materialbestimmung
Erarbeiten der Grundlagen für die anderen an der Planung fachlich Beteiligten und Integrierung ihrer Beiträge bis zur ausführungsreifen Lösung

- Fortschreiben der Ausführungsplanung während der Objektausführung

6. Vorbereitung der Vergabe
- Ermitteln und Zusammenstellen von Mengen als Grundlage für das Aufstellen von Leistungsbeschreibungen unter Verwendung der Beiträge anderer an der Planung fachlich Beteiligter
- Aufstellen von Leistungsbeschreibungen mit Leistungsverzeichnissen nach Leistungsbereichen
- Abstimmen und Koordinieren der Leistungsbeschreibungen der an der Planung fachlich Beteiligten

7. Mitwirken bei der Vergabe
- Zusammenstellen der Verdingungsunterlagen für alle Leistungsbereiche
- Einholen von Angeboten
- Prüfen und Werten der Angebote einschließlich Aufstellen eines Preisspiegels nach Teilleistungen unter Mitwirkung aller während der Leistungsphasen 6 und 7 fachlich Beteiligten
- Abstimmen und Zusammenstellen der Leistungen der fachlich Beteiligten, die an der Vergabe mitwirken
  Verhandlung mit Bietern
- Kostenanschlag nach DIN 276 aus Einheits- oder Pauschalpreisen der Angebote
- Kostenkontrolle durch Vergleich des Kostenanschlags mit der Kostenberechnung
- Mitwirken bei der Auftragserteilung

8. Objektüberwachung (Bauüberwachung)
- Überwachen der Ausführung des Objekts auf Übereinstimmung mit der Baugenehmigung oder Zustimmung, den Ausführungsplänen und den Leistungsbeschreibungen sowie mit den anerkannten Regeln der Technik und den einschlägigen Vorschriften
- Überwachen der Ausführung von Tragwerken nach § 63 Abs. 1 Nr. 1 und 2 auf Übereinstimmung mit dem Standsicherheitsnachweis
- Koordinieren der an der Objektüberwachung fachlich Beteiligten
- Überwachung und Detailkorrektur von Fertigteilen
- Aufstellen und Überwachen eines Zeitplanes (Balkendiagramm)
  Führen eines Bautagebuches
- Gemeinsames Aufmaß mit den bauausführenden Unternehmen
  Abnahme der Bauleistungen unter Mitwirkung anderer an der Planung und Objektüberwachung fachlich Beteiligter unter Feststellung von Mängeln
- Rechnungsprüfung
- Kostenfeststellung nach DIN 276 oder dem wohnungsrechtlichen Berechnungsrecht
- Antrag auf behördliche Abnahme und Teilnahme daran

- Übergabe des Objekts einschließlich Zusammenstellung und Übergabe der erforderlichen Unterlagen, zum Beispiel Bedienungsanleitungen, Prüfprotokolle
- Auflisten der Gewährungsfristen
- Überwachen der Beseitigung der bei der Abnahme der Bauleistungen festgestellten Mängel
- Kostenkontrolle durch Überprüfen der Leistungsabrechnung der bauausführenden Unternehmen im Vergleich zu den Vertragspreisen und dem Kostenanschlag

9. Objektbetreuung und Dokumentation
- Objektbegehung zur Mängelfeststellung vor Ablauf der Verjährungsfristen der Gewährleistungsansprüche gegenüber den bauausführenden Unternehmen
- Überwachen der Beseitigung von Mängeln, die innerhalb der Verjährungsfristen der Gewährleistungsansprüche, längstens jedoch bis zum Ablauf von fünf Jahren seit Abnahme der Bauleistungen auftreten
- Mitwirken bei der Freigabe von Sicherheitsleistungen
- Systematische Zusammenstellung der zeichnerischen Darstellungen und rechnerischen Ergebnisse des Objekts«

Sie sehen, die Aufgaben eines Architekten sind komplex und hier sind nur die Grundleistungen aus der HOAI aufgeführt. Die Aufgaben erfordern vor allem fachliche Qualifikation, Erfahrung, ökonomischen, technischen und rechtlichen Sachverstand, Menschenkenntnis, sicheres Auftreten im rauen Baualltag, Durchsetzungsvermögen und immer auch soziale Kompetenz und Fingerspitzengefühl. Architekten sind »Allrounder«, sie müssen viele Arbeitsfelder und Wissensgebiete sicher beherrschen, um ein Bauvorhaben zielorientiert zum Erfolg zu führen. Nicht immer finden Sie alle diese Kompetenzen in einer Person. Ein guter Entwerfer muss nicht zwangsläufig auch ein guter Bauleiter sein und umgekehrt ein guter Bauleiter nicht zwingend ein guter Entwerfer. Wichtig ist, dass Sie über die Referenzabfragen ein umfassendes Bild der Tätigkeit Ihres Architekten erhalten. Sonst ist es besser, Sie bilden ein Team aus einem guten Architekten und einem guten Bauleiter. Für bestimmte Teilleistungen werden ohnehin zusätzlich bestimmte Fachingenieure hinzugezogen. So beispielsweise ein Statiker für die Gebäudestatik und ein Haustechnikingenieur für die Gebäudetechnik. Deren Honorar ist auch nicht im Honorar des Architekten etwa enthalten, sondern muss separat bezahlt werden. Und natürlich auch Sie werden gefordert werden. Nicht nur mit zahlreichen Entscheidungen zu Planungs- und Ausstattungsvarianten, sondern auch als verantwortliche Person gegenüber Behörden und Ämtern. Ferner als Vertragspartner aller Bau- und Handwerksunternehmen, deren Leistungen Sie schließlich auch abnehmen. Der Architekt unterstützt sie zwar sowohl beim Vertragsabschluss mit den Handwerksunternehmen wie auch bei der Abnahme von deren Bauleistungen, kommt es aber zu Problemen mit Behörden oder Handwerksunternehmen, kann sie der Architekt meist nur noch ein kurzes Stück begleiten und sehr rasch rutschen Sie in die Rolle der zentralen und verantwortlichen Person, die diese Probleme ggf. auch rechtlich lösen muss. Das sollte Ihnen immer klar sein, deswegen ist es auch so wichtig, dass alle Verträge vorab durch einen Fachanwalt durchgesehen und geprüft werden. Kommt es dann zu ernsten Problemen, kann er schnell und angemessen reagieren, weil er die Verträge kennt und mitgestaltet hat.

IV. Die Handwerkerverträge

Die Handwerkerverträge beim Bauen mit dem Architekten sind meist Einzelverträge mit Handwerkern der einzelnen Gewerke. Sie werden entweder nach dem BGB oder der VOB geschlossen, auf Grundlage der erstellten Ausschreibung, wie bereits in Kapitel D ausführlich beschrieben. Diese Verträge können entweder als klassische Bauverträge abgeschlossen werden oder im Rahmen eines Zuschlags auf ein Ausschreibungs-Angebot, das der Handwerker abgegeben hat. Wird dieser Weg gewählt, muss die Ausschreibung allerdings so umfangreich sein, dass sie bereits alle vertraglichen Regelungen enthält, beispielsweise umfassende technische und rechtliche Vorbemerkungen aber auch einen Bauzeitenplan mit der Festlegung aller Termine, auch der Zwischentermine als Vertragstermine etc.

Da Sie der Vertragspartner der Handwerker werden und nicht der Architekt, sollte es in Ihrem Interesse liegen, Bauverträge oder rechtliche Vorbemerkungen von Ausschreibungen, die der Architekt erstellt hat, vor Unterzeichnung ebenfalls einem auf Bau- und Architektenrecht spezialisierten Anwalt vorzulegen. Keinesfalls immer arbeiten Architekturbüros mit aktuellen und dem Stand der Rechtsprechung entsprechenden Vertragsunterlagen. Nicht selten sind die Dokumente nicht auf dem neuesten Stand der Rechtsprechung oder enthalten glatte Vertragswidersprüche oder auch komplett nichtige Vertragsregelungen. Deswegen sollte diese Dokumente vor Aussendung an Handwerker auf alle Fälle ein Anwalt durchsehen.

Große Vorsicht ist geboten, wenn ohne Ausschreibung und auf Grundlage der Geschäftsbedingungen von Handwerkern gearbeitet wird. Dies sollte nach Möglichkeit vermieden werden, denn Sie werden auf diese Weise erstens keine vergleichbaren Angebote erhalten und zweitens u.U. Vertragsverhältnisse eingehen, die sehr stark zugunsten des Handwerkers ausgelegt sind.

Detaillierte Informationen rund um das Thema Handwerkerverträge finden Sie auch in dem Titel »Handwerker in Haus und Wohnung« der ebenfalls in der vorliegenden Reihe erschienen ist. **Tipp**

V. Abnahmen, Honorarschlussrechnung und Gewährleistung des Architekten

Mit Fertigstellung der jeweiligen Handwerkerleistungen werden Sie diese mit Unterstützung Ihres Architekten abnehmen. D.h. im Gegensatz etwa zum Bauen mit dem Bauträger oder Fertighausanbieter, wo Sie ein ganzes Haus auf einmal abnehmen, haben Sie es beim Bauen mit dem Architekten mit vielen, kleinen Abnahmen der jeweiligen Handwerkerleistungen zu tun, also z.B. mit Bauabnahmen des Rohbauers, des Dachdeckers, des Heizungsinstallateurs, des Malers etc. Neben diesen Abnahmen, die je nach Vertragsgrundlage, BGB oder VOB, genauso ablaufen, wie bereits in Kapitel D beschrieben, nehmen Sie abschließend auch die Architektenleistung ab. Dies erfolgt in der Regel durch Prüfung der Honorarschlussrechnung des Architekten und dem Abgleich, ob alle dort aufgeführten Leistungen auch vertragsgerecht erbracht wurden. Die Rechnung des Architekten wird, wie die Rechnungen des Generalübernehmers auch, sachlich und rechnerisch geprüft. Die Rechnung muss prüffähig sein. Ist sie es nicht, müssen Sie dies dem Architekten nach einem neueren Urteil des BGH binnen zwei Monaten mitteilen und ihn darauf hinweisen, in welchen Punkten Sie die Honorarrechnung als nicht prüffähig ansehen, so dass der Architekt dies nachbessern kann. Weisen Sie den Architekten nicht innerhalb dieser Frist darauf hin, erkennen Sie die Rechnung damit als prüffähig an. Dies war früher anders, die Schlussrechnung war nur dann zur Zahlung fällig, wenn sie prüffähig vorlag. Dafür hatte ausschließlich der Architekt zu sorgen. Dies führte zu teilweise jahrelangen Verzögerungen bei der Bezahlung von Architektenleistungen. Dieser Praxis hat der BGH zwischenzeitlich einen Riegel vorgeschoben. *Prüffristen einhalten*

Der Architekt hat nach der neueren Entscheidung, nach Hinweisen auf die Probleme der Prüffähigkeit seiner Abrechnung die

Möglichkeit, seine Rechnung nachzubessern. »Prüffähig« ist eine Rechnung dann, wenn sie nachvollziehbar und transparent darlegt, welche Honoraranteile auf welcher Grundlage für welche Leistungen angesetzt und abgerechnet werden. Hierzu ist bisweilen auch die Darlegung der Rechenwege notwendig, damit Sie dies im Einzelnen überprüfen können. Auch bei der Honorarschlussrechnung des Architekten ist Vorsicht geboten. Haken Sie beispielsweise irgendwelche Positionen ab und kürzen andere, wird sich Ihr Architekt dies natürlich genau ansehen und ggf. dagegen vorgehen. Dann kann schon ein kleiner Haken am Blattrand zu ernsten Problemen führen, genauso wie eine ggf. komplett gestrichene Position. Wenn Sie mit der Leistung Ihres Architekten nicht einverstanden waren und glauben, dass er seine Leistung nicht vertragsgemäß erbracht hat, sollten Sie auch in einem solchen Fall einen Fachanwalt für Bau- und Architektenrecht einschalten und die Rechnungsprüfung gemeinsam mit ihm vornehmen. Alleingänge ohne intensive Kenntnis der Fallstricke, die sich ggf. dahinter verbergen, können ganz schnell zum Eigentor werden.

Fall Ein Bauherr, der eine Honorarschlussrechnung eines Architekten komplett zurückwies, hatte großes Pech. Denn im anschließenden Prozess bekam er zwar hinsichtlich einzelner Positionen der unrichtigen Berechnung der Honorarschlussrechnung Recht. Ein Gutachter stellte in diesem Prozess aber gleichzeitig fest, dass sich der Architekt insgesamt deutlich zu seinen eigenen Ungunsten verrechnet hatte und die Honorarrechnung insgesamt hätte deutlich höher ausfallen müssen. Der Bauherr erklärte daraufhin, trotz dessen nur das ursprünglich angesetzte Honorar zahlen zu wollen und begründete dies mit der Bindungswirkung der Honorarschlussrechnung auf die er vertrauen können müsse und nicht plötzlich mit einer ganz anderen Honorarsumme konfrontiert werden könne. Das Gericht sah dies jedoch anders: Da der Bauherr die gesamte Rechnung in Bausch und Bogen zurückgewiesen habe, könne er nun nicht auf das Vertrauen in die Bindungswirkung pochen, denn er habe ja generell in die gesamte Abrechnung nicht vertraut. An solchen Beispielen können Sie sehen, wie wichtig die Einschaltung eines Fachanwalts für Bau- und Architektenrecht ist, spätestens wenn es um Verträge, Abnahmen und Schlussrechnungen geht.

Wenn mit dem Architekten auch die Leistungsphase 9 aus der HOAI vereinbart ist, »Objektbetreuung und Dokumentation« dann muss sich Ihr Architekt auch um eine Objektbegehung zur Mängelfeststellung vor Ablauf der jeweiligen Gewährleistungsfristen kümmern. Ferner um die Überwachung der Mängelbeseitigung und schließlich um die Mitwirkung bei der Freigabe von Sicherheitseinbehalten. Die Gewährleistungsfrist nach dem BGB beträgt, wie erwähnt, fünf Jahre, nach der VOB vier Jahre. Das heißt, Ihr Architekt muss kurz vor Ablauf von vier bzw. fünf Jahren seit der Bauabnahme der jeweiligen Gewerke unaufgefordert vor Ihrer Haustür stehen, das Gebäude begehen und auf mögliche Mängel hin untersuchen. Sie können einmal bei Bekannten oder Verwandten, die mit einem Architekten gebaut haben, fragen, ob sie so etwas jemals erlebt haben. Die meisten werden dies verneinen. Es scheint selbst vielen Architekten nicht ganz so klar. Die Leistungsphase 9 wird übrigens auch erst mit Vollzug dieser Aufgaben honoriert. Das heißt, ist diese Leistungsphase mit dem Architekten vereinbart, kann er sie nicht bereits zur Honorarschlussrechnung abrechnen, sondern erst vier bzw. fünf Jahre nach Abnahme der Bauleistung. Daher werden mitunter zwei Architektenverträge geschlossen, einer für die Leistungsphasen 1 bis 8 und ein separater für die Leistungsphase 9. Will Ihr Architekt die Leistungsphase 9 partout nicht vereinbaren, sollten Sie allerdings stutzig werden, denn dann scheint er um das unangenehme Kapitel der Gewährleistungssicherung, die aufwändig sein kann, herumkommen zu wollen. Das wiederum sollten Sie nicht akzeptieren.

Tipp

Wenn Sie tatsächlich erwägen, mit einem Architekten an ein Bauvorhaben zu gehen, kann für Sie auch das Buch »Bauen und Umbauen mit dem Architekten« derselben Autoren, erschienen im Fraunhofer IRB Verlag, hilfreich sein (siehe auch Anhang »Weiterführende Literatur«).

G. Modernisieren, Aus-, An- und Umbauen

Bei weitem nicht immer heißt bauen »neu bauen«. Ganz im Gegenteil: immer häufiger werden alte Häuser modernisiert oder aus-, an- und umgebaut. Ist dies der Fall, sind einige spezielle Punkte zu beachten, die nachfolgend dargelegt werden.

Vorab sollen noch einige Informationen zum Gebäudeenergieausweis gegeben werden, der ab 2008 in Deutschland eingeführt wird bzw. wurde und der Auswirkungen auf alle Bestandsgebäude und auf viele Umbau- und Modernisierungsvorhaben hat.

I. Die Energieeinsparverordnung (EnEV) und der Gebäudeenergieausweis

Der Gebäudeenergieausweis für Bestandsgebäude ist nicht zu verwechseln mit dem Energiebedarfsausweis für neue Gebäude, der in Kapitel C »Bauen mit dem Bauträger« bereits vorgestellt wurde.

Der Gebäudeenergieausweis wird nur dann benötigt, wenn ein Haus oder eine Wohnung verkauft oder vermietet werden soll. In diesem Fall hat der Käufer oder Mieter Anspruch auf Einsichtnahme in den Ausweis. Für Wohngebäude, die bis 1965 errichtet wurden, muss der Ausweis ab dem 01. Juli 2008 vorgelegt werden können. Für Gebäude die später errichtet wurden, ab dem 01. Januar 2009.

Der Gebäudeenergieausweis für Bestandsgebäude lässt zwei Versionen zu, einen bedarfsorientierten Ausweis und einen verbrauchsorientierten Ausweis. Beim verbrauchsorientierten Ausweis wird der zurückliegende Energieverbrauch gemessen, während beim bedarfsorientierten Ausweis der voraussichtliche Energiebedarf berechnet wird. Der wesentliche Unterschied beider Ausweisarten: Beim gemessenen Energieverbrauch spielt das Nutzerverhalten eine große Rolle. Wird die Heizung im Winter beispielsweise kaum genutzt, weil die Nutzer in kühlen Räumen leben, sinkt der Verbrauch. Wird die Heizung hingegen stark genutzt, weil die Nutzer sehr warme Räume wünschen, steigt der Verbrauch stark. Der bedarfsorientierte Ausweis umgeht dieses Problem, indem hier der rechnerische Energiebedarf bei festgestellten und festgelegten Rahmenbedingungen ermittelt wird.

Da sich bei größeren Gebäuden mit mehreren Nutzern das unterschiedliche Nutzerverhalten wechselseitig ausgleicht, gewährt der Gesetzgeber für solche größeren Gebäuden (mehr als vier Wohnungen) den Einsatz eines verbrauchsorientierten Ausweises. Kleine Gebäude (bis zu vier Wohnungen), deren Bauantrag vor dem 01. November 1977 eingereicht wurde, benötigen aber grundsätzlich einen bedarfsorientierten Gebäudeenergieausweis. Dies findet seine Erklärung darin, dass 1977 die Wärmeschutzverordnung eingeführt wurde und Gebäude, die deren Bestimmungen noch nicht zwingend einhalten, also vor dem 01. November 1977 genehmigt wurden, noch einen schlechten Wärmeschutz haben.

Soweit staatliche Fördermittel im Rahmen von Modernisierungsmaßnahmen in Anspruch genommen werden sollen, muss grundsätzlich der bedarfsorientierte Ausweis erstellt werden, unabhängig von der Hausgröße.

Ausstellen dürfen einen solchen Ausweis Architekten, Ingenieure, Techniker und Handwerker. Zu empfehlen ist, nur solche Energieberater einzusetzen, die auch auf der Energieberaterliste des Bundesamtes für Wirtschaft und Ausfuhrkontrolle in Eschborn (www.bafa.de) verzeichnet sind, da diese Energieberater zur Aufnahme in die Liste eine angemessene Qualifizierung nachweisen müssen.

Qualifizierte Energieberater finden

Die Kosten zur Ausstellung eines verbrauchsorientierten Ausweises liegen voraussichtlich zwischen 30 und 50 Euro, da dieser sehr einfach am zurückliegenden Verbrauch ermittelt werden kann, beim bedarfsorientierten Ausweise sollte man zwischen 250 und 450 Euro rechnen, da hier häufig auch eine Vor-Ort-Begehung notwendig ist.

Dies sind im Wesentlichen die Regelungen zum Gebäudeenergieausweis für Bestandsgebäude. Gemäß der Energieeinsparverordnung (EnEV) müssen bei Bestandsgebäuden allerdings ferner einige Nachrüstungen zwingend erfolgen, andere nur im Falle von geplanten Modernisierungen, die einen gewissen baulichen Umfang übersteigen.

Nachfolgend werden daher zunächst die generellen Nachrüstpflichten erläutert und anschließend die Nachrüstpflichten im Falle von Modernisierungen.

II. Pflichten für Hausbesitzer bzw. Hauskäufer aus der novellierten Energieeinsparverordnung (EnEV)

§§ Die novellierte EnEV aus dem Jahr 2007 sieht verschiedene Pflichten für Hausbesitzer bzw. Hauserwerber vor, die diese unter jeweils unterschiedlichen Umständen erfüllen müssen. Geregelt wird dies im Wesentlichen durch die Paragraphen 9, 10, 11 und auch 14 der EnEV.

§ 9 (früher § 8) hält die Vorgaben zur »Änderung von Gebäuden« fest, also den klassischen Modernisierungsfall.

§ 10 (früher § 9) enthält die Vorschriften zur »Nachrüstung bei Anlagen und Gebäuden«, also das, was auch dann getan werden muss, wenn gar keine Modernisierung geplant ist.

§ 11 (früher § 10) schreibt die »Aufrechterhaltung der energetischen Qualität« vor.

§ 14 (früher § 12) regelt die Bestimmungen zu den »Verteilungseinrichtungen und Warmwasseranlagen«.

Es ist wichtig, dass Sie diese Regelungen kennen, bevor Sie an einen Umbau gehen, denn es sind gesetzlich vorgeschriebene Regelungen, die Sie zwingend einhalten müssen. Daher im folgenden die Details:

§ 9 EnEV »Änderung von Gebäuden«:
Wenn Sie ein Gebäude ändern, d.h. mehr als 20 % der Bauteile, die in einer Himmelsrichtungsorientierung liegen (nach EnEV-Definition entweder von Südwest bis Südost oder von Nordwest bis Nordost), müssen die so vorgenommenen Änderungen bzw. ausgetauschten Bauteile sehr bestimmte, von der EnEV vorgeschriebene, sogenannte Wärmedurchgangskoeffizienten einhalten. Der Wärmedurchgangskoeffizient, der sogenannte U-Wert (früher k-Wert), gibt an, wie viel Wärme durch ein definiertes Bauteil in einer definierten Zeiteinheit bei einem definierten Temperaturunterschied zwischen Innen- und Außenseite des Bauteils gelangt. Er ist die zentrale Messgröße für die Wärmedämmung von Fenstern, Fassaden oder Dächern. Je kleiner der U-Wert ist, umso höher ist die Wärmedämmung.

Die EnEV gibt für den Fall umfassender Änderungen an Gebäuden folgende maximale U-Werte vor:

II. Pflichten für Hausbesitzer bzw. Hauskäufer

Bauteil	max. zulässiger Wärmedurchgangs-koeffizient U_{max} in W / (m x K)
Außenwände	0,35
Außen liegende Fenster, Fenstertüren und Dachflächenfenster	1,7
Verglasungen	1,5
Vorhangfassaden	1,9
Außen liegende Fenster mit Sonderverglasung, Fenstertüren mit Sonderverglasung, Dachflächenfenster mit Sonderverglasung	2,0
Sonderverglasungen	1,6
Vorhangfassaden mit Sonderverglasungen	2,3
Decken, Dächer und Dachschrägen	0,3
Dächer	0,25
Decken und Wände gegen unbeheizte Räume	0,4
Decken und Wände gegen unbeheiztes Erdreich	0,5

Bei der Berechnung dieser mindestens einzuhaltenden U-Werte wird sowohl das Bestandsbauteil eingerechnet, wie auch das neu ein- oder aufzubringende Bauteil. Bei Fassadendämmungen beispielsweise wird also zur Berechnung des U-Wertes neben der neuen Dämmung auch die alte Hauswand mit einbezogen, bei Fensterwechseln hingegen nur die neuen Fenster, denn die alten sind ja dann nicht mehr vorhanden.

Maximal zulässige U-Werte

Man kann diese Detailbestimmungen auch umgehen, wenn man nach der Modernisierung bestimmte eingehaltene Verbrauchswerte des Gesamtgebäudes nachweisen kann. Es wäre zu komplex, an dieser Stelle im Detail darauf einzugehen, wichtig ist zunächst auch nur, dass Sie eine Idee des Ansatzes der EnEV-Regelung haben. Sollten Sie eine umfassende Modernisierung planen, können Sie dies dann auch im Detail mit Ihrem Energieberater durchsprechen. Eine Regelung aus § 9 der EnEV (früher § 8), die die Erweiterung von Bestandsgebäuden betrifft, sollten Sie allerdings noch kennen: Erweiterungen des Bestandsgebäudes von mehr als zusammenhängend 10 Quadratmeter (m^2) Gebäudenutzfläche bei Wohngebäuden müssen alle Bestimmungen der

EnEV für Neubauten einhalten. Selbst ein sehr kleiner Anbau also unterliegt bereits komplett den EnEV-Regelungen für Neubauten.

§ 10 EnEV »Nachrüstung bei Anlagen und Gebäuden«
Dieser Paragraph der EnEV (früher § 9) regelt die verpflichtenden Nachrüstungen, die Sie vornehmen müssen, auch wenn gar keine Modernisierung geplant ist. Hierzu gehören im Wesentlichen:
- Erneuerung von Heizkesseln
- Dämmung von Heizungsrohren, Warmwasserverteilungssystemen und Armaturen
- Dämmung oberster Geschossdecken
- Erneuerung von Heizkesseln:
- Heizkessel (dies umfasst im EnEV-Sinne Heizkessel und Heizungsbrenner), die mit flüssigem oder gasförmigen Brennstoff betrieben werden und die vor dem 01. Oktober 1978 eingebaut wurden, müssen spätestens bis zum 31. Dezember 2008 außer Betrieb genommen werden. Ausgenommen davon sind nur Niedertemperatur- oder Brennwertkessel.
- Dämmung von Heizungsrohren, Warmwasserverteilungsanlagen und Armaturen:

Vorgeschriebene Leitungsdämmungen

Zugängliche Heizungs- und Warmwasserrohre (also solche, die nicht in Wänden, sondern »auf Putz« verlaufen) sowie Armaturen, müssen in nicht beheizten Räumen oder Hausbereichen gedämmt werden, und zwar in folgender Dämmstärke:

Art der Leitung	Mindestdicke der Dämmschicht bezogen auf eine Wärmeleitfähigkeit von 0,035 W / (m x K)
Innendurchmesser bis 22 mm	20 mm
Innendurchmesser über 22 mm bis 35 mm	30 mm
Innendurchmesser über 35 mm bis 100 mm	Dämmstärke gleich Innendurchmesser
Leitungen und Armaturen mit Innendurchmessern bis 100 mm, und zwar in Wand- und Deckendurchbrüchen, im Kreuzungsbereich von Leitungen, an Leitungsverbindungsstellen etc.	halb so starke Dämmungen wie für die jeweils übrigen Rohrabschnitte (z.B. für Innendurchmesser über 22 mm bis 35 mm = 15 mm Dämmstärke)
Leitungen von Zentralheizungen bis 100 mm, die nach Inkrafttreten der EnEV in Bauteilen zwischen beheizten Räumen verschiedener Nutzung liegen	halb so starke Dämmungen wie für die jeweils übrigen Rohrabschnitte (z.B. für Innendurchmesser über 22 mm bis 35 mm = 15 mm Dämmstärke)

Leitungen von Zentralheizungen bis 100 mm, die nach In-Kraft-Treten der EnEV in Bauteilen zwischen beheizten Räumen verschiedener Nutzung liegen und zwar im Fußbodenaufbau	6 mm

Dämmung oberster Geschossdecken:
Oberste, nicht begehbare Geschossdecken (gemeint sind damit die Böden von – nach jeweiliger Landesbauordnung – nicht ausbaubaren Speicher- oder Spitzböden) müssen, wenn sie ungedämmt sind, so gedämmt werden, dass der Wärmedurchgangskoeffizient der Geschossdecke den U-Wert von 0,3 nicht überschreitet.

§ 11 EnEV »Aufrechterhaltung der energetischen Qualität«
In § 11 (früher § 10) wird geregelt, dass Besitzer von Immobilien, deren Außenbauteile nicht einfach so verändern dürfen, dass eine mindere Dämmqualität eintritt. So etwas kann beispielsweise passieren, wenn von einem alten Gebäude der Putz abgeklopft wird, um das darunter liegende Fachwerk freizulegen. Ferner schreibt dieser Paragraph vor, dass alle energiesenkenden und energieerzeugenden Anlagen regelmäßigen Wartungs- und ggf. Instandhaltungsmaßnahmen unterzogen werden müssen, um die Anlagen bestimmungsgemäß betriebsbereit zu halten.

> Keine Verschlechterung der Dämmqualität zulässig

§ 14 EnEV »Verteilungseinrichtungen und Warmwasseranlagen«
Was bei den Nachrüstpflichten aus der EnEV häufig übersehen wird, sind die Regelungen aus § 14 (früher § 12). In diesem Paragraph wird geregelt, dass Zentralheizungen *»mit selbsttätig wirkenden Einrichtungen zur Verringerung und Abschaltung der Wärmezufuhr sowie zur Ein- und Ausschaltung elektrischer Antriebe in Abhängigkeit von 1. der Außentemperatur oder einer anderen geeigneten Führungsgröße und 2. der Zeit ausgestattet werden«* müssen.

> Was Sie sofort tun müssen

Das heißt, die EnEV verlangt von allen Hausbesitzern, ganz gleich wie groß das Gebäude ist oder wann Sie es gebaut oder erworben haben, die umgehende Nachrüstung mit selbsttätig wirkenden Heizungsanlagenreglern und Heizkörperthermostaten. Dies tut die EnEV deshalb, weil alle Hausbesitzer in der Bundesrepublik Deutschland dazu schon längst aus der zwischenzeitlich entfallenen Heizungsanlagen-Verordnung verpflichtet waren und hier keine Regelungslücke entstehen sollte.

Ausnahmen von den Regelungen der EnEV können in Fällen besonderer Härte aber auch z.b. im Falle von denkmalgeschützten Gebäuden oder ähnlichem gemacht werden, müssen aber bei den zuständigen Stellen, beispielsweise dem Landesdenkmalamt oder örtlichen Bauamt beantragt werden.

Werden die Regelungen der EnEV nicht eingehalten, droht ein Ordnungsgeld.

III. Die energetische Modernisierung und der Energieberater

Wenn ein Haus modernisiert werden soll, um Energie zu sparen, spricht man von einer energetischen Modernisierung. Bei einer energetischen Modernisierung sind – wie bei jeder anderen Modernisierung auch – zunächst einmal alle Vorgaben aus der EnEV einzuhalten. Darüber hinaus will man ja aber selbstverständlich deutlich mehr erreichen. Ziel ist in aller Regel der goldene Schnitt zwischen möglichst geringen Investitionskosten für die Modernisierung einerseits und möglichst hohen Energieeinsparungseffekten andererseits.

Wenn Sie nur die Fenster modernisieren, würde man noch nicht von einer energetischen Modernisierung sprechen. Eine energetische Modernisierung umfasst meist die Dämmung der Außenhülle des Gebäudes sowie die Erneuerung der Heizungs- und Warmwasserbereitungsanlage. Für die reine Modernisierung der Fenster könnten Sie – je nach Größe des Gebäudes – auch selbständig Angebote von Fensterbauern einholen und die Maßnahme durchführen lassen und überwachen. Es ist dann allerdings der Ratgeber »Handwerker in Haus und Wohnung« zu empfehlen, der ebenfalls in der vorliegenden Reihe erschienen ist. Wollen Sie hingegen eine umfassende energetische Modernisierung Ihres Hauses vornehmen, sollten Sie in jedem Fall strukturiert vorgehen und überlegen, diese Maßnahme mit Fachleuten anzugehen. Vor allem ein Energieberater und ein Architekt können hierbei hilfreich sein.

Qualifizierte Energieberater

Ein qualifizierter Energieberater und ein bei Modernisierungen erfahrener Architekt kosten zwar zunächst Geld, können aber auch helfen, Geld und vor allem nervliche Belastungen zu sparen, denn Ausschreibung, Vertragsschluss und Bauüberwachung der Handwerkerarbeiten, selbst für kleinere Modernisierungen, sind schnell aufreibender als man denkt. Hilfreich ist bei entsprechender Einschaltung vor allem, wenn zunächst einmal durch den Energieberater eine eingehende Untersuchung gemacht wird, wo überhaupt die wesentlichen energetischen Schwächen des Gebäudes liegen und wie diese ggf. behoben werden können. Der Architekt im Zusammenspiel mit einem Haustechnikingenieur kann dann eine übergreifende Lösung planen, indem er alle Bauteile berücksichtigt und in die Planung einbezieht, was ein einzelner Handwerker natürlich zunächst nicht machen würde, denn er würde nachvollziehbarerweise zunächst nur auf sein Gewerk, also beispielsweise den Heizungsbau, sehen.

Qualifizierte Energieberater sind, wie erwähnt, vor allem die vom Bundesamt für Wirtschaft und Ausfuhrkontrolle in Eschborn zugelassene Energieberater. Eine Liste dieser Energieberater, auch von solchen in Ihrer Nähe, finden Sie im Internet unter www.bafa.de.

Wenn Sie eine Modernisierung mit dem Ziel der Energieeinsparung vornehmen und bestimmte Zielvorgaben einhalten, erhalten Sie hierfür zinsvergünstigte Kredite. Einerseits über die KfW-Förderbank (www.kfw-foerderbank.de) aber teilweise auch über die Landeskreditbanken (siehe Anhang). Zusätzlich erhalten Sie staatliche Förderungen beim Einsatz beispielsweise ökologischer Dämmstoffe (www.naturdaemmstoffe.de). Außerdem gibt es das sogenannte Marktanreizprogramm für die Installation von Solaranlagen. Alle Informationen hierzu finden Sie auf den Internetseiten des Bundesamtes für Wirtschaft und Ausfuhrkontrolle (www.bafa.de).

Förderungen

IV. Moderniseren, Aus-, An- und Umbauen mit dem Architekten

Es gibt auch Architekten, die die Dienstleistung der Energieberatung anbieten. Architekten, die gut in der Energieberatung sind, müssen nicht zwangsläufig auch gut bei Ausschreibung, Vertragsverhandlungen und Bauüberwachung sein. Selbst Architekten, die bislang nur Neubauerfahrung haben, müssen nicht automatisch auch sicher im Bereich der Modernisierung sein. Um einen geeigneten Architekten zu finden, ist es daher sinnvoll so vorzugehen, wie bereits in Kapitel F »Bauen mit dem Architekten« dargestellt: Sie sollten ein Musterschreiben, das Ihr Anliegen beschreibt, an eine Reihe von Architekturbüros senden, mit denen Sie zuvor kurz telefonischen Kontakt aufnehmen können, um abzuklären, ob die Büros solche Aufgaben überhaupt wahrnehmen. Ferner sollten die Büros auf alle Fälle bereits (energetische) Modernisierungen durchgeführt und überwacht haben. Ist dies der Fall, können Sie Ihren Brief lossenden, der z.B. wie folgt aussehen könnte:

Familie Mustermann
Musterweg 1
12345 Musterstadt

Herrn
Architekten Meier
Meierweg 2
12345 Musterstadt

Musterstadt, den

Betr.: Umbau unseres Einfamilienhauses

Sehr geehrter Herr Meier,

wir, Familie Mustermann aus Musterstadt, planen eine energetische Modernisierung und einen kleinen Anbau sowie Innenumbau mit Dachgeschossausbau unseres Einfamilienhauses aus dem Jahr 1974. Wir möchten mit der Planung und Bauleitung dieser Umbaumaßnahme einen Architekten aus unserer näheren Umgebung beauftragen und möchten daher auch bei Ihnen anfragen, ob Sie bereits entsprechende Umbauten durchgeführt haben.

Wenn ja, würden wir uns über die Zusendung von Referenzadressen ähnlicher Projekte und Ansprechpartnern auf Bauherrenseite freuen, die Sie bei solchen Projekten betreut haben. Wir würden uns nach Durchsicht der Unterlagen und Besichtigung der Referenzobjekte dann nochmals mit Ihnen in Verbindung setzen.

Mit freundlichen Grüßen

Familie Mustermann

Wenn Sie eine Antwort erhalten, sollten Sie zunächst Kontakt mit den Bauherren der Referenz-Modernisierungen aufnehmen und nach Möglichkeit Vor-Ort-Termine mit diesen vereinbaren. Es ist bei diesen Gesprächen sinnvoll, wenn der Architekt nicht anwesend ist, damit Sie in Ruhe erfahren können, wie die Modernisierung lief. Ohnehin wird Ihnen der Architekt nur seine zufriedenen Bauherren benennen aber mit einer auch in diesem Falle guten Flasche Wein unter dem Arm und einer netten Gesprächsatmosphäre kann man trotz allem ggf. auch dort das ein oder andere Problem erfahren.

Der weitere Ablauf einer energetischen Modernisierung oder eines Umbaus gestaltet sich dann sehr ähnlich wie die in Kapitel F »Bauen mit dem Architekten« beschriebene Vorgehensweise, vom Vertragsschluss mit dem Architekten über die Ausschreibung für die Baumaßnahme, die Handwerkerverträge, die Bauüberwachung, die Rechnungsbearbeitung, die Abnahme und schließlich die Gewährleistung.

Und doch gibt es einige erhebliche Unterschiede. Jeder Umbau birgt eine Unmenge von Überraschungen. Es kann in aller Regel viel aber bei weitem nicht alles geplant werden. Häufig müssen ad hoc Entscheidungen auf der Baustelle getroffen werden, um die Arbeiten nicht zu blockieren. Während der Neubau für viele Handwerksunternehmen Routine ist, ist der Umbau nach wie vor für viele Unternehmen Neuland. Sie benötigen hier vielfach stärkere Baubetreuung. Viele Unternehmen sind beispielsweise auch sehr unsicher im Umgang mit DIN-Normen beim Bauen im Bestand. Diese sind häufig nicht eins zu eins umsetzbar, weil es Grenzkonflikte zwischen Bestandsbau und Modernisierung gibt (beispielsweise schräge Bestandswände oder Decken, auf die neue Oberflächenverkleidungen aufgebracht werden sollen). In all' diesen Fällen benötigen Sie einen versierten Bauleiter, der bautechnisch und baurechtlich sicher entscheidet und dabei auch die Baukosten und Bauzeiten immer im Auge hat.

Dieser erhöhte Aufwand, den Modernisierungen und Umbauten aber auch Instandsetzungen für Architekten und Bauleiter mit sich bringen, schlägt sich in der Honorarordnung für Architekten und Ingenieure (HOAI) nieder. Hier finden sich vor allem drei Regelungen, denen Sie beim Vertragsabschluss mit einem Architekten im Rahmen von Modernisierungen, Umbauten oder Instandsetzungen Aufmerksamkeit schenken müssen, um späteren Ärger über die Berechnungsbasis und die Höhe des zu zahlenden Honorars zu vermeiden: Die sogenannten anrechenbaren Kosten aufgrund der mitverarbeiteten Bausubstanz nach § 10

Achtung Zusatzhonorare

Absatz 3 a der HOAI, der sogenannte Modernisierungszuschlag nach § 24 der HOAI und die Honorare für Leistungen bei Instandhaltungen und Instandsetzungen nach § 27 der HOAI.

Im Einzelnen:

Die mitverarbeitete Bausubstanz:
Bei der mitverarbeiteten Bausubstanz kann es beispielsweise sein, dass im Zuge eines Umbaus eine angrenzende Hauswand oder auch Innenwände oder Innendecken etc. »mitverarbeitet« werden. Ist dies der Fall, hat der Planer die Möglichkeit, den Bauwert dieser mitverarbeiteten Bausubstanz, also die Kosten dieser Bauteile, als Grundlage für seine Honorarermittlung einzubeziehen. Im Falle des Anbaus eines einfachen Wintergartens, dessen Kosten eigentlich die einzige Grundlage zur Honorarermittlung wären, kann dies beispielsweise tatsächlich die Verdopplung des Planerhonorars bedeuten, wenn bei der Grundlage der Honorarermittlung auch die Hauswand, an die der Wintergarten angrenzt, samt Fensterfront sowie die Terrasse auf die der Wintergarten steht, mit einbezogen werden.

Wörtlich heißt es in § 10 Absatz 3a der HOAI hierzu:

> »Vorhandene Bausubstanz, die technisch oder gestalterisch mitverarbeitet wird, ist bei den anrechenbaren Kosten angemessen zu berücksichtigen; der Umfang der Anrechnung bedarf der schriftlichen Vereinbarung.«

Das heißt, Sie sind vor diesem Risiko nur bedingt geschützt, da nur der Umfang der Anrechnung der vorhandenen Bausubstanz schriftlich vereinbart werden muss. Grundsätzlich aber ist die vorhandene Bausubstanz »angemessen zu berücksichtigen«.

Der Modernisierungszuschlag:
Beim Modernisierungszuschlag regelt hier der § 24 Absatz 1 der HOAI folgendes:

> »Honorare für Leistungen bei Umbauten und Modernisierungen im Sinne des § 3 Nr. 5 und 6 sind nach den anrechenbaren Kosten nach § 10, der Honorarzone, der dem Umbau oder die Modernisierung bei sinngemäßer Anwendung des § 11 zuzuordnen ist, den Leistungsphasen des § 15 und der Honorartafel des § 16 mit der Maßgabe zu ermitteln, dass eine Erhöhung der Honorare um einen Vomhundertsatz schriftlich zu vereinbaren ist. Bei der Vereinbarung der Höhe des Zuschlags ist insbesondere der Schwierigkeitsgrad der Leistungen zu berücksichtigen. Bei durchschnittlichem Schwierigkeitsgrad der Leistungen kann ein Zuschlag von 20 bis 33 vom Hundert vereinbart werden. Sofern nicht

IV. Modernisieren, Aus-, An- und Umbauen mit dem Archtitekten

etwas anderes schriftlich vereinbart ist, gilt ab durchschnittlichem Schwierigkeitsgrad ein Zuschlag von 20 vom Hundert als vereinbart.«

20 vom Hundert sind ein Fünftel des Honorars. Auch dies erwähnen Architekten bei Vertragsschluss nicht immer. Daher ist beim Modernisierungszuschlag ebenfalls eine klare vertragliche Regelung – und sei es der Ausschluss – notwendig.

Der Instandhaltungs- bzw. Instandsetzungszuschlag:
Bei Instandhaltungs- bzw. Instandsetzungsmaßnahmen kann für die Leistungsphase 8 (Bauüberwachung) das bis zu Eineinhalbfache des üblichen Satzes vereinbart werden. Wörtlich heißt es in § 27 der HOAI hierzu:

»Honorare für Leistungen bei Instandhaltungen und Instandsetzungen sind nach den anrechenbaren Kosten nach § 10, der Honorarzone, der das Gebäude nach den §§ 11und 12 zuzuordnen ist, den Leistungsphasen des § 15 und der Honorartafel des § 16 mit der Maßgabe zu ermitteln, dass eine Erhöhung des Vomhundertsatzes für die Bauüberwachung (Leistungsphase 8 des § 15) um bis zu 50 vom Hundert vereinbart werden kann.«

Das heißt, auch hier wieder sollten klare, schriftliche Regelungen getroffen werden.

Sie können Zusatzhonorare vertraglich ausschließen. Sie müssen dies natürlich nicht tun, sondern können sich auch mit Ihrem Architekten darüber unterhalten, welches Honorar für seine Aufgabe angemessen ist. Grundsätzlich ist Ihnen der vertragliche Ausschluss von Zusatzvergütungen aber möglich. Sie sollten sich jedenfalls nicht von solchen zusätzlichen Honorarabrechnungspositionen Ihres Architekten überraschen lassen, sondern solche Kostenpunkte und die Höhe der Zusatzvergütung im Vertrag klar benennen oder aber solche Vergütungen klar ausschließen.

Wenn im Rahmen einer Modernisierung erhebliche Eingriffe in das Wohnumfeld geschehen, muss eine Modernisierung sorgfältig vorbereitet werden. Ein einfaches Beispiel: Ein Fenstertausch an extrem kalten Wintertagen gehört nicht zu den günstigsten Planungen. Bei Umbauten können solche Probleme schnell noch komplexer werden, vor allem, wenn auch umfangreiche Innenumbauten notwendig werden.

Ablauf planen

Stehen Aus-, An- und Umbauten an, die ein gewisses Maß an Komplexität übersteigen, sollte ein erfahrener Umbau-Planer eingeschaltet werden. Er sollte Erfahrung im Bereich des Umbaus haben. Selbst ein anscheinend einfacher Dachgeschossausbau kann ohne sorgsame Planung ganz schnell zu erheblichen Folgeproblemen führen, von undichten Dachflächenfenstern über unsachgemäße Dämmung bis hin zu statischen Problemen.

Bausubstanz gut untersuchen

Wie auch immer Sie ein Umbauvorhaben angehen, sehr wichtig ist, dass Sie vor dem Umbau die umzubauende Bausubstanz sehr genau untersuchen. Wissen Sie beispielsweise nicht, aus welchem Material bestimmte Innenwände sind oder was sich unter einem alten Fußboden verbirgt, sollten Sie diese Bauteile partiell öffnen oder öffnen lassen, um zu wissen, was auf die Handwerker beim Umbau zukommt. Eine zu durchbrechende Wand aus Beton ist etwas anderes, als eine zu durchbrechende Wand aus Ziegelsteinen. Eine statisch tragende Wand muss anders durchbrochen werden als eine nichttragende Wand. Eine Wand, in der ein Wasserohr verläuft muss anders durchbrochen werden als eine Wand ohne Installationen etc.

Statik prüfen

Auch die Statik des Gebäudes muss gut untersucht werden. So kann der geplante Einzug einer massiven Trennwand auf einer ungeeigneten Decke oder in einem kritischen Deckenbereich zu Problemen führen. Auch beispielsweise die Doppelverplankung eines Dachstuhls mit Gipskartonplatten kann zu statischen Problemen führen. Überlegen Sie also genau, ob Sie für Ihr Umbauvorhaben wirklich keinen Planer benötigen.

Schadstoffanalyse durchführen

Soweit Sie es mit Schadstoffen oder dem Verdacht auf Schadstoffe zu tun haben, sollten diese ebenfalls im Vorfeld eines Umbaus sehr genau untersucht werden. Stellen Sie während eines Umbaus fest, dass Sie beispielsweise größere Mengen Asbestplatten ausbauen und entsorgen müssen, kann eine aufwändige Umplanung notwendig werden. Auch giftige Holzschutzmittel im Dachgebälk können einen Dachgeschossausbau deutlich aufwändiger werden lassen, als geplant.

Erst wenn Sie also möglichst genau wissen, mit welcher Bausubstanz, mit welchen Baustoffen, ggf. Schadstoffen, Installationen Konstruktionsweisen und statischen Systemen Sie es zu tun haben, können Sie einen geordneten und einigermaßen kostensicheren Umbau planen. Denn all' diese Angaben benötigt ein Fachmann, wenn er eine sorgsame Umbau-Ausschreibung erstellen soll. Aber auch wenn Sie den Umbau ohne Fachplanung durchführen wollen, benötigen Handwerker zur Abgabe eines umfassenden Angebots solche Angaben.

Mehrkosten fast obligatorisch

Trotz aller Vorsichtsmaßnahmen können Sie von vornherein davon ausgehen, dass ein Umbau fast immer teurer wird als geplant, denn das Unplanbare ist nicht immer bis ins Letzte planbar. Rechnen Sie daher grundsätzlich mindestens mit 20 bis 30 % höheren Kosten, als Ihnen benannt werden. Stellen Sie dieses Geld als Rücklage ein, auf die Sie jederzeit zugreifen können. Haben Sie dieses Geld nicht, ist zu überlegen, die Modernisierung oder den Umbau anders anzugehen, z.B. in Schritten mit in sich abgeschlossenen Bauphasen.

Noch mehr als bei Modernisierungen sollte auch bei Umbauten eine gute Ablaufplanung des Umbaus erfolgen, vor allem dann, wenn das Gebäude während des Umbaus bewohnt ist. Sinnvoll ist eine Umbaubeschreibung, in der tatsächlich detailliert aufgelistet wird, welcher Eingriff wann und in welcher Weise erfolgt und was dies dann für die Bewohner bedeutet. Das heißt, es sollte tatsächlich eine Art »Drehbuch« des Umbaus erstellt werden, damit alle Betroffenen die Konsequenzen eines solchen Eingriffs erkennen können:

<small>Umbaubeschreibung anfertigen</small>

Wird beispielsweise ein Bad umgebaut und Dusche und WC sind 14 Tage lang nicht zu benutzen, tauchen ebensogroße Probleme auf, wie wenn Zimmerwände durchgebrochen oder gar ganze Treppen herausgebrochen werden und Räume oder komplette Stockwerke vorübergehend nicht nutzbar sind. Dann muss eine sorgfältige Zeit- und Belegungsplanung erfolgen, um kein Bewohnungschaos entstehen zu lassen. Wenn es sich gar um Mehrfamilienhäuser handelt, wird es schnell sehr komplex und eine parallele Wohn- und Belegungsplanung mit den Betroffenen ist unumgänglich.

Bei der Einschaltung von Handwerkern sind grundsätzliche alle Vorgehensweisen zu beachten, die Sie im Kapitel F »Bauen mit dem Architekten« kennen lernen konnten. Haben Sie keinen Planer für ihr Umbauvorhaben eingeschaltet, sondern schalten die Handwerker direkt ein, empfehlen wir Ihnen, wie erwähnt, dringend den Ratgebertitel »Handwerker in Haus und Wohnung«, der ebenfalls in der vorliegenden Reihe erschienen ist.

Wenn Sie bei Ihrem Umbauvorhaben sogar ganz ohne Handwerker vorgehen wollen und selbst Hand anlegen möchten oder auch nur Teilleistungen gerne selbst erbringen wollen, ist es sehr wichtig, dass Sie gegen Unfälle geschützt sind. Helfen Ihnen Verwandte oder Bekannte, müssen diese über die Bauberufsgenossenschaft versichert werden (www.bgbau.de). Ausführliches zu allen notwendigen Baustellenversicherungen erfahren Sie auch in dem Ratgeber »Versicherung von Haus und Wohnung«, der ebenfalls in der vorliegenden Reihe erschienen ist.

<small>Unfallversicherung nicht vergessen</small>

Bleibt es hingegen beim Umbauen mit dem Architekten, erhalten Sie viele weitere Informationen zum Umbauen mit dem Architekten auch in dem Buch »Bauen und Umbauen mit dem Architekten« derselben Autoren, erschienen im Fraunhofer IRB Verlag (siehe auch Anhang »Weiterführende Literatur«).

Zum Schluss

Ärger beim Bauen entsteht meist in drei Bereichen: Kosten, Qualitäten, Zeiten: Überraschend hohe Rechnungen oder Zusatzrechnungen durch Nachträge, schlechte Bauqualität sowie Bauzeitenverzögerungen sind die häufigsten Quellen für Ärger am Bau. Nicht immer können Sie verhindern, dass es zu Kostenüberschreitungen, Zeitverzögerungen oder Qualitätseinbußen kommt, aber Sie müssen dann wenigstens angemessen darauf reagieren können, ob gegenüber dem Bauträger, dem Generalübernehmer, dem Fertighausanbieter, dem Architekten oder dem einzelnen Handwerker.

Die sicherste Methode, dies zielorientiert zu erreichen ist die präventive Einschaltung von erfahrenen Fachleuten für die Überprüfung der Baubeschreibung und der zu schließenden Verträge sowie Überwachung der Baustelle. Dies sind leider zusätzliche Kosten, die im Zuge eines Bauvorhabens auf Sie zukommen können, aber es dürften die am sinnvollsten investierten Gelder sein, um Bauen ohne Ärger so weit wie möglich zu erreichen.

Wir wünschen Ihnen eine glückliche Hand für Ihre Entscheidungen.

Anhang

Kaufvertragsrecht nach BGB §§ 433 – 453

§ 433 Vertragstypische Pflichten beim Kaufvertrag

(1) Durch den Kaufvertrag wird der Verkäufer einer Sache verpflichtet, dem Käufer die Sache zu übergeben und das Eigentum an der Sache zu verschaffen. Der Verkäufer hat dem Käufer die Sache frei von Sach- und Rechtsmängeln zu verschaffen.
(2) Der Käufer ist verpflichtet, dem Verkäufer den vereinbarten Kaufpreis zu zahlen und die gekaufte Sache abzunehmen.

§ 434 Sachmangel

(1) Die Sache ist frei von Sachmängeln, wenn sie bei Gefahrübergang die vereinbarte Beschaffenheit hat. Soweit die Beschaffenheit nicht vereinbart ist, ist die Sache frei von Sachmängeln,
1. wenn sie sich für die nach dem Vertrag vorausgesetzte Verwendung eignet, sonst
2. wenn sie sich für die gewöhnliche Verwendung eignet und eine Beschaffenheit aufweist, die bei Sachen der gleichen Art üblich ist und die der Käufer nach der Art der Sache erwarten kann.
Zu der Beschaffenheit nach Satz 2 Nr. 2 gehören auch Eigenschaften, die der Käufer nach den öffentlichen Äußerungen des Verkäufers, des Herstellers (§ 4 Abs. 1 und 2 des Produkthaftungsgesetzes) oder seines Gehilfen insbesondere in der Werbung oder bei der Kennzeichnung über bestimmte Eigenschaften der Sache erwarten kann, es sei denn, dass der Verkäufer die Äußerung nicht kannte und auch nicht kennen musste, dass sie im Zeitpunkt des Vertragsschlusses in gleichwertiger Weise berichtigt war oder dass sie die Kaufentscheidung nicht beeinflussen konnte.
(2) Ein Sachmangel ist auch dann gegeben, wenn die vereinbarte Montage durch den Verkäufer oder dessen Erfüllungsgehilfen unsachgemäß durchgeführt worden ist. Ein Sachmangel liegt bei einer zur Montage bestimmten Sache ferner vor, wenn die Montageanleitung mangelhaft ist, es sei denn, die Sache ist fehlerfrei montiert worden.
(3) Einem Sachmangel steht es gleich, wenn der Verkäufer eine andere Sache oder eine zu geringe Menge liefert.

§ 435 Rechtsmangel

Die Sache ist frei von Rechtsmängeln, wenn Dritte in Bezug auf die Sache keine oder nur die im Kaufvertrag übernommenen Rechte gegen den Käufer geltend machen können. Einem Rechtsmangel steht es gleich, wenn im Grundbuch ein Recht eingetragen ist, das nicht besteht.

§ 436 Öffentliche Lasten von Grundstücken

(1) Soweit nicht anders vereinbart, ist der Verkäufer eines Grundstücks verpflichtet, Erschließungsbeiträge und sonstige Anliegerbeiträge für die Maßnahmen zu tragen, die bis zum Tage des Vertragsschlusses bautechnisch begonnen sind, unabhängig vom Zeitpunkt des Entstehens der Beitragsschuld.
(2) Der Verkäufer eines Grundstücks haftet nicht für die Freiheit des Grundstücks von anderen öffentlichen Abgaben und von anderen öffentlichen Lasten, die zur Eintragung in das Grundbuch nicht geeignet sind.

§ 437 Rechte des Käufers bei Mängeln

Ist die Sache mangelhaft, kann der Käufer, wenn die Voraussetzungen der folgenden Vorschriften vorliegen und soweit nicht ein anderes bestimmt ist,
1. nach § 439 Nacherfüllung verlangen,
2. nach den §§ 440, 323 und 326 Abs. 5 von dem Vertrag zurücktreten oder nach § 441 den Kaufpreis mindern und
3. nach den §§ 440, 280, 281, 283 und 311a Schadensersatz oder nach § 284 Ersatz vergeblicher Aufwendungen verlangen.

§ 438 Verjährung der Mängelansprüche

(1) Die in § 437 Nr. 1 und 3 bezeichneten Ansprüche verjähren
1. in 30 Jahren, wenn der Mangel
a) in einem dinglichen Recht eines Dritten, auf Grund dessen Herausgabe der Kaufsache verlangt werden kann, oder
b) in einem sonstigen Recht, das im Grundbuch eingetragen ist, besteht
2. in fünf Jahren
a) bei einem Bauwerk
b) bei einer Sache, die entsprechend ihrer üblichen Verwendungsweise für ein Bauwerk verwendet worden ist und dessen Mangelhaftigkeit verursacht hat, und
3. im Übrigen in zwei Jahren.

(2) Die Verjährung beginnt bei Grundstücken mit der Übergabe, im Übrigen mit der Ablieferung der Sache.
(3) Abweichend von Absatz 1 Nr. 2 und 3 und Absatz 2 verjähren die Ansprüche in der regelmäßigen Verjährungsfrist, wenn der Verkäufer den Mangel arglistig verschwiegen hat. Im Falle des Absatzes 1 Nr. 2 tritt die Verjährung jedoch nicht vor Ablauf der dort bestimmten Frist ein.
(4) Für das in § 437 bezeichnete Rücktrittsrecht gilt § 218. Der Käufer kann trotz einer Unwirksamkeit des Rücktritts nach § 218 Abs. 1 die Zahlung des Kaufpreises insoweit verweigern, als er auf Grund des Rücktritts dazu berechtigt sein würde. Macht er von diesem Recht Gebrauch, kann der Verkäufer vom Vertrag zurücktreten.
(5) Auf das in § 437 bezeichnete Minderungsrecht finden § 218 und Absatz 4 Satz 2 entsprechende Anwendung.

§ 439 Nacherfüllung

(1) Der Käufer kann als Nacherfüllung nach seiner Wahl die Beseitigung des Mangels oder die Lieferung einer mangelfreien Sache verlangen.
(2) Der Verkäufer hat die zum Zwecke der Nacherfüllung erforderlichen Aufwendungen, insbesondere Transport-, Wege-, Arbeits- und Materialkosten zu tragen.
(3) Der Verkäufer kann die vom Käufer gewählte Art der Nacherfüllung unbeschadet des § 275 Abs. 2 und 3 verweigern, wenn sie nur mit unverhältnismäßigen Kosten möglich ist. Dabei sind insbesondere der Wert der Sache in mangelfreiem Zustand, die Bedeutung des Mangels und die Frage zu berücksichtigen, ob auf die andere Art der Nacherfüllung ohne erhebliche Nachteile für den Käufer zurückgegriffen werden könnte. Der Anspruch des Käufers beschränkt sich in diesem Fall auf die andere Art der Nacherfüllung; das Recht des Verkäufers, auch diese unter den Voraussetzungen des Satzes 1 zu verweigern, bleibt unberührt.
(4) Liefert der Verkäufer zum Zwecke der Nacherfüllung eine mangelfreie Sache, so kann er vom Käufer Rückgewähr der mangelhaften Sache nach Maßgabe der §§ 364 bis 384 verlangen.

§ 440 Besondere Bestimmungen für Rücktritt und Schadensersatz

Außer in den Fällen des § 281 Abs. 2 und des § 232 Abs. 2 bedarf es der Fristsetzung auch dann nicht, wenn der Verkäufer beide Arten der Nacherfüllung gemäß § 439 Abs. 3 verweigert oder wenn die dem Käufer zustehende Art der Nacherfüllung fehlgeschlagen oder ihm unzumutbar ist. Eine Nachbesserung gilt nach dem erfolglosen zweiten Versuch als fehlgeschlagen, wenn sich nicht insbesondere aus der Art der Sache oder des Mangels oder den sonstigen Umständen etwas anderes ergibt.

§ 441 Minderung

(1) Statt zurückzutreten, kann der Käufer den Kaufpreis durch Erklärung gegenüber dem Verkäufer mindern. Der Ausschlussgrund des § 323 Abs. 5 Satz 2 findet keine Anwendung.
(2) Sind auf der Seite des Käufers oder auf der Seite des Verkäufers mehrere beteiligt, so kann die Minderung nur von allen oder gegen alle erklärt werden.
(3) Bei der Minderung ist der Kaufpreis in dem Verhältnis herabzusetzen, in welchem zur Zeit des Vertragsschlusses der Wert der Sache in mangelfreiem Zustand zu dem wirklichen Wert gestanden haben würde. Die Minderung ist, soweit erforderlich, durch Schätzung zu ermitteln.
(4) Hat der Käufer mehr als den geminderten Kaufpreis gezahlt, so ist der Mehrbetrag vom Verkäufer zu erstatten. § 346 Abs. 1 und § 347 Abs. 1 finden entsprechende Anwendung.

§ 442 Kenntnis des Käufers

(1) Die Rechte des Käufers wegen eines Mangels sind ausgeschlossen, wenn er bei Vertragsschluss den Mangel kennt. Ist dem Käufer ein Mangel infolge grober Fahrlässigkeit unbekannt geblieben, kann der Käufer Rechte wegen dieses Mangels nur geltend machen, wenn der Verkäufer den Mangel arglistig verschwiegen oder eine Garantie für die Beschaffenheit der Sache übernommen hat.
(2) Ein im Grundbuch eingetragenes Recht hat der Verkäufer zu beseitigen, auch wenn es der Käufer kennt.

§ 443 Beschaffenheits- und Haltbarkeitsgarantie

(1) Übernimmt der Verkäufer oder ein Dritter eine Garantie für die Beschaffenheit der Sache oder dafür, dass die Sache für eine bestimmte Dauer eine bestimmte Beschaffenheit behält (Haltbarkeitsgarantie), so stehen dem Käufer im Garantiefall unbeschadet der gesetzlichen Ansprüche die Rechte aus der Garantie zu den in der Garantieerklärung und der einschlägigen Werbung angegebenen Bedingungen gegenüber demjenigen zu, der die Garantie eingeräumt hat.
(2) Soweit eine Haltbarkeitsgarantie übernommen worden ist, wird vermutet, dass ein während ihrer Geltungsdauer auftretender Sachmangel die Rechte aus der Garantie begründet.

§ 444 Haftungsausschluss

Auf eine Vereinbarung, durch welche die Rechte des Käufers wegen eines Mangels ausgeschlossen oder beschränkt werden, kann sich der Verkäufer nicht berufen, soweit er den Mangel arglistig verschwiegen oder eine Garantie für die Beschaffenheit der Sache übernommen hat.

§ 445 Haftungsbegrenzung bei öffentlichen Versteigerungen

Wird eine Sache auf Grund eines Pfandrechts in einer öffentlichen Versteigerung unter der Bezeichnung als Pfand verkauft, so stehen dem Käufer Rechte wegen eines Mangels nur zu, wenn der Verkäufer den Mangel arglistig verschwiegen oder eine Garantie für die Beschaffenheit der Sache übernommen hat.

§ 446 Gefahr- und Lastenübergang

Mit der Übergabe der verkauften Sache geht die Gefahr des zufälligen Untergangs und der zufälligen Verschlechterung auf den Käufer über. Von der Übergabe an gebühren dem Käufer die Nutzungen und trägt er die Lasten der Sache. Der Übergabe steht es gleich, wenn der Käufer im Verzug der Annahme ist.

§ 447 Gefahrübergang beim Versendungskauf

(1) Versendet der Verkäufer auf Verlangen des Käufers die verkaufte Sache nach einem anderen Ort als dem Erfüllungsort, so geht die Gefahr auf den Käufer über, sobald der Verkäufer die Sache dem Spediteur, dem Frachtführer oder der sonst zur Ausführung der Versendung bestimmten Person oder Anstalt ausgeliefert hat.
(2) Hat der Käufer eine besondere Anweisung über die Art der Versendung erteilt und weicht der Verkäufer ohne dringenden Grund von der Anweisung ab, so ist der Verkäufer dem Käufer für den daraus entstehenden Schaden verantwortlich.

§ 448 Kosten der Übergabe und vergleichbare Kosten

(1) Der Verkäufer trägt die Kosten der Übergabe der Sache, der Käufer die Kosten der Abnahme und der Versendung der Sache nach einem anderen Ort als dem Erfüllungsort.
(2) Der Käufer eines Grundstücks trägt die Kosten der Beurkundung des Kaufvertrags und der Auflassung, der Eintragung ins Grundbuch und der zu der Eintragung erforderlichen Erklärungen.

§ 449 Eigentumsvorbehalt

(1) Hat sich der Verkäufer einer beweglichen Sache das Eigentum bis zur Zahlung des Kaufpreises vorbehalten, so ist im Zweifel anzunehmen, dass das Eigentum unter der aufschiebenden Bedingung vollständiger Zahlung des Kaufpreises übertragen wird (Eigentumsvorbehalt).
(2) Auf Grund des Eigentumsvorbehalts kann der Verkäufer die Sache nur herausverlangen, wenn er vom Vertrag zurückgetreten ist.
(3) Die Vereinbarung eines Eigentumsvorbehalts ist nichtig, soweit der Eigentumsübergang davon abhängig gemacht wird, dass der Käufer Forderungen eines Dritten, insbesondere eines mit dem Verkäufer verbundenen Unternehmens, erfüllt

§ 450 Ausgeschlossene Käufer bei bestimmten Verkäufen

(1) Bei einem Verkauf im Wege der Zwangsvollstreckung dürfen der mit der Vornahme oder Leitung des Verkaufs Beauftragte und die von ihm zugezogenen Gehilfen einschließlich des Protokollführers den zu verkaufenden Gegenstand weder für sich persönlich oder durch einen anderen noch als Vertreter eines anderen kaufen.
(2) Absatz 1 gilt auch bei einem Verkauf außerhalb der Zwangsvollstreckung, wenn der Auftrag zu dem Verkauf auf Grund einer gesetzlichen Vorschrift erteilt worden ist, die den Auftraggeber ermächtigt, den Gegenstand für Rechnung eines anderen verkaufen zu lassen, insbesondere in den Fällen des Pfandverkaufs und des in den §§ 383 und 385 zugelassenen Verkaufs, sowie bei einem Verkauf aus einer Insolvenzmasse.

§ 451 Kauf durch ausgeschlossenen Käufer

(1) Die Wirksamkeit eines dem § 450 zuwider erfolgten Kaufs und der Übertragung des gekauften Gegenstandes hängt von der Zustimmung der bei dem Verkauf als Schuldner, Eigentümer oder Gläubiger Beteiligten ab. Fordert der Käufer einen Beteiligten zur Erklärung über die Genehmigung auf, so findet § 177 Abs. 2 entsprechende Anwendung.
(2) Wird infolge der Verweigerung der Genehmigung ein neuer Verkauf vorgenommen, so hat der frühere Käufer für die Kosten des neuen Verkaufs sowie für einen Mindererlös aufzukommen.

Werkvertragsrecht nach BGB §§ 631 – 651

§ 631 Vertragstypische Pflichten beim Werkvertrag

(1) Durch den Werkvertrag wird der Unternehmer zur Herstellung des versprochenen Werkes, der Besteller zur Entrichtung der vereinbarten Vergütung verpflichtet.
(2) Gegenstand des Werkvertrags kann sowohl die Herstellung oder Veränderung einer Sache als auch ein anderer durch Arbeit oder Dienstleistung herbeizuführender Erfolg sein.

§ 632 Vergütung

(1) Eine Vergütung gilt als stillschweigend vereinbart, wenn die Herstellung des Werkes den Umständen nach nur gegen eine Vergütung zu erwarten ist.
(2) Ist die Höhe der Vergütung nicht bestimmt, so ist bei dem Bestehen einer Taxe die taxmäßige Vergütung, in Ermangelung einer Taxe die übliche Vergütung als vereinbart anzusehen.
(3) Ein Kostenanschlag ist im Zweifel nicht zu vergüten.

§ 632a Abschlagszahlungen

Der Unternehmer kann von dem Besteller für in sich abgeschlossene Teile des Werkes Abschlagszahlungen für die erbrachten vertragsmäßigen Leistungen verlangen. Dies gilt auch für erforderliche Stoffe oder Bauteile, die eigens angefertigt oder angeliefert sind. Der Anspruch besteht nur, wenn dem Besteller Eigentum an den Teilen des Werkes, an den Stoffen oder Bauteilen übertragen oder Sicherheit hierfür geleistet wird.

§ 633 Sach- und Rechtsmangel

(1) Der Unternehmer hat dem Besteller das Werk frei von Sach- und Rechtsmängeln zu verschaffen.
(2) Das Werk ist frei von Sachmängeln, wenn es die vereinbarte Beschaffenheit hat. Soweit die Beschaffenheit nicht vereinbart ist, ist das Werk frei von Sachmängeln,
1. wenn es sich für die nach dem Vertrag vorausgesetzte, sonst
2. für die gewöhnliche Verwendung eignet und eine Beschaffenheit aufweist, die bei Werken der gleichen Art üblich ist und die der Besteller nach der Art des Werkes erwarten kann.
Einem Sachmangel steht es gleich, wenn der Unternehmer ein anderes als das bestellte Werk oder das Werk in zu geringer Menge herstellt.

(3) Das Werk ist frei von Rechtsmängeln, wenn Dritte in Bezug auf das Werk keine oder nur die im Vertrag übernommenen Rechte gegen den Besteller geltend machen können.

§ 634 Rechte des Bestellers bei Mängeln

Ist das Werk mangelhaft, kann der Besteller, wenn die Voraussetzungen der folgenden Vorschriften vorliegen und soweit nicht ein anderes bestimmt ist,
1. nach § 635 Nacherfüllung verlangen,
2. nach § 637 den Mangel selbst beseitigen und Ersatz der erforderlichen Aufwendungen verlangen,
3. nach den §§ 636, 323 und 326 Abs. 5 von dem Vertrag zurücktreten oder nach § 638 die Vergütung mindern und
4. nach den §§ 636, 280, 281, 283 und 311a Schadensersatz oder nach § 284 Ersatz vergeblicher Aufwendungen verlangen.

§ 634a Verjährung der Mängelansprüche

(1) Die in § 634 Nr. 1, 2 und 4 bezeichneten Ansprüche verjähren
1. vorbehaltlich der Nummer 2 in zwei Jahren bei einem Werk, dessen Erfolg in der Herstellung, Wartung oder Veränderung einer Sache oder in der Erbringung von Planungs- oder Überwachungsleistungen hierfür besteht,
2. in fünf Jahren bei einem Bauwerk und einem Werk, dessen Erfolg in der Erbringung von Planungs- oder Überwachungsleistungen hierfür besteht, und
3. im Übrigen in der regelmäßigen Verjährungsfrist.
(2) Die Verjährung beginnt in den Fällen des Absatzes 1 Nr. 1 und 2 mit der Abnahme.
(3) Abweichend von Absatz 1 Nr. 1 und 2 und Absatz 2 verjähren die Ansprüche in der regelmäßigen Verjährungsfrist, wenn der Unternehmer den Mangel arglistig verschwiegen hat. Im Falle des Absatzes 1 Nr. 2 tritt die Verjährung jedoch nicht vor Ablauf der dort bestimmten Frist ein.
(4) Für das in § 634 bezeichnete Rücktrittsrecht gilt § 218. Der Besteller kann trotz einer Unwirksamkeit des Rücktritts nach § 218 Abs. 1 die Zahlung der Vergütung insoweit verweigern, als er auf Grund des Rücktritts dazu berechtigt sein würde. Macht er von diesem Recht Gebrauch, kann der Unternehmer vom Vertrag zurücktreten.
(5) Auf das in § 634 bezeichnete Minderungsrecht finden § 218 und Absatz 4 Satz 2 entsprechende Anwendung.

§ 635 Nacherfüllung

(1) Verlangt der Besteller Nacherfüllung, so kann der Unternehmer nach seiner Wahl den Mangel beseitigen oder ein neues Werk herstellen.
(2) Der Unternehmer hat die zum Zwecke der Nacherfüllung erforderlichen Aufwendungen, insbesondere Transport-, Wege-, Arbeits- und Materialkosten zu tragen.
(3) Der Unternehmer kann die Nacherfüllung unbeschadet des § 275 Abs. 2 und 3 verweigern, wenn sie nur mit unverhältnismäßigen Kosten möglich ist.
(4) Stellt der Unternehmer ein neues Werk her, so kann er vom Besteller Rückgewähr des mangelhaften Werkes nach Maßgabe der §§ 346 bis 348 verlangen.

§ 636 Besondere Bestimmungen für Rücktritt und Schadensersatz

Außer in den Fällen der §§ 281 Abs. 2 und 323 Abs. 2 bedarf es der Fristsetzung auch dann nicht, wenn der Unternehmer die Nacherfüllung gemäß § 635 Abs. 3 verweigert oder wenn die Nacherfüllung fehlgeschlagen oder dem Besteller unzumutbar ist.

§ 637 Selbstvornahme

(1) Der Besteller kann wegen eines Mangels des Werkes nach erfolglosem Ablauf einer von ihm zur Nacherfüllung bestimmten angemessenen Frist den Mangel selbst beseitigen und Ersatz der erforderlichen Aufwendungen verlangen, wenn nicht der Unternehmer die Nacherfüllung zu Recht verweigert.
(2) § 323 Abs. 2 findet entsprechende Anwendung. Der Bestimmung einer Frist bedarf es auch dann nicht, wenn die Nacherfüllung fehlgeschlagen oder dem Besteller unzumutbar ist.
(3) Der Besteller kann von dem Unternehmer für die zur Beseitigung des Mangels erforderlichen Aufwendungen Vorschuss verlangen.

§ 638 Minderung

(1) Statt zurückzutreten, kann der Besteller die Vergütung durch Erklärung gegenüber dem Unternehmer mindern. Der Ausschlussgrund des § 323 Abs. 5 Satz 2 findet keine Anwendung.
(2) Sind auf der Seite des Bestellers oder auf der Seite des Unternehmers mehrere beteiligt, so kann die Minderung nur von allen oder gegen alle erklärt werden.
(3) Bei der Minderung ist die Vergütung in dem Verhältnis herabzusetzen, in welchem zur Zeit des Vertragsschlusses der Wert des Werkes in mangel-

freiem Zustand zu dem wirklichen Wert gestanden haben würde. Die Minderung ist, soweit erforderlich, durch Schätzung zu ermitteln.
(4) Hat der Besteller mehr als die geminderte Vergütung gezahlt, so ist der Mehrbetrag vom Unternehmer zu erstatten. § 346 Abs. 1 und § 347 Abs. 1 finden entsprechende Anwendung.

§ 639 Haftungsausschluss

Auf eine Vereinbarung, durch welche die Rechte des Bestellers wegen eines Mangels ausgeschlossen oder beschränkt werden, kann sich der Unternehmer nicht berufen, soweit er den Mangel arglistig verschwiegen oder eine Garantie für die Beschaffenheit des Werkes übernommen hat.

§ 640 Abnahme

(1) Der Besteller ist verpflichtet, das vertragsmäßig hergestellte Werk abzunehmen, sofern nicht nach der Beschaffenheit des Werkes die Abnahme ausgeschlossen ist. Wegen unwesentlicher Mängel kann die Abnahme nicht verweigert werden. Der Abnahme steht es gleich, wenn der Besteller das Werk nicht innerhalb einer ihm vom Unternehmer bestimmten angemessenen Frist abnimmt, obwohl er dazu verpflichtet ist.
(2) Nimmt der Besteller ein mangelhaftes Werk gemäß Absatz 1 Satz 1 ab, obschon er den Mangel kennt, so stehen ihm die in § 634 Nr. 1 bis 3 bezeichneten Rechte nur zu, wenn er sich seine Rechte wegen des Mangels bei der Abnahme vorbehält.

§ 641 Fälligkeit der Vergütung

(1) Die Vergütung ist bei der Abnahme des Werkes zu entrichten. Ist das Werk in Teilen abzunehmen und die Vergütung für die einzelnen Teile bestimmt, so ist die Vergütung für jeden Teil bei dessen Abnahme zu entrichten.
(2) Die Vergütung des Unternehmers für ein Werk, dessen Herstellung der Besteller einem Dritten versprochen hat, wird spätestens fällig, wenn und soweit der Besteller von dem Dritten für das versprochene Werk wegen dessen Herstellung seine Vergütung oder Teile davon erhalten hat. Hat der Besteller dem Dritten wegen möglicher Mängel des Werkes Sicherheit geleistet, gilt dies nur, wenn der Unternehmer dem Besteller Sicherheit in entsprechender Höhe leistet.
(3) Kann der Besteller die Beseitigung eines Mangels verlangen, so kann er nach der Abnahme die Zahlung eines angemessenen Teils der Vergütung verweigern, mindestens in Höhe des Dreifachen der für die Beseitigung des Mangels erforderlichen Kosten.

(4) Eine in Geld festgesetzte Vergütung hat der Besteller von der Abnahme des Werkes an zu verzinsen, sofern nicht die Vergütung gestundet ist.

§ 641a Fertigstellungsbescheinigung

(1) Der Abnahme steht es gleich, wenn dem Unternehmer von einem Gutachter eine Bescheinigung darüber erteilt wird, dass
1. das versprochene Werk, im Falle des § 641 Abs. 1 Satz 2 auch ein Teil desselben, hergestellt ist und
2. das Werk frei von Mängeln ist, die der Besteller gegenüber dem Gutachter behauptet hat oder die für den Gutachter bei einer Besichtigung feststellbar sind,
(Fertigstellungsbescheinigung). Das gilt nicht, wenn das Verfahren nach den Absätzen 2 bis 4 nicht eingehalten worden ist oder wenn die Voraussetzungen des § 640 Abs. 1 Satz 1 und 2 nicht gegeben waren; im Streitfall hat dies der Besteller zu beweisen. § 640 Abs. 2 ist nicht anzuwenden. Es wird vermutet, dass ein Aufmaß oder eine Stundenlohnabrechnung, die der Unternehmer seiner Rechnung zugrunde legt, zutreffen, wenn der Gutachter dies in der Fertigstellungsbescheinigung bestätigt.
(2) Gutachter kann sein
1. ein Sachverständiger, auf den sich Unternehmer und Besteller verständigt haben, oder
2. ein auf Antrag des Unternehmers durch eine Industrie- und Handelskammer, eine Handwerkskammer, eine Architektenkammer oder eine Ingenieurkammer bestimmter öffentlich bestellter und vereidigter Sachverständiger.
Der Gutachter wird vom Unternehmer beauftragt. Er ist diesem und dem Besteller des zu begutachtenden Werkes gegenüber verpflichtet, die Bescheinigung unparteiisch und nach bestem Wissen und Gewissen zu erteilen.
(3) Der Gutachter muss mindestens einen Besichtigungstermin abhalten; eine Einladung hierzu unter Angabe des Anlasses muss dem Besteller mindestens zwei Wochen vorher zugehen. Ob das Werk frei von Mängeln ist, beurteilt der Gutachter nach einem schriftlichen Vertrag, den ihm der Unternehmer vorzulegen hat. Änderungen dieses Vertrags sind dabei nur zu berücksichtigen, wenn sie schriftlich vereinbart sind oder von den Vertragsteilen übereinstimmend gegenüber dem Gutachter vorgebracht werden. Wenn der Vertrag entsprechende Angaben nicht enthält, sind die allgemein anerkannten Regeln der Technik zugrunde zu legen. Vom Besteller geltend gemachte Mängel bleiben bei der Erteilung der Bescheinigung unberücksichtigt, wenn sie nach Abschluss der Besichtigung vorgebracht werden.
(4) Der Besteller ist verpflichtet, eine Untersuchung des Werkes oder von Teilen desselben durch den Gutachter zu gestatten. Verweigert er die Untersuchung, wird vermutet, dass das zu untersuchende Werk vertragsgemäß hergestellt worden ist; die Bescheinigung nach Absatz 1 ist zu erteilen.

(5) Dem Besteller ist vom Gutachter eine Abschrift der Bescheinigung zu erteilen. In Ansehung von Fristen, Zinsen und Gefahrübergang treten die Wirkungen der Bescheinigung erst mit ihrem Zugang beim Besteller ein.

§ 642 Mitwirkung des Bestellers

(1) Ist bei der Herstellung des Werkes eine Handlung des Bestellers erforderlich, so kann der Unternehmer, wenn der Besteller durch das Unterlassen der Handlung in Verzug der Annahme kommt, eine angemessene Entschädigung verlangen.
(2) Die Höhe der Entschädigung bestimmt sich einerseits nach der Dauer des Verzugs und der Höhe der vereinbarten Vergütung, andererseits nach demjenigen, was der Unternehmer infolge des Verzugs an Aufwendungen erspart oder durch anderweitige Verwendung seiner Arbeitskraft erwerben kann.

§ 643 Kündigung bei unterlassener Mitwirkung

Der Unternehmer ist im Falle des § 642 berechtigt, dem Besteller zur Nachholung der Handlung eine angemessene Frist mit der Erklärung zu bestimmen, dass er den Vertrag kündige, wenn die Handlung nicht bis zum Ablauf der Frist vorgenommen werde. Der Vertrag gilt als aufgehoben, wenn nicht die Nachholung bis zum Ablauf der Frist erfolgt.

§ 644 Gefahrtragung

(1) Der Unternehmer trägt die Gefahr bis zur Abnahme des Werkes. Kommt der Besteller in Verzug der Annahme, so geht die Gefahr auf ihn über. Für den zufälligen Untergang und eine zufällige Verschlechterung des von dem Besteller gelieferten Stoffes ist der Unternehmer nicht verantwortlich.
(2) Versendet der Unternehmer das Werk auf Verlangen des Bestellers nach einem anderen Ort als dem Erfüllungsort, so findet die für den Kauf geltende Vorschrift des § 447 entsprechende Anwendung.

§ 645 Verantwortlichkeit des Bestellers

(1) Ist das Werk vor der Abnahme infolge eines Mangels des von dem Besteller gelieferten Stoffes oder infolge einer von dem Besteller für die Ausführung erteilten Anweisung untergegangen, verschlechtert oder unausführbar geworden, ohne dass ein Umstand mitgewirkt hat, den der Unternehmer zu vertreten hat, so kann der Unternehmer einen der geleisteten Arbeit entsprechenden Teil der Vergütung und Ersatz der in der Ver-

gütung nicht inbegriffenen Auslagen verlangen. Das Gleiche gilt, wenn der Vertrag in Gemäßheit des § 643 aufgehoben wird.
(2) Eine weitergehende Haftung des Bestellers wegen Verschuldens bleibt unberührt.

§ 646 Vollendung statt Abnahme

Ist nach der Beschaffenheit des Werkes die Abnahme ausgeschlossen, so tritt in den Fällen des § 634a Abs. 2 und der §§ 641, 644 und 645 an die Stelle der Abnahme die Vollendung des Werkes.

§ 647 Unternehmerpfandrecht

Der Unternehmer hat für seine Forderungen aus dem Vertrag ein Pfandrecht an den von ihm hergestellten oder ausgebesserten beweglichen Sachen des Bestellers, wenn sie bei der Herstellung oder zum Zwecke der Ausbesserung in seinen Besitz gelangt sind.

§ 648 Sicherungshypothek des Bauunternehmers

(1) Der Unternehmer eines Bauwerks oder eines einzelnen Teiles eines Bauwerks kann für seine Forderungen aus dem Vertrag die Einräumung einer Sicherungshypothek an dem Baugrundstück des Bestellers verlangen. Ist das Werk noch nicht vollendet, so kann er die Einräumung der Sicherungshypothek für einen der geleisteten Arbeit entsprechenden Teil der Vergütung und für die in der Vergütung nicht inbegriffenen Auslagen verlangen.
(2) Der Inhaber einer Schiffswerft kann für seine Forderungen aus dem Bau oder der Ausbesserung eines Schiffes die Einräumung einer Schiffshypothek an dem Schiffsbauwerk oder dem Schiff des Bestellers verlangen; Absatz 1 Satz 2 gilt sinngemäß. § 647 findet keine Anwendung.

§ 648a Bauhandwerkersicherung

(1) Der Unternehmer eines Bauwerks, einer Außenanlage oder eines Teils davon kann vom Besteller Sicherheit für die von ihm zu erbringenden Vorleistungen einschließlich dazugehöriger Nebenforderungen in der Weise verlangen, dass er dem Besteller zur Leistung der Sicherheit eine angemessene Frist mit der Erklärung bestimmt, dass er nach dem Ablauf der Frist seine Leistung verweigere. Sicherheit kann bis zur Höhe des voraussichtlichen Vergütungsanspruchs, wie er sich aus dem Vertrag oder einem nachträglichen Zusatzauftrag ergibt, sowie wegen Nebenforderungen verlangt werden; die Nebenforderungen sind mit 10 vom Hundert des zu sichernden Vergütungsanspruchs anzusetzen. Sie ist auch dann als ausreichend

anzusehen, wenn sich der Sicherungsgeber das Recht vorbehält, sein Versprechen im Falle einer wesentlichen Verschlechterung der Vermögensverhältnisse des Bestellers mit Wirkung für Vergütungsansprüche aus Bauleistungen zu widerrufen, die der Unternehmer bei Zugang der Widerrufserklärung noch nicht erbracht hat.

(2) Die Sicherheit kann auch durch eine Garantie oder ein sonstiges Zahlungsversprechen eines im Geltungsbereich dieses Gesetzes zum Geschäftsbetrieb befugten Kreditinstituts oder Kreditversicherers geleistet werden. Das Kreditinstitut oder der Kreditversicherer darf Zahlungen an den Unternehmer nur leisten, soweit der Besteller den Vergütungsanspruch des Unternehmers anerkennt oder durch vorläufig vollstreckbares Urteil zur Zahlung der Vergütung verurteilt worden ist und die Voraussetzungen vorliegen, unter denen die Zwangsvollstreckung begonnen werden darf.

(3) Der Unternehmer hat dem Besteller die üblichen Kosten der Sicherheitsleistung bis zu einem Höchstsatz von 2 vom Hundert für das Jahr zu erstatten. Dies gilt nicht, soweit eine Sicherheit wegen Einwendungen des Bestellers gegen den Vergütungsanspruch des Unternehmers aufrechterhalten werden muss und die Einwendungen sich als unbegründet erweisen.

(4) Soweit der Unternehmer für seinen Vergütungsanspruch eine Sicherheit nach den Absätzen 1 oder 2 erlangt hat, ist der Anspruch auf Einräumung einer Sicherungshypothek nach § 648 Abs. 1 ausgeschlossen.

(5) Leistet der Besteller die Sicherheit nicht fristgemäß, so bestimmen sich die Rechte des Unternehmers nach den §§ 643 und 645 Abs. 1. Gilt der Vertrag danach als aufgehoben, kann der Unternehmer auch Ersatz des Schadens verlangen, den er dadurch erleidet, dass er auf die Gültigkeit des Vertrags vertraut hat. Dasselbe gilt, wenn der Besteller in zeitlichem Zusammenhang mit dem Sicherheitsverlangen gemäß Absatz 1 kündigt, es sei denn, die Kündigung ist nicht erfolgt, um der Stellung der Sicherheit zu entgehen. Es wird vermutet, dass der Schaden 5 Prozent der Vergütung beträgt.

(6) Die Vorschriften der Absätze 1 bis 5 finden keine Anwendung, wenn der Besteller
1. eine juristische Person des öffentlichen Rechts oder ein öffentlich-rechtliches Sondervermögen ist oder
2. eine natürliche Person ist und die Bauarbeiten zur Herstellung oder Instandsetzung eines Einfamilienhauses mit oder ohne Einliegerwohnung ausführen lässt; dies gilt nicht bei Betreuung des Bauvorhabens durch einen zur Verfügung über die Finanzierungsmittel des Bestellers ermächtigten Baubetreuer.

(7) Eine von den Vorschriften der Absätze 1 bis 5 abweichende Vereinbarung ist unwirksam.

§ 649 Kündigungsrecht des Bestellers

Der Besteller kann bis zur Vollendung des Werkes jederzeit den Vertrag kündigen. Kündigt der Besteller, so ist der Unternehmer berechtigt, die vereinbarte Vergütung zu verlangen; er muss sich jedoch dasjenige anrechnen lassen, was er infolge der Aufhebung des Vertrags an Aufwendungen erspart oder durch anderweitige Verwendung seiner Arbeitskraft erwirbt oder zu erwerben böswillig unterlässt.

§ 650 Kostenanschlag

(1) Ist dem Vertrag ein Kostenanschlag zugrunde gelegt worden, ohne dass der Unternehmer die Gewähr für die Richtigkeit des Anschlags übernommen hat, und ergibt sich, dass das Werk nicht ohne eine wesentliche Überschreitung des Anschlags ausführbar ist, so steht dem Unternehmer, wenn der Besteller den Vertrag aus diesem Grund kündigt, nur der im § 645 Abs. 1 bestimmte Anspruch zu.
(2) Ist eine solche Überschreitung des Anschlags zu erwarten, so hat der Unternehmer dem Besteller unverzüglich Anzeige zu machen.

§ 651 Anwendung des Kaufrechts

Auf einen Vertrag, der die Lieferung herzustellender oder zu erzeugender beweglicher Sachen zum Gegenstand hat, finden die Vorschriften über den Kauf Anwendung. § 442 Abs. 1 Satz 1 findet bei diesen Verträgen auch Anwendung, wenn der Mangel auf den vom Besteller gelieferten Stoff zurückzuführen ist. Soweit es sich bei den herzustellenden oder zu erzeugenden beweglichen Sachen um nicht vertretbare Sachen handelt, sind auch die §§ 642, 643, 645, 649 und 650 mit der Maßgabe anzuwenden, dass an die Stelle der Abnahme der nach den §§ 446 und 447 maßgebliche Zeitpunkt tritt.

Vergabe- und Vertragsordnung für Bauleistungen, Teil B (VOB / B), 2006

§ 1 Art und Umfang der Leistung

1.
Die auszuführende Leistung wird nach Art und Umfang durch den Vertrag bestimmt. Als Bestandteil des Vertrags gelten auch die Allgemeinen Technischen Vertragsbedingungen für Bauleistungen (VOB/C).
2.
Bei Widersprüchen im Vertrag gelten nacheinander:

a) die Leistungsbeschreibung,
b) die Besonderen Vertragsbedingungen,
c) etwaige Zusätzliche Vertragsbedingungen,
d) etwaige Zusätzliche Technische Vertragsbedingungen,
e) die Allgemeinen Technischen Vertragsbedingungen für Bauleistungen,
f) die Allgemeinen Vertragsbedingungen für die Ausführung von Bauleistungen.

3.
Änderungen des Bauentwurfs anzuordnen, bleibt dem Auftraggeber vorbehalten.

4.
Nicht vereinbarte Leistungen, die zur Ausführung der vertraglichen Leistung erforderlich werden, hat der Auftragnehmer auf Verlangen des Auftraggebers mit auszuführen, außer wenn sein Betrieb auf derartige Leistungen nicht eingerichtet ist. Andere Leistungen können dem Auftragnehmer nur mit seiner Zustimmung übertragen werden.

§ 2　Vergütung

1.
Durch die vereinbarten Preise werden alle Leistungen abgegolten, die nach der Leistungsbeschreibung, den Besonderen Vertragsbedingungen, den Zusätzlichen Vertragsbedingungen, den Zusätzlichen Technischen Vertragsbedingungen, den Allgemeinen Technischen Vertragsbedingungen für Bauleistungen und der gewerblichen Verkehrssitte zur vertraglichen Leistung gehören.

2.
Die Vergütung wird nach den vertraglichen Einheitspreisen und den tatsächlich ausgeführten Leistungen berechnet, wenn keine andere Berechnungsart (z. B. durch Pauschalsumme, nach Stundenlohnsätzen, nach Selbstkosten) vereinbart ist.

3.
(1) Weicht die ausgeführte Menge der unter einem Einheitspreis erfassten Leistung oder Teilleistung um nicht mehr als 10 v. H. von dem im Vertrag vorgesehenen Umfang ab, so gilt der vertragliche Einheitspreis.

(2) Für die über 10 v. H. hinausgehende Überschreitung des Mengenansatzes ist auf Verlangen ein neuer Preis unter Berücksichtigung der Mehr- oder Minderkosten zu vereinbaren.

(3) Bei einer über 10 v. H. hinausgehenden Unterschreitung des Mengenansatzes ist auf Verlangen der Einheitspreis für die tatsächlich ausgeführte Menge der Leistung oder Teilleistung zu erhöhen, soweit der Auftragnehmer nicht durch Erhöhung der Mengen bei anderen Ordnungszahlen (Positionen) oder in anderer Weise einen Ausgleich erhält. Die Erhöhung des Einheitspreises soll im Wesentlichen dem Mehrbetrag entsprechen, der sich durch Verteilung der Baustelleneinrichtungs- und Baustellengemein-

kosten und der Allgemeinen Geschäftskosten auf die verringerte Menge ergibt. Die Umsatzsteuer wird entsprechend dem neuen Preis vergütet.
(4) Sind von der unter einem Einheitspreis erfassten Leistung oder Teilleistung andere Leistungen abhängig, für die eine Pauschalsumme vereinbart ist, so kann mit der Änderung des Einheitspreises auch eine angemessene Änderung der Pauschalsumme gefordert werden.

4.

Werden im Vertrag ausbedungene Leistungen des Auftragnehmers vom Auftraggeber selbst übernommen (z. B. Lieferung von Bau-, Bauhilfs- und Betriebsstoffen), so gilt, wenn nichts anderes vereinbart wird, § 8 Nr. 1 Abs. 2 entsprechend.

5.

Werden durch Änderung des Bauentwurfs oder andere Anordnungen des Auftraggebers die Grundlagen des Preises für eine im Vertrag vorgesehene Leistung geändert, so ist ein neuer Preis unter Berücksichtigung der Mehr- oder Minderkosten zu vereinbaren. Die Vereinbarung soll vor der Ausführung getroffen werden.

6.

(1) Wird eine im Vertrag nicht vorgesehene Leistung gefordert, so hat der Auftragnehmer Anspruch auf besondere Vergütung. Er muss jedoch den Anspruch dem Auftraggeber ankündigen, bevor er mit der Ausführung der Leistung beginnt.
(2) Die Vergütung bestimmt sich nach den Grundlagen der Preisermittlung für die vertragliche Leistung und den besonderen Kosten der geforderten Leistung. Sie ist möglichst vor Beginn der Ausführung zu vereinbaren.

7.

(1) Ist als Vergütung der Leistung eine Pauschalsumme vereinbart, so bleibt die Vergütung unverändert. Weicht jedoch die ausgeführte Leistung von der vertraglich vorgesehenen Leistung so erheblich ab, dass ein Festhalten an der Pauschalsumme nicht zumutbar ist (§ 313 BGB), so ist auf Verlangen ein Ausgleich unter Berücksichtigung der Mehr- oder Minder- kosten zu gewähren. Für die Bemessung des Ausgleichs ist von den Grundlagen der Preisermittlung auszugehen.
(2) Die Regelungen der Nr. 4, 5 und 6 gelten auch bei Vereinbarung einer Pauschalsumme.
(3) Wenn nichts anderes vereinbart ist, gelten die Absätze 1 und 2 auch für Pauschalsummen, die für Teile der Leistung vereinbart sind; Nummer 3 Abs. 4 bleibt unberührt.

8.

(1) Leistungen, die der Auftragnehmer ohne Auftrag oder unter eigenmächtiger Abweichung vom Auftrag ausführt, werden nicht vergütet. Der Auftragnehmer hat sie auf Verlangen innerhalb einer angemessenen Frist zu beseitigen; sonst kann es auf seine Kosten geschehen. Er haftet außerdem für andere Schäden, die dem Auftraggeber hieraus entstehen.
(2) Eine Vergütung steht dem Auftragnehmer jedoch zu, wenn der Auftraggeber solche Leistungen nachträglich anerkennt. Eine Vergütung steht ihm auch zu, wenn die Leistungen für die Erfüllung des Vertrags notwen-

dig waren, dem mutmaßlichen Willen des Auftraggebers entsprachen und ihm unverzüglich angezeigt wurden. Soweit dem Auftragnehmer eine Vergütung zusteht, gelten die Berechnungsgrundlagen für geänderte oder zusätzliche Leistungen der Nummer 5 oder 6 entsprechend.
(3) Die Vorschriften des BGB über die Geschäftsführung ohne Auftrag (§§ 677 ff. BGB) bleiben unberührt.

9.
(1) Verlangt der Auftraggeber Zeichnungen, Berechnungen oder andere Unterlagen, die der Auftragnehmer nach dem Vertrag, besonders den Technischen Vertragsbedingungen oder der gewerblichen Verkehrssitte, nicht zu beschaffen hat, so hat er sie zu vergüten.
(2) Lässt er vom Auftragnehmer nicht aufgestellte technische Berechnungen durch den Auftragnehmer nachprüfen, so hat er die Kosten zu tragen.

10.
Stundenlohnarbeiten werden nur vergütet, wenn sie als solche vor ihrem Beginn ausdrücklich vereinbart worden sind (§ 15).

§ 3 Ausführungsunterlagen

1.
Die für die Ausführung nötigen Unterlagen sind dem Auftragnehmer unentgeltlich und rechtzeitig zu übergeben.

2.
Das Abstecken der Hauptachsen der baulichen Anlagen, ebenso der Grenzen des Geländes, das dem Auftragnehmer zur Verfügung gestellt wird, und das Schaffen der notwendigen Höhenfestpunkte in unmittelbarer Nähe der baulichen Anlagen sind Sache des Auftraggebers.

3.
Die vom Auftraggeber zur Verfügung gestellten Geländeaufnahmen und Absteckungen und die übrigen für die Ausführung übergebenen Unterlagen sind für den Auftragnehmer maßgebend. Jedoch hat er sie, soweit es zur ordnungsgemäßen Vertragserfüllung gehört, auf etwaige Unstimmigkeiten zu überprüfen und den Auftraggeber auf entdeckte oder vermutete Mängel hinzuweisen.

4.
Vor Beginn der Arbeiten ist, soweit notwendig, der Zustand der Straßen und Geländeoberfläche, der Vorfluter und Vorflutleitungen, ferner der baulichen Anlagen im Baubereich in einer Niederschrift festzuhalten, die vom Auftraggeber und Auftragnehmer anzuerkennen ist.

5.
Zeichnungen, Berechnungen, Nachprüfungen von Berechnungen oder andere Unterlagen, die der Auftragnehmer nach dem Vertrag, besonders den Technischen Vertragsbedingungen, oder der gewerblichen Verkehrssitte oder auf besonderes Verlangen des Auftraggebers (§ 2 Nr. 9) zu beschaffen hat, sind dem Auftraggeber nach Aufforderung rechtzeitig vorzulegen.

6.

(1) Die in Nummer 5 genannten Unterlagen dürfen ohne Genehmigung ihres Urhebers nicht veröffentlicht, vervielfältigt, geändert oder für einen anderen als den vereinbarten Zweck benutzt werden.

(2) An DV-Programmen hat der Auftraggeber das Recht zur Nutzung mit den vereinbarten Leistungsmerkmalen in unveränderter Form auf den festgelegten Geräten. Der Auftraggeber darf zum Zwecke der Datensicherung zwei Kopien herstellen. Diese müssen alle Identifikationsmerkmale enthalten. Der Verbleib der Kopien ist auf Verlangen nachzuweisen.

(3) Der Auftragnehmer bleibt unbeschadet des Nutzungsrechts des Auftraggebers zur Nutzung der Unterlagen und der DV-Programme berechtigt.

§ 4 Ausführung

1.

(1) Der Auftraggeber hat für die Aufrechterhaltung der allgemeinen Ordnung auf der Baustelle zu sorgen und das Zusammenwirken der verschiedenen Unternehmer zu regeln. Er hat die erforderlichen öffentlich-rechtlichen Genehmigungen und Erlaubnisse - z. B. nach dem Baurecht, dem Straßenverkehrsrecht, dem Wasserrecht, dem Gewerberecht - herbeizuführen.

(2) Der Auftraggeber hat das Recht, die vertragsmäßige Ausführung der Leistung zu überwachen. Hierzu hat er Zutritt zu den Arbeitsplätzen, Werkstätten und Lagerräumen, wo die vertragliche Leistung oder Teile von ihr hergestellt oder die hierfür bestimmten Stoffe und Bauteile gelagert werden. Auf Verlangen sind ihm die Werkzeichnungen oder andere Ausführungsunterlagen sowie die Ergebnisse von Güteprüfungen zur Einsicht vorzulegen und die erforderlichen Auskünfte zu erteilen, wenn hierdurch keine Geschäftsgeheimnisse preisgegeben werden. Als Geschäftsgeheimnis bezeichnete Auskünfte und Unterlagen hat er vertraulich zu behandeln.

(3) Der Auftraggeber ist befugt, unter Wahrung der dem Auftragnehmer zustehenden Leitung (Nummer 2) Anordnungen zu treffen, die zur vertragsgemäßen Ausführung der Leistung notwendig sind. Die Anordnungen sind grundsätzlich nur dem Auftragnehmer oder seinem für die Leistung der Ausführung bestellten Vertreter zu erteilen, außer wenn Gefahr im Verzug ist. Dem Auftraggeber ist mitzuteilen, wer jeweils als Vertreter des Auftragnehmers für die Leitung der Ausführung bestellt ist.

(4) Hält der Auftragnehmer die Anordnung des Auftraggebers für unberechtigt oder unzweckmäßig, so hat er seine Bedenken geltend zu machen, die Anordnungen jedoch auf Verlangen auszuführen, wenn nicht gesetzliche oder behördliche Bestimmungen entgegenstehen. Wenn dadurch eine ungerechtfertige Erschwerung verursacht wird, hat der Auftraggeber die Mehrkosten zu tragen.

2.

(1) Der Auftragnehmer hat die Leistung unter eigener Verantwortung nach dem Vertrag auszuführen. Dabei hat er die anerkannten Regeln der Tech-

nik und die gesetzlichen und behördlichen Bestimmungen zu beachten. Es ist seine Sache, die Ausführung seiner vertraglichen Leistung zu leiten und für Ordnung auf seiner Arbeitsstelle zu sorgen.

(2) Er ist für die Erfüllung der gesetzlichen, behördlichen und berufsgenossenschaftlichen Verpflichtungen gegenüber seinen Arbeitnehmern allein verantwortlich. Es ist ausschließlich seine Aufgabe, die Vereinbarungen und Maßnahmen zu treffen, die sein Verhältnis zu den Arbeitnehmern regeln.

3.

Hat der Auftragnehmer Bedenken gegen die vorgesehene Art der Ausführung (auch wegen der Sicherung gegen Unfallgefahren), gegen die Güte der vom Auftraggeber gelieferten Stoffe oder Bauteile oder gegen die Leistungen anderer Unternehmer, so hat er sie dem Auftraggeber unverzüglich - möglichst schon vor Beginn der Arbeiten - schriftlich mitzuteilen; der Auftraggeber bleibt jedoch für seine Angaben, Anordnungen oder Lieferungen verantwortlich.

4.

Der Auftraggeber hat, wenn nichts anderes vereinbart ist, dem Auftragnehmer unentgeltlich zur Benutzung oder Mitbenutzung zu überlassen:

a) die notwendigen Lager- und Arbeitsplätze auf der Baustelle,
b) vorhandene Zufahrtswege und Anschlussgleise,
c) vorhandene Anschlüsse für Wasser und Energie. Die Kosten für den Verbrauch und den Messer oder Zähler trägt der Auftragnehmer, mehrere Auftragnehmer tragen sie anteilig.

5.

Der Auftragnehmer hat die von ihm ausgeführten Leistungen und die ihm für die Ausführung übergebenen Gegenstände bis zur Abnahme vor Beschädigung und Diebstahl zu schützen. Auf Verlangen des Auftraggebers hat er sie vor Winterschäden und Grundwasser zu schützen, ferner Schnee und Eis zu beseitigen. Obliegt ihm die Verpflichtung nach Satz 2 nicht schon nach dem Vertrag, so regelt sich die Vergütung nach § 2 Nr. 6.

6.

Stoffe oder Bauteile, die dem Vertrag oder den Proben nicht entsprechen, sind auf Anordnung des Auftraggebers innerhalb einer von ihm bestimmten Frist von der Baustelle zu entfernen. Geschieht es nicht, so können sie auf Kosten des Auftragnehmers entfernt oder für seine Rechnung veräußert werden.

7.

Leistungen, die schon während der Ausführung als mangelhaft oder vertragswidrig erkannt werden, hat der Auftragnehmer auf eigene Kosten durch mangelfreie zu ersetzen. Hat der Auftragnehmer den Mangel oder die Vertragswidrigkeit zu vertreten, so hat er auch den daraus entstehenden Schaden zu ersetzen. Kommt der Auftragnehmer der Pflicht zur Beseitigung des Mangels nicht nach, so kann ihm der Auftraggeber eine angemessene Frist zur Beseitigung des Mangels setzen und erklären, dass er ihm nach fruchtlosem Ablauf der Frist den Auftrag entziehe (§ 8 Nr. 3).

8.
(1) Der Auftragnehmer hat die Leistung im eigenen Betrieb auszuführen. Mit schriftlicher Zustimmung des Auftraggebers darf er sie an Nachunternehmer übertragen. Die Zustimmung ist nicht notwendig bei Leistungen, auf die der Betrieb des Auftragnehmers nicht eingerichtet ist. Erbringt der Auftragnehmer ohne schriftliche Zustimmung des Auftraggebers Leistungen nicht im eigenen Betrieb, obwohl sein Betrieb darauf eingerichtet ist, kann der Auftraggeber ihm eine angemessene Frist zur Aufnahme der Leistung im eigenen Betrieb setzen und erklären, dass er ihm nach fruchtlosem Ablauf der Frist den Auftrag entziehe (§ 8 Nr. 3).
(2) Der Auftragnehmer hat bei der Weitervergabe von Bauleistungen an Nachunternehmer die Vergabe- und Vertragsordnung für Bauleistungen Teile B und C zugrunde zu legen.
(3) Der Auftragnehmer hat die Nachunternehmer dem Auftraggeber auf Ver-langen bekannt zu geben.
9.
Werden bei Ausführung der Leistung auf einem Grundstück Gegenstände von Altertums-, Kunst- oder wissenschaftlichem Wert entdeckt, so hat der Auftragnehmer vor jedem weiteren Aufdecken oder Ändern dem Auftraggeber den Fund anzuzeigen und ihm die Gegenstände nach näherer Weisung abzuliefern. Die Vergütung etwaiger Mehrkosten regelt sich nach § 2 Nr. 6. Die Rechte des Entdeckers (§ 984 BGB) hat der Auftraggeber.
10.
Der Zustand von Teilen der Leistung ist auf Verlangen gemeinsam von Auftraggeber und Auftragnehmer festzustellen, wenn diese Teile der Leistung durch die weitere Ausführung der Prüfung und Feststellung entzogen werden. Das Ergebnis ist schriftlich niederzulegen.

§ 5 Ausführungsfristen

1.
Die Ausführung ist nach den verbindlichen Fristen (Vertragsfristen) zu beginnen, angemessen zu fördern und zu vollenden. In einem Bauzeitenplan enthaltene Einzelfristen gelten nur dann als Vertragsfristen, wenn dies im Vertrag ausdrücklich vereinbart ist.
2.
Ist für den Beginn der Ausführung keine Frist vereinbart, so hat der Auftraggeber dem Auftragnehmer auf Verlangen Auskunft über den voraussichtlichen Beginn zu erteilen. Der Auftragnehmer hat innerhalb von 12 Werktagen nach Aufforderung zu beginnen. Der Beginn der Ausführung ist dem Auftraggeber anzuzeigen.
3.
Wenn Arbeitskräfte, Geräte, Gerüste, Stoffe oder Bauteile so unzureichend sind, dass die Ausführungsfristen offenbar nicht eingehalten werden können, muss der Auftragnehmer auf Verlangen unverzüglich Abhilfe schaffen.

4.
Verzögert der Auftragnehmer den Beginn der Ausführung, gerät er mit der Vollendung in Verzug, oder kommt er der in Nummer 3 erwähnten Verpflichtung nicht nach, so kann der Auftraggeber bei Aufrechterhaltung des Vertrages Schadensersatz nach § 6 Nr. 6 verlangen oder dem Auftragnehmer eine angemessene Frist zur Vertragserfüllung setzen und erklären, dass er ihm nach fruchtlosem Ablauf der Frist den Auftrag entziehe (§ 8 Nr. 3).

§ 6 Behinderung und Unterbrechung der Ausführung

1.
Glaubt sich der Auftragnehmer in der ordnungsgemäßen Ausführung der Leistung behindert, so hat er es dem Auftraggeber unverzüglich schriftlich anzuzeigen. Unterlässt er die Anzeige, so hat er nur dann Anspruch auf Berücksichtigung der hindernden Umstände, wenn dem Auftraggeber offenkundig die Tatsache und deren hindernde Wirkung bekannt waren.
2.
(1) Ausführungsfristen werden verlängert, soweit die Behinderung verursacht ist:
a) durch einen Umstand aus dem Risikobereich des Auftraggebers,
b) durch Streik oder eine von der Berufsvertretung der Arbeitgeber angeordnete Aussperrung im Betrieb des Auftragnehmers oder in einem unmittelbar für ihn arbeitenden Betrieb,
c) durch höhere Gewalt oder andere für den Auftragnehmer unabwendbare Umstände.
(2) Witterungseinflüsse während der Ausführungszeit, mit denen bei Abgabe des Angebots normalerweise gerechnet werden musste, gelten nicht als Behinderung.
3.
Der Auftragnehmer hat alles zu tun, was ihm billigerweise zugemutet werden kann, um die Weiterführung der Arbeiten zu ermöglichen. Sobald die hindernden Umstände wegfallen, hat er ohne weiteres und unverzüglich die Arbeiten wieder aufzunehmen und den Auftraggeber davon zu benachrichtigen.
4.
Die Fristverlängerung wird berechnet nach der Dauer der Behinderung mit einem Zuschlag für die Wiederaufnahme der Arbeiten und die etwaige Verschiebung in eine ungünstigere Jahreszeit.
5.
Wird die Ausführung für voraussichtlich längere Dauer unterbrochen, ohne dass die Leistung dauernd unmöglich wird, so sind die ausgeführten Leistungen nach den Vertragspreisen abzurechnen und außerdem die Kosten zu vergüten, die dem Auftragnehmer bereits entstanden und in den Vertragspreisen des nicht ausgeführten Teils der Leistung enthalten sind.

6.
Sind die hindernden Umstände von einem Vertragsteil zu vertreten, so hat der andere Teil Anspruch auf Ersatz des nachweislich entstandenen Schadens, des entgangenen Gewinns aber nur bei Vorsatz oder grober Fahrlässigkeit. Im Übrigen bleibt der Anspruch des Auftragnehmers auf angemessene Entschädigung nach § 642 BGB unberührt, sofern die Anzeige nach Nr. 1 Satz 1 erfolgt oder wenn Offenkundigkeit nach Nr. 1 Satz 2 gegeben ist.
7.
Dauert eine Unterbrechung länger als 3 Monate, so kann jeder Teil nach Ablauf dieser Zeit den Vertrag schriftlich kündigen. Die Abrechnung regelt sich nach den Nummern 5 und 6; wenn der Auftragnehmer die Unterbrechung nicht zu vertreten hat, sind auch die Kosten der Baustellenräumung zu vergüten, soweit sie nicht in der Vergütung für die bereits ausgeführten Leistungen enthalten sind.

§ 7 Verteilung der Gefahr

1.
Wird die ganz oder teilweise ausgeführte Leistung vor der Abnahme durch höhere Gewalt, Krieg, Aufruhr oder andere objektiv unabwendbare vom Auftragnehmer nicht zu vertretende Umstände beschädigt oder zerstört, so hat dieser für die ausgeführten Teile der Leistung die Ansprüche nach § 6 Nr. 5; für andere Schäden besteht keine gegenseitige Ersatzpflicht.
2.
Zu der ganz oder teilweise ausgeführten Leistung gehören alle mit der baulichen Anlage unmittelbar verbundenen, in ihre Substanz eingegangenen Leistungen, unabhängig von deren Fertigstellungsgrad.
3.
Zu der ganz oder teilweise ausgeführten Leistung gehören nicht die noch nicht eingebauten Stoffe und Bauteile sowie die Baustelleneinrichtung und Absteckungen. Zu der ganz oder teilweise ausgeführten Leistung gehören ebenfalls nicht Baubehelfe, z. B. Gerüste, auch wenn diese als Besondere Leistung oder selbständig vergeben sind.

§ 8 Kündigung durch den Auftraggeber

1.
(1) Der Auftraggeber kann bis zur Vollendung der Leistung jederzeit den Vertrag kündigen.
(2) Dem Auftragnehmer steht die vereinbarte Vergütung zu. Er muss sich jedoch anrechnen lassen, was er infolge der Aufhebung des Vertrags an Kosten erspart oder durch anderweitige Verwendung seiner Arbeitskraft und seines Betriebs erwirbt oder zu erwerben böswillig unterlässt (§ 649 BGB).

2.
(1) Der Auftraggeber kann den Vertrag kündigen, wenn der Auftragnehmer seine Zahlungen einstellt, von ihm oder zulässigerweise vom Auftraggeber oder einem anderen Gläubiger das Insolvenzverfahren (§§ 14 und 15 InsO) beziehungsweise ein vergleichbares gesetzliches Verfahren beantragt ist, ein solches Verfahren eröffnet wird oder dessen Eröffnung mangels Masse abgelehnt wird.
(2) Die ausgeführten Leistungen sind nach § 6 Nr. 5 abzurechnen. Der Auftraggeber kann Schadensersatz wegen Nichterfüllung des Restes verlangen.
3.
(1) Der Auftraggeber kann den Vertrag kündigen, wenn in den Fällen des § 4 Nr. 7 und 8 Abs. 1 und des § 5 Nr. 4 die gesetzte Frist fruchtlos abgelaufen ist (Entziehung des Auftrags).
Die Entziehung des Auftrags kann auf einen in sich abgeschlossenen Teil der vertraglichen Leistung beschränkt werden.
(2) Nach der Entziehung des Auftrags ist der Auftraggeber berechtigt, den noch nicht vollendeten Teil der Leistung zu Lasten des Auftragnehmers durch einen Dritten ausführen zu lassen, doch bleiben seine Ansprüche auf Ersatz des etwa entstehenden weiteren Schadens bestehen. Er ist auch berechtigt, auf die weitere Ausführung zu verzichten und Schadensersatz wegen Nichterfüllung zu verlangen, wenn die Ausführung aus den Gründen, die zur Entziehung des Auftrags geführt haben, für ihn kein Interesse mehr hat.
(3) Für die Weiterführung der Arbeiten kann der Auftraggeber Geräte, Gerüste, auf der Baustelle vorhandene andere Einrichtungen und angelieferte Stoffe und Bauteile gegen angemessene Vergütung in Anspruch nehmen.
(4) Der Auftraggeber hat dem Auftragnehmer eine Aufstellung über die entstandenen Mehrkosten und über seine anderen Ansprüche spätestens binnen 12 Werktagen nach Abrechnung mit dem Dritten zuzusenden.
4.
Der Auftraggeber kann den Auftrag entziehen, wenn der Auftragnehmer aus Anlass der Vergabe eine Abrede getroffen hatte, die eine unzulässige Wettbewerbsbeschränkung darstellt. Die Kündigung ist innerhalb von 12 Werktagen nach Bekanntwerden des Kündigungsgrundes auszusprechen. Nummer 3 gilt entsprechend.
5.
Die Kündigung ist schriftlich zu erklären.
6.
Der Auftragnehmer kann Aufmaß und Abnahme der von ihm ausgeführten Leistungen alsbald nach der Kündigung verlangen; er hat unverzüglich eine prüfbare Rechnung über die ausgeführten Leistungen vorzulegen.
7.
Eine wegen Verzugs verwirkte, nach Zeit bemessene Vertragsstrafe kann nur für die Zeit bis zum Tag der Kündigung des Vertrags gefordert werden.

§ 9 Kündigung durch den Auftragnehmer

1.
Der Auftragnehmer kann den Vertrag kündigen:
a) wenn der Auftraggeber eine ihm obliegende Handlung unterlässt und dadurch den Auftragnehmer außerstande setzt, die Leistung auszuführen (Annahmeverzug nach § 293 ff. BGB),
b) wenn der Auftraggeber eine fällige Zahlung nicht leistet oder sonst in Schuldnerverzug gerät.

2.
Die Kündigung ist schriftlich zu erklären. Sie ist erst zulässig, wenn der Auftragnehmer dem Auftraggeber ohne Erfolg eine angemessene Frist zur Vertragserfüllung gesetzt und erklärt hat, dass er nach fruchtlosem Ablauf der Frist den Vertrag kündigen werde.

3.
Die bisherigen Leistungen sind nach den Vertragspreisen abzurechnen. Außerdem hat der Auftragnehmer Anspruch auf angemessene Entschädigung nach § 642 BGB; etwaige weitergehende Ansprüche des Auftragnehmers bleiben unberührt.

§ 10 Haftung der Vertragsparteien

1.
Die Vertragsparteien haften einander für eigenes Verschulden sowie für das Verschulden ihrer gesetzlichen Vertreter und der Personen, deren sie sich zur Erfüllung ihrer Verbindlichkeiten bedienen (§§ 276, 278 BGB).

2.
(1) Entsteht einem Dritten im Zusammenhang mit der Leistung ein Schaden, für den auf Grund gesetzlicher Haftpflichtbestimmungen beide Vertragsparteien haften, so gelten für den Ausgleich zwischen den Vertragsparteien die allgemeinen gesetzlichen Bestimmungen, soweit im Einzelfall nichts anderes vereinbart ist. Soweit der Schaden des Dritten nur die Folge einer Maßnahme ist, die der Auftraggeber in dieser Form angeordnet hat, trägt er den Schaden allein, wenn ihn der Auftragnehmer auf die mit der angeordneten Ausführung verbundene Gefahr nach § 4 Nr. 3 hingewiesen hat.
(2) Der Auftragnehmer trägt den Schaden allein, soweit er ihn durch Versicherung seiner gesetzlichen Haftpflicht gedeckt hat oder durch eine solche zu tarifmäßigen, nicht auf außergewöhnliche Verhältnisse abgestellten Prämien und Prämienzuschlägen bei einem im Inland zum Geschäftsbetrieb zugelassenen Versicherer hätte decken können.

3.
Ist der Auftragnehmer einem Dritten nach den § 823 ff. BGB zu Schadensersatz verpflichtet wegen unbefugten Betretens oder Beschädigung angrenzender Grundstücke, wegen Entnahme oder Auflagerung von Boden oder anderen Gegenständen außerhalb der vom Auftraggeber dazu angewiese-

nen Flächen oder wegen der Folgen eigenmächtiger Versperrung von Wegen oder Wasserläufen, so trägt er im Verhältnis zum Auftraggeber den Schaden allein.

4.

Für die Verletzung gewerblicher Schutzrechte haftet im Verhältnis der Vertragsparteien zueinander der Auftragnehmer allein, wenn er selbst das geschützte Verfahren oder die Verwendung geschützter Gegenstände angeboten oder wenn der Auftraggeber die Verwendung vorgeschrieben und auf das Schutzrecht hingewiesen hat.

5.

Ist eine Vertragspartei gegenüber der anderen nach den Nummern 2, 3 oder 4 von der Ausgleichspflicht befreit, so gilt diese Befreiung auch zugunsten ihrer gesetzlichen Vertreter und Erfüllungsgehilfen, wenn sie nicht vorsätzlich oder grob fahrlässig gehandelt haben.

6.

Soweit eine Vertragspartei von dem Dritten für einen Schaden in Anspruch genommen wird, den nach den Nummern 2, 3 oder 4 die andere Vertragspartei zu tragen hat, kann sie verlangen, dass ihre Vertragspartei sie von der Verbindlichkeit gegenüber dem Dritten befreit. Sie darf den Anspruch des Dritten nicht anerkennen oder befriedigen, ohne der anderen Vertragspartei vorher Gelegenheit zur Äußerung gegeben zu haben.

§ 11 Vertragsstrafe

1.

Wenn Vertragsstrafen vereinbart sind, gelten die § 339 bis 345 BGB.

2.

Ist die Vertragsstrafe für den Fall vereinbart, dass der Auftragnehmer nicht in der vorgesehenen Frist erfüllt, so wird sie fällig, wenn der Auftragnehmer in Verzug gerät.

3.

Ist die Vertragsstrafe nach Tagen bemessen, so zählen nur Werktage; ist sie nach Wochen bemessen, so wird jeder Werktag angefangener Wochen als 1/6 Woche gerechnet.

4.

Hat der Auftraggeber die Leistung abgenommen, so kann er die Strafe nur verlangen, wenn er dies bei der Abnahme vorbehalten hat.

§ 12 Abnahme

1.

Verlangt der Auftragnehmer nach der Fertigstellung - gegebenenfalls auch vor Ablauf der vereinbarten Ausführungsfrist - die Abnahme der Leistung, so hat sie der Auftraggeber binnen 12 Werktagen durchzuführen; eine andere Frist kann vereinbart werden.

2.
Auf Verlangen sind in sich abgeschlossene Teile der Leistung besonders abzunehmen.
3.
Wegen wesentlicher Mängel kann die Abnahme bis zur Beseitigung verweigert werden.
4.
(1) Eine förmliche Abnahme hat stattzufinden, wenn eine Vertragspartei es verlangt. Jede Partei kann auf ihre Kosten einen Sachverständigen zuziehen. Der Befund ist in gemeinsamer Verhandlung schriftlich niederzulegen. In die Niederschrift sind etwaige Vorbehalte wegen bekannter Mängel und wegen Vertragsstrafen aufzunehmen, ebenso etwaige Einwendungen des Auftragnehmers. Jede Partei erhält eine Ausfertigung.
(2) Die förmliche Abnahme kann in Abwesenheit des Auftragnehmers stattfinden, wenn der Termin vereinbart war oder der Auftraggeber mit genügender Frist dazu eingeladen hatte. Das Ergebnis der Abnahme ist dem Auftragnehmer alsbald mitzuteilen.
5.
(1) Wird keine Abnahme verlangt, so gilt die Leistung als abgenommen mit Ablauf von 12 Werktagen nach schriftlicher Mitteilung über die Fertigstellung der Leistung.
(2) Wird keine Abnahme verlangt und hat der Auftraggeber die Leistung oder einen Teil der Leistung in Benutzung genommen, so gilt die Abnahme nach Ablauf von 6 Werktagen nach Beginn der Benutzung als erfolgt, wenn nichts anderes vereinbart ist. Die Benutzung von Teilen einer baulichen Anlage zur Weiterführung der Arbeiten gilt nicht als Abnahme.
(3) Vorbehalte wegen bekannter Mängel oder wegen Vertragsstrafen hat der Auftraggeber spätestens zu den in den Absätzen 1 und 2 bezeichneten Zeitpunkten geltend zu machen.
6.
Mit der Abnahme geht die Gefahr auf den Auftraggeber über, soweit er sie nicht schon nach § 7 trägt.

§ 13   Mängelansprüche

1.
Der Auftragnehmer hat dem Auftraggeber seine Leistung zum Zeitpunkt der Abnahme frei von Sachmängeln zu verschaffen. Die Leistung ist zur Zeit der Abnahme frei von Sachmängeln, wenn sie die vereinbarte Beschaffenheit hat und den anerkannten Regeln der Technik entspricht. Ist die Beschaffenheit nicht vereinbart, so ist die Leistung zur Zeit der Abnahme frei von Sachmängeln,
a) wenn sie sich für die nach dem Vertrag vorausgesetzte, sonst
b) für die gewöhnliche Verwendung eignet und eine Beschaffenheit aufweist, die bei Werken der gleichen Art üblich ist und die der Auftraggeber nach der Art der Leistung erwarten kann.

2.
Bei Leistungen nach Probe gelten die Eigenschaften der Probe als vereinbarte Beschaffenheit, soweit nicht Abweichungen nach der Verkehrssitte als bedeutungslos anzusehen sind. Dies gilt auch für Proben, die erst nach Vertragsabschluss als solche anerkannt sind.

3.
Ist ein Mangel zurückzuführen auf die Leistungsbeschreibung oder auf Anordnungen des Auftraggebers, auf die von diesem gelieferten oder vorgeschriebenen Stoffe oder Bauteile oder die Beschaffenheit der Vorleistung eines anderen Unternehmers, haftet der Auftragnehmer, es sei denn, er hat die ihm nach § 4 Nr. 3 obliegende Mitteilung gemacht.

4.
(1) ist für Mängelansprüche keine Verjährungsfrist im Vertrag vereinbart, so beträgt sie für Bauwerke 4 Jahre, für andere Werke, deren Erfolg in der Herstellung, Wartung oder Veränderung einer Sache besteht und für die vom Feuer berührten Teile von Feuerungsanlagen 2 Jahre.

(2) Ist für Teile von maschinellen und elektrotechnischen/elektronischen Anlagen, bei denen die Wartung Einfluss auf Sicherheit und Funktionsfähigkeit hat, nichts anderes vereinbart, beträgt für diese Anlagenteile die Verjährungsfrist für Mängelansprüche abweichend von Abs. 1 zwei Jahre, wenn der Auftraggeber sich dafür entschieden hat, dem Auftragnehmer die Wartung für die Dauer der Verjährungsfrist nicht zu übertragen; dies gilt auch, wenn für weitere Leistungen eine andere Verjährungsfrist vereinbart ist.

(3) Die Frist beginnt mit der Abnahme der gesamten Leistung; nur für in sich abgeschlossene Teile der Leistung beginnt sie mit der Teilabnahme (§ 12 Nr. 2).

5.
(1) Der Auftragnehmer ist verpflichtet, alle während der Verjährungsfrist hervortretenden Mängel, die auf vertragswidrige Leistung zurückzuführen sind, auf seine Kosten zu beseitigen, wenn es der Auftraggeber vor Ablauf der Frist schriftlich verlangt. Der Anspruch auf Beseitigung der gerügten Mängel verjährt in 2 Jahren, gerechnet vom Zugang des schriftlichen Verlangens an, jedoch nicht vor Ablauf der Regelfristen nach Nummer 4 oder der an ihrer Stelle vereinbarten Frist. Nach Abnahme der Mängelbeseitigungsleistung beginnt für diese Leistung eine Verjährungsfrist von 2 Jahren neu, die jedoch nicht vor Ablauf der Regelfristen nach Nummer 4 oder der an ihrer Stelle vereinbarten Frist endet.

(2) Kommt der Auftragnehmer der Aufforderung zur Mängelbeseitigung in einer vom Auftraggeber gesetzten angemessenen Frist nicht nach, so kann der Auftraggeber die Mängel auf Kosten des Auftragnehmers beseitigen lassen.

6.
Ist die Beseitigung des Mangels für den Auftraggeber unzumutbar oder ist sie unmöglich oder würde sie einen unverhältnismäßig hohen Aufwand erfordern und wird sie deshalb vom Auftragnehmer verweigert, so kann

der Auftraggeber durch Erklärung gegenüber dem Auftragnehmer die Vergütung mindern (§ 638 BGB).

7.

(1) Der Auftragnehmer haftet bei schuldhaft verursachten Mängeln für Schäden aus der Verletzung des Lebens, des Körpers oder der Gesundheit.

(2) Bei vorsätzlich oder grob fahrlässig verursachten Mängeln haftet er für alle Schäden.

(3) Im Übrigen ist dem Auftraggeber der Schaden an der baulichen Anlage zu ersetzen, zu deren Herstellung, Instandhaltung oder Änderung die Leistung dient, wenn ein wesentlicher Mangel vorliegt, der die Gebrauchsfähigkeit erheblich beeinträchtigt und auf ein Verschulden des Auftragnehmers zurückzuführen ist. Einen darüber hinausgehenden Schaden hat der Auftragnehmer nur dann zu ersetzen,

a) wenn der Mangel auf einem Verstoß gegen die anerkannten Regeln der Technik beruht,

b) wenn der Mangel in dem Fehlen einer vertraglich vereinbarten Beschaffenheit besteht oder

c) soweit der Auftragnehmer den Schaden durch Versicherung seiner gesetzlichen Haftpflicht gedeckt hat oder durch eine solche zu tarifmäßigen, nicht auf außergewöhnliche Verhältnisse abgestellten Prämien und Prämienzuschlägen bei einem im Inland zum Geschäftsbetrieb zugelassenen Versicherer hätte abdecken können.

(4) Abweichend von Nummer 4 gelten die gesetzlichen Verjährungsfristen, soweit sich der Auftragnehmer nach Absatz 3 durch Versicherung geschützt hat oder hätte schützen können oder soweit ein besonderer Versicherungsschutz vereinbart ist.

(5) Eine Einschränkung oder Erweiterung der Haftung kann in begründeten Sonderfällen vereinbart werden.

§ 14 Abrechnung

1.

Der Auftragnehmer hat seine Leistungen prüfbar abzurechnen. Er hat die Rechnungen übersichtlich aufzustellen und dabei die Reihenfolge der Posten einzuhalten und die in den Vertragsbestandteilen enthaltenen Bezeichnungen zu verwenden. Die zum Nachweis von Art und Umfang der Leistung erforderlichen Mengenberechnungen, Zeichnungen und andere Belege sind beizufügen. Änderungen und Ergänzungen des Vertrags sind in der Rechnung besonders kenntlich zu machen; sie sind auf Verlangen getrennt abzurechnen.

2.

Die für die Abrechnung notwendigen Feststellungen sind dem Fortgang der Leistung entsprechend möglichst gemeinsam vorzunehmen. Die Abrechnungsbestimmungen in den Technischen Vertragsbedingungen und den anderen Vertragsunterlagen sind zu beachten. Für Leistungen, die bei Weiterführung der Arbeiten nur schwer feststellbar sind, hat der Auftragnehmer rechtzeitig gemeinsame Feststellungen zu beantragen.

3.

Die Schlussrechnung muss bei Leistungen mit einer vertraglichen Ausführungsfrist von höchstens 3 Monaten spätestens 12 Werktage nach Fertigstellung eingereicht werden, wenn nichts anderes vereinbart ist; diese Frist wird um je 6 Werktage für je weitere 3 Monate Ausführungsfrist verlängert.

4.

Reicht der Auftragnehmer eine prüfbare Rechnung nicht ein, obwohl ihm der Auftraggeber dafür eine angemessene Frist gesetzt hat, so kann sie der Auftraggeber selbst auf Kosten des Auftragnehmers aufstellen.

§ 15 Stundenlohnarbeiten

1.

(1) Stundenlohnarbeiten werden nach den vertraglichen Vereinbarungen abgerechnet.

(2) Soweit für die Vergütung keine Vereinbarungen getroffen worden sind, gilt die ortsübliche Vergütung. Ist diese nicht zu ermitteln, so werden die Aufwendungen des Auftragnehmers für Lohn- und Gehaltskosten der Baustelle, Lohn- und Gehaltsnebenkosten der Baustelle, Stoffkosten der Baustelle, Kosten der Einrichtungen, Geräte, Maschinen und maschinellen Anlagen der Baustelle, Fracht-, Fuhr- und Ladekosten, Sozialkassenbeiträge und Sonderkosten, die bei wirtschaftlicher Betriebsführung entstehen, mit angemessenen Zuschlägen für Gemeinkosten und Gewinn (einschließlich allgemeinem Unternehmerwagnis) zuzüglich Umsatzsteuer vergütet.

2.

Verlangt der Auftraggeber, dass die Stundenlohnarbeiten durch einen Polier oder eine andere Aufsichtsperson beaufsichtigt werden, oder ist die Aufsicht nach den einschlägigen Unfallverhütungsvorschriften notwendig, so gilt Nummer 1 entsprechend.

3.

Dem Auftraggeber ist die Ausführung von Stundenlohnarbeiten vor Beginn anzuzeigen. Über die geleisteten Arbeitsstunden und den dabei erforderlichen, besonders zu vergütenden Aufwand für den Verbrauch von Stoffen, für Vorhaltung von Einrichtungen, Geräten, Maschinen und maschinellen Anlagen, für Frachten, Fuhr- und Ladeleistungen sowie etwaige Sonderkosten sind, wenn nichts anderes vereinbart ist, je nach der Verkehrssitte werktäglich oder wöchentlich Listen (Stundenlohnzettel) einzureichen. Der Auftraggeber hat die von ihm bescheinigten Stundenlohnzettel unverzüglich, spätestens jedoch innerhalb von 6 Werktagen nach Zugang, zurückzugeben. Dabei kann er Einwendungen auf den Stundenlohnzetteln oder gesondert schriftlich erheben. Nicht fristgemäß zurückgegebene Stundenlohnzettel gelten als anerkannt.

4.

Stundenlohnrechnungen sind alsbald nach Abschluss der Stundenlohnarbeiten, längstens jedoch in Abständen von 4 Wochen, einzureichen. Für die Zahlung gilt § 16.

5.

Wenn Stundenlohnarbeiten zwar vereinbart waren, über den Umfang der Stundenlohnleistungen aber mangels rechtzeitiger Vorlage der Stundenlohnzettel Zweifel bestehen, so kann der Auftraggeber verlangen, dass für die nachweisbar ausgeführten Leistungen eine Vergütung vereinbart wird, die nach Maßgabe von Nummer 1 Abs. 2 für einen wirtschaftlichen vertretbaren Aufwand an Arbeitszeit und Verbrauch von Stoffen, für Vorhaltung von Einrichtungen, Geräten, Maschinen und maschinellen Anlagen, für Frachten, Fuhr- und Ladeleistungen sowie etwaige Sonderkosten ermittelt wird.

§ 16 Zahlung

1.

(1) Abschlagszahlungen sind auf Antrag in möglichst kurzen Zeitabständen oder zu den vereinbarten Zeitpunkten zu gewähren, und zwar in Höhe des Wertes der jeweils nachgewiesenen vertragsgemäßen Leistungen einschließlich des ausgewiesenen, darauf entfallenden Umsatzsteuerbetrages. Die Leistungen sind durch eine prüfbare Aufstellung nachzuweisen, die eine rasche und sichere Beurteilung der Leistungen ermöglichen muss. Als Leistungen gelten hierbei auch die für die geforderte Leistung eigens angefertigten und bereitgestellten Bauteile sowie die auf der Baustelle angelieferten Stoffe und Bauteile, wenn dem Auftraggeber nach seiner Wahl das Eigentum an ihnen übertragen ist oder entsprechende Sicherheit gegeben wird.

(2) Gegenforderungen können einbehalten werden. Andere Einbehalte sind nur in den im Vertrag und in den gesetzlichen Bestimmungen vorgesehenen Fällen zulässig.

(3) Ansprüche auf Abschlagszahlungen werden binnen 18 Werktagen nach Zugang der Aufstellung fällig.

(4) Die Abschlagszahlungen sind ohne Einfluss auf die Haftung des Auftragnehmers; sie gelten nicht als Abnahme von Teilen der Leistung.

2.

(1) Vorauszahlungen können auch nach Vertragsabschluss vereinbart werden; hierfür ist auf Verlangen des Auftraggebers ausreichende Sicherheit zu leisten. Diese Vorauszahlungen sind, sofern nichts anderes vereinbart wird, mit 3 v. H. über dem Basiszinssatz des § 247 BGB zu verzinsen.

(2) Vorauszahlungen sind auf die nächstfälligen Zahlungen anzurechnen, soweit damit Leistungen abzugelten sind, für welche die Vorauszahlungen gewährt worden sind.

3.

(1) Der Anspruch auf die Schlusszahlung wird alsbald nach Prüfung und Feststellung der vom Auftragnehmer vorgelegten Schlussrechnung fällig,

spätestens innerhalb von 2 Monaten nach Zugang. Werden Einwendungen gegen die Prüfbarkeit unter Angabe der Gründe hierfür nicht spätestens innerhalb von 2 Monaten nach Zugang der Schlussrechnung erhoben, so kann der Auftraggeber sich nicht mehr auf die fehlende Prüfbarkeit berufen. Die Prüfung der Schlussrechnung ist nach Möglichkeit zu beschleunigen. Verzögert sie sich, so ist das unbestrittene Guthaben als Abschlagszahlung sofort zu zahlen.

(2) Die vorbehaltlose Annahme der Schlusszahlung schließt Nachforderungen aus, wenn der Auftragnehmer über die Schlusszahlung schriftlich unterrichtet und auf die Ausschlusswirkung hingewiesen wurde.

(3) Einer Schlusszahlung steht es gleich, wenn der Auftraggeber unter Hinweis auf geleistete Zahlungen weitere Zahlungen endgültig und schriftlich ablehnt.

(4) Auch früher gestellte, aber unerledigte Forderungen werden ausgeschlossen, wenn sie nicht nochmals vorbehalten werden.

(5) Ein Vorbehalt ist innerhalb von 24 Werktagen nach Zugang der Mitteilung nach den Absätzen 2 und 3 über die Schlusszahlung zu erklären. Er wird hinfällig, wenn nicht innerhalb von weiteren 24 Werktagen - beginnend am Tag nach Ablauf der in Satz 1 genannten 24 Werktage - eine prüfbare Rechnung über die vorbehaltenen Forderungen eingereicht oder, wenn das nicht möglich ist, der Vorbehalt eingehend begründet wird.

(6) Die Ausschlussfristen gelten nicht für ein Verlangen nach Richtigstellung der Schlussrechnung und -zahlung wegen Aufmaß-, Rechen- und Übertragungsfehlern.

4.
In sich abgeschlossene Teile der Leistung können nach Teilabnahme ohne Rücksicht auf die Vollendung der übrigen Leistungen endgültig festgestellt und bezahlt werden.

5.
(1) Alle Zahlungen sind aufs äußerste zu beschleunigen.

(2) Nicht vereinbarte Skontoabzüge sind unzulässig.

(3) Zahlt der Auftraggeber bei Fälligkeit nicht, so kann ihm der Auftragnehmer eine angemessene Nachfrist setzen. Zahlt er auch innerhalb der Nachfrist nicht, so hat der Auftragnehmer vom Ende der Nachfrist an Anspruch auf Zinsen in Höhe der in § 288 BGB angegebenen Zinssätze, wenn er nicht einen höheren Verzugsschaden nachweist.

(4) Zahlt der Auftraggeber das fällige unbestrittene Guthaben nicht innerhalb von 2 Monaten nach Zugang der Schlussrechnung, so hat der Auftragnehmer für dieses Guthaben abweichend von Absatz 3 (ohne Nachfristsetzung) ab diesem Zeitpunkt Anspruch auf Zinsen in Höhe der in § 288 BGB angegebenen Zinssätze, wenn er nicht einen höheren Verzugsschaden nachweist.

(5) Der Auftragnehmer darf in den Fällen der Absätze 3 und 4 die Arbeiten bis zur Zahlung einstellen, sofern die dem Auftraggeber zuvor gesetzte angemessene Nachfrist erfolglos verstrichen ist.

6.
Der Auftraggeber ist berechtigt, zur Erfüllung seiner Verpflichtungen aus den Nummern 1 bis 5 Zahlungen an Gläubiger des Auftragnehmers zu leisten, soweit sie an der Ausführung der vertraglichen Leistung des Auftragnehmers aufgrund eines mit diesem abgeschlossenen Dienst- oder Werkvertrags beteiligt sind, wegen Zahlungsverzugs des Auftragnehmers die Fortsetzung ihrer Leistung zu Recht verweigern und die Direktzahlung die Fortsetzung der Leistung sicherstellen soll. Der Auftragnehmer ist verpflichtet, sich auf Verlangen des Auftraggebers innerhalb einer von diesem gesetzten Frist darüber zu erklären, ob und inwieweit er die Forderungen seiner Gläubiger anerkennt; wird diese Erklärung nicht rechtzeitig abgegeben, so gelten die Voraussetzungen für die Direktzahlung als anerkannt.

§ 17   Sicherheitsleistung

1.
(1) Wenn Sicherheitsleistung vereinbart ist, gelten die §§ 232 bis 240 BGB, soweit sich aus den nachstehenden Bestimmungen nichts anderes ergibt.
(2) Die Sicherheit dient dazu, die vertragsgemäße Ausführung der Leistung und die Mängelansprüche sicherzustellen.
2.
Wenn im Vertrag nichts anderes vereinbart ist, kann Sicherheit durch Einbehalt oder Hinterlegung von Geld oder durch Bürgschaft eines Kreditinstituts oder Kreditversicherers geleistet werden, sofern das Kreditinstitut oder der Kreditversicherer
- in der Europäischen Gemeinschaft oder
- in einem Staat der Vertragsparteien des Abkommens über den Europäischen Wirtschaftsraum oder
- in einem Staat der Vertragsparteien des WTO-Übereinkommens über das öffentliche Beschaffungswesen zugelassen ist.
3.
Der Auftragnehmer hat die Wahl unter den verschiedenen Arten der Sicherheit; er kann eine Sicherheit durch eine andere ersetzen.
4.
Bei Sicherheitsleistungen durch Bürgschaft ist Voraussetzung, dass der Auftraggeber den Bürgen als tauglich anerkannt hat. Die Bürgschaftserklärung ist schriftlich unter Verzicht auf die Einrede der Vorausklage abzugeben (§ 771 BGB); sie darf nicht auf bestimmte Zeit begrenzt sein und muss nach Vorschrift des Auftraggebers ausgestellt sein. Der Auftraggeber kann als Sicherheit keine Bürgschaft fordern, die den Bürgen zur Zahlung auf erstes Anfordern verpflichtet.
5.
Wird Sicherheit durch Hinterlegung von Geld geleistet, so hat der Auftragnehmer den Betrag bei einem zu vereinbarenden Geldinstitut auf ein Sperrkonto einzuzahlen, über das beide nur gemeinsam verfügen können ("Und-Konto"). Etwaige Zinsen stehen dem Auftragnehmer zu.

6.

(1) Soll der Auftraggeber vereinbarungsgemäß die Sicherheit in Teilbeträgen von seinen Zahlungen einbehalten, so darf er jeweils die Zahlung um höchstens 10 v. H. kürzen, bis die vereinbarte Sicherheitssumme erreicht ist. Sofern Rechnungen ohne Umsatzsteuer gemäß § 13 b UStG gestellt werden, bleibt die Umsatzsteuer bei der Berechnung des Sicherheitseinbehalts unberücksichtigt. Den jeweils einbehaltenen Betrag hat er dem Auftragnehmer mitzuteilen und binnen 18 Werktagen nach dieser Mitteilung auf ein Sperrkonto bei dem vereinbarten Geldinstitut einzuzahlen. Gleichzeitig muss er veranlassen, dass dieses Geldinstitut den Auftragnehmer von der Einzahlung des Sicherheitsbetrags benachrichtigt. Nummer 5 gilt entsprechend.

(2) Bei kleineren oder kurzfristigen Aufträgen ist es zulässig, dass der Auftraggeber den einbehaltenen Sicherheitsbetrag erst bei der Schlusszahlung auf ein Sperrkonto einzahlt.

(3) Zahlt der Auftraggeber den einbehaltenen Betrag nicht rechtzeitig ein, so kann ihm der Auftragnehmer hierfür eine angemessene Nachfrist setzen. Lässt der Auftraggeber auch diese verstreichen, so kann der Auftragnehmer die sofortige Auszahlung des einbehaltenen Betrags verlangen und braucht dann keine Sicherheit mehr zu leisten.

(4) Öffentliche Auftraggeber sind berechtigt, den als Sicherheit einbehaltenen Betrag auf eigenes Verwahrgeldkonto zu nehmen; der Betrag wird nicht verzinst.

7.

Der Auftragnehmer hat die Sicherheit binnen 18 Werktagen nach Vertragsabschluss zu leisten, wenn nichts anderes vereinbart ist. Soweit er diese Verpflichtung nicht erfüllt hat, ist der Auftraggeber berechtigt, vom Guthaben des Auftragnehmers einen Betrag in Höhe der vereinbarten Sicherheit einzubehalten. Im Übrigen gelten die Nummern 5 und 6 außer Abs. 1 Satz 1 entsprechend.

8.

(1) Der Auftraggeber hat eine nicht verwertete Sicherheit für die Vertragserfüllung zum vereinbarten Zeitpunkt, spätestens nach Abnahme und Stellung der Sicherheit für Mängelansprüche zurückzugeben, es sei denn, dass Ansprüche des Auftraggebers, die nicht von der gestellten Sicherheit für Mängelansprüche umfasst sind, noch nicht erfüllt sind. Dann darf er für diese Vertragserfüllungsansprüche einen entsprechenden Teil der Sicherheit zurückhalten.

(2) Der Auftraggeber hat eine nicht verwertete Sicherheit für Mängelansprüche nach Ablauf von 2 Jahren zurückzugeben, sofern kein anderer Rückgabezeitpunkt vereinbart worden ist. Soweit jedoch zu diesem Zeitpunkt seine geltend gemachten Ansprüche noch nicht erfüllt sind, darf er einen entsprechenden Teil der Sicherheit zurückhalten.

§ 18 Streitigkeiten

1.
Liegen die Voraussetzungen für eine Gerichtsstandvereinbarung nach § 38 Zivilprozessordnung vor, richtet sich der Gerichtsstand für Streitigkeiten aus dem Vertrag nach dem Sitz der für die Prozessvertretung des Auftraggebers zuständigen Stelle, wenn nichts anderes vereinbart ist. Sie ist dem Auftragnehmer auf Verlangen mitzuteilen.

2.
(1) Entstehen bei Verträgen mit Behörden Meinungsverschiedenheiten, so soll der Auftragnehmer zunächst die der auftraggebenden Stelle unmittelbar vorgesetzte Stelle anrufen. Diese soll dem Auftragnehmer Gelegenheit zur mündlichen Aussprache geben und ihn möglichst innerhalb von 2 Monaten nach der Anrufung schriftlich bescheiden und dabei auf die Rechtsfolgen des Satzes 3 hinweisen. Die Entscheidung gilt als anerkannt, wenn der Auftragnehmer nicht innerhalb von 3 Monaten nach Eingang des Bescheides schriftlich Einspruch beim Auftraggeber erhebt und dieser ihn auf die Ausschlussfrist hingewiesen hat.

(2) Mit dem Eingang des schriftlichen Antrages auf Durchführung eines Verfahrens nach Absatz 1 wird die Verjährung des in diesem Antrag geltend gemachten Anspruchs gehemmt. Wollen Auftraggeber oder Auftragnehmer das Verfahren nicht weiter betreiben, teilen sie dies dem jeweils anderen Teil schriftlich mit. Die Hemmung endet 3 Monate nach Zugang des schriftlichen Bescheides oder der Mitteilung nach Satz 2.

3.
Daneben kann ein Verfahren zur Streitbeilegung vereinbart werden. Die Vereinbarung sollte mit Vertragsabschluss erfolgen.

4.
Bei Meinungsverschiedenheiten über die Eigenschaft von Stoffen und Bauteilen, für die allgemein gültige Prüfverfahren bestehen, und über die Zulässigkeit oder Zuverlässigkeit der bei der Prüfung verwendeten Maschinen oder angewendeten Prüfverfahren kann jede Vertragspartei nach vorheriger Benachrichtigung der anderen Vertragspartei die materialtechnische Untersuchung durch eine staatliche oder staatlich anerkannte Materialprüfungsstelle vornehmen lassen; deren Feststellungen sind verbindlich. Die Kosten trägt der unterliegende Teil.

5.
Streitfälle berechtigen den Auftragnehmer nicht, die Arbeiten einzustellen.

Makler- und Bauträgerverordnung (MaBV)

Verordnung über die Pflichten der Makler, Darlehens- und Anlagenvermittler, Bauträger und Baubetreuer – Makler- und Bauträgerverordnung (MaBV) vom 14. März 1985

§ 1 Anwendungsbereich

Diese Verordnung gilt für Gewerbetreibende, die nach § 34 c Abs. 1 der Gewerbeordnung der Erlaubnis bedürfen. Gewerbetreibende, die
1. als Versicherungs- oder Bausparkassenvertreter im Rahmen ihrer Tätigkeit für ein der Aufsicht des Bundesaufsichtsamtes für das Versicherungswesen unterliegendes Versicherungsunternehmen oder für eine der Aufsicht des Bundesaufsichtsamtes für das Kreditwesen unterliegende Bausparkasse den Abschluss von Verträgen über Darlehen vermitteln oder die Gelegenheit zum Abschluss solcher Verträge nachweisen oder
2. den Abschluss von Verträgen über die Nutzung der von ihnen für Rechnung Dritter verwalteten Grundstücke, grundstücksgleichen Rechte, gewerblichen Räume oder Wohnräume vermitteln oder die Gelegenheit zum Abschluss solcher Verträge nachweisen,
unterliegen hinsichtlich dieser Tätigkeit nicht den Vorschriften dieser Verordnung.

§ 2 Sicherheitsleistung, Versicherung

(1) Bevor der Gewerbetreibende zur Ausführung des Auftrages Vermögenswerte des Auftraggebers erhält oder zu deren Verwendung ermächtigt wird, hat er dem Auftraggeber in Höhe dieser Vermögenswerte Sicherheit zu leisten oder eine zu diesem Zweck geeignete Versicherung abzuschließen; dies gilt nicht in den Fällen des § 34c Abs. 1 Satz 1 Nr. 2 Buchstabe a der Gewerbeordnung, sofern dem Auftraggeber Eigentum an einem Grundstück übertragen oder ein Erbbaurecht bestellt oder übertragen werden soll. Zu sichern sind Schadensersatzansprüche des Auftraggebers wegen etwaiger von dem Gewerbetreibenden und den Personen, die er zur Verwendung der Vermögenswerte ermächtigt hat, vorsätzlich begangener unerlaubter Handlungen, die sich gegen die in Satz 1 bezeichneten Vermögenswerte richten.

(2) Die Sicherheit kann nur durch die Stellung eines Bürgen geleistet werden. Als Bürge können nur Körperschaften des öffentlichen Rechts mit Sitz im Geltungsbereich dieser Verordnung, Kreditinstitute, die im Inland zum Geschäftsbetrieb befugt sind, sowie Versicherungsunternehmen bestellt werden, die zum Betrieb der Bürgschaftsversicherung im Inland befugt sind. Die Bürgschaftserklärung muss den Verzicht auf die Einrede der Vorausklage enthalten. Die Bürgschaft darf nicht vor dem Zeitpunkt ablaufen, der sich aus Absatz 5 ergibt.

(3) Versicherungen sind nur dann im Sinne des Absatzes 1 geeignet, wenn
1. das Versicherungsunternehmen zum Betrieb der Vertrauensschadensversicherung im Inland befugt ist und
2. die allgemeinen Versicherungsbedingungen dem Zweck dieser Verordnung gerecht werden, insbesondere den Auftraggeber aus dem Versicherungsvertrag auch in den Fällen des Konkurs- und des Vergleichsverfahrens des Gewerbetreibenden unmittelbar berechtigen.

(4) Sicherheiten und Versicherungen können nebeneinander geleistet und abgeschlossen werden. Sie können für jeden einzelnen Auftrag oder für mehrere gemeinsam geleistet oder abgeschlossen werden. Der Gewerbetreibende hat dem Auftraggeber die zur unmittelbaren Inanspruchnahme von Sicherheiten und Versicherungen erforderlichen Urkunden auszuhändigen, bevor er Vermögenswerte des Auftraggebers erhält oder zu deren Verwendung ermächtigt wird.
(5) Die Sicherheiten und Versicherungen sind aufrechtzuerhalten
1. in den Fällen des § 34 c Abs. 1 Satz 1 Nr. 1 der Gewerbeordnung, bis der Gewerbetreibende die Vermögenswerte an den in dem Auftrag bestimmten Empfänger übermittelt hat.
2. in den Fällen des § 34c Abs. l Satz 1 Nr. 2 Buchstabe a der Gewerbeordnung, sofern ein Nutzungsverhältnis begründet werden soll, bis zur Einräumung des Besitzes und Begründung des Nutzungsverhältnisses,
3. in den Fällen des § 34c Abs. 1 Satz 1 Nr. 2 Buchstabe b der Gewerbeordnung bis zur Rechnungslegung; sofern die Rechnungslegungspflicht gemäß § 8 Abs. 2 entfällt, endet die Sicherungspflicht mit der vollständigen Fertigstellung des Bauvorhabens.
Erhält der Gewerbetreibende Vermögenswerte des Auftraggebers in Teilbeträgen, oder wird er ermächtigt, hierüber in Teilbeträgen zu verfügen, endet die Verpflichtung aus Absatz 1 Satz 1, erster Halbsatz, in bezug auf die Teilbeträge, sobald er dem Auftraggeber die ordnungsgemäße Verwendung dieser Vermögenswerte nachgewiesen hat; die Sicherheiten und Versicherungen für den letzten Teilbetrag sind bis zu dem in Satz 1 bestimmten Zeitpunkt aufrechtzuerhalten.

§ 3 Besondere Sicherungspflichten für Bauträger

(1) Der Gewerbetreibende darf in den Fällen des § 34 c Abs. 1 Satz 1 Nr. 2 Buchstabe a der Gewerbeordnung, sofern dem Auftraggeber Eigentum an einem Grundstück übertragen oder ein Erbbaurecht bestellt oder übertragen werden soll, Vermögenswerte des Auftraggebers zur Ausführung des Auftrages erst entgegennehmen oder sich zu deren Verwendung ermächtigen lassen, wenn
1. der Vertrag zwischen dem Gewerbetreibenden und dem Auftraggeber rechtswirksam ist und die für seinen Vollzug erforderlichen Genehmigungen vorliegen, diese Voraussetzungen durch eine schriftliche Mitteilung des Notars bestätigt und dem Gewerbetreibenden keine vertraglichen Rücktrittsrechte eingeräumt sind,
2. zur Sicherung des Anspruchs des Auftraggebers auf Eigentumsübertragung oder Bestellung oder Übertragung eines Erbbaurechts an dem Vertragsobjekt eine Vormerkung an der vereinbarten Rangstelle im Grundbuch eingetragen ist; bezieht sich der Anspruch auf Wohnungs- oder Teileigentum oder ein Wohnungs- oder Teilerbbaurecht, so muss außerdem die Begründung dieses Rechts im Grundbuch vollzogen sein,

3. die Freistellung des Vertragsobjekts von allen Grundpfandrechten, die der Vormerkung im Range vorgehen oder gleichstehen und nicht übernommen werden sollen, gesichert ist, und zwar auch für den Fall, dass das Bauvorhaben nicht vollendet wird,
4. die Baugenehmigung erteilt worden ist oder, wenn eine Baugenehmigung nicht oder nicht zwingend vorgesehen ist,
a) von der zuständigen Behörde bestätigt worden ist, dass
aa) die Baugenehmigung als erteilt gilt oder
bb) nach den baurechtlichen Vorschrift mit dem Vorhaben begonnen werden darf oder,
b) wenn eine derartige Bestätigung nicht vorgesehen ist, von dem Gewerbetreibenden bestätigt worden ist, dass
aa)die Baugenehmigung als erteilt gilt oder
bb) nach den baurechtlichen Vorschriften mit dem Bauvorhaben begonnen werden darf,
und nach Eingang dieser Bestätigung beim Auftraggeber mindestens ein Monat vergangen ist.
Die Freistellung nach Satz 1 Nr. 3 ist gesichert, wenn gewährleistet ist, dass die nicht zu übernehmenden Grundpfandrechte im Grundbuch gelöscht werden, und zwar, wenn das Bauvorhaben vollendet wird, unverzüglich nach Zahlung der geschuldeten Vertragssumme, andernfalls unverzüglich nach Zahlung des dem erreichten Bautenstand entsprechen Teils der geschuldeten Vertragssumme durch den Auftraggeber. Für den Fall, dass das Bauvorhaben nicht vollendet wird, kann sich der Kreditgeber vorbehalten, an Stelle der Freistellung alle vom Auftraggeber vertragsgemäß im Rahmen des Absatzes 2 bereits geleisteten Zahlungen bis zum anteiligen Wert des Vertragsobjekts zurückzuzahlen. Die zur Sicherung der Freistellung erforderlichen Erklärungen einschließlich etwaiger Erklärungen nach Satz 3 müssen dem Auftraggeber ausgehändigt worden sein. Liegen sie bei Abschluss des notariellen Vertrages bereits vor, muss auf sie in dem Vertrag Bezug genommen sein; andernfalls muss der Vertrag einen ausdrücklichen Hinweis auf die Verpflichtung des Gewerbetreibenden zur Aushändigung der Erklärungen und deren notwendigen Inhalt enthalten.
(2) Der Gewerbetreibende darf in den Fällen des Absatzes 1 die Vermögenswerte ferner in bis zu sieben Teilbeträgen entsprechend dem Bauablauf entgegennehmen oder sich zu deren Verwendung ermächtigen lassen. Die Teilbeträge können aus den nachfolgenden Vomhundertsätzen zusammengesetzt werden:
2. 30 vom Hundert der Vertragssumme in den Fällen, in denen Eigentum an einem Grundstück übertragen werden soll, oder 20 vom Hundert der Vertragssumme in den Fällen, in denen ein Erbbaurecht bestellt oder übertragen werden soll, nach Beginn der Erdarbeiten,
3. von der restlichen Vertragssumme
- 40 vom Hundert nach Rohbaufertigstellung, einschließlich Zimmererarbeiten,
- 8 vom Hundert für die Herstellung der Dachflächen und Dachrinnen,
- 3 vom Hundert für die Rohinstallation der Heizungsanlagen,

- 3 vom Hundert für die Rohinstallation der Sanitäranlagen,
- 3 vom Hundert für die Rohinstallation der Elektroanlagen,
- 10 vom Hundert für den Fenstereinbau, einschließlich der Verglasung,
- 6 vom Hundert für den Innenputz, ausgenommen Beiputzarbeiten,
- 3 vom Hundert für den Estrich,
- 4 vom Hundert für die Fliesenarbeiten im Sanitärbereich,
- 12 vom Hundert nach Bezugsfertigkeit und Zug um Zug gegen Besitzübergabe,
- 3 vom Hundert für die Fassadenarbeiten,
- 5 vom Hundert nach vollständiger Fertigstellung.

Sofern einzelne der in Satz 2 Nr. 2 genannten Leistungen nicht anfallen, wird der jeweilige Vomhundertsatz anteilig auf die übrigen Raten verteilt. Betrifft das Bauvorhaben einen Altbau, so gelten die Sätze 1 und 2 mit der Maßgabe entsprechend, dass der hiernach zu errechnende Teilbetrag für schon erbrachte Leistungen mit Vorliegen der Voraussetzungen des Absatzes 1 entgegengenommen werden kann.

(3) Der Gewerbetreibende darf in den Fällen des § 34c Abs. 1 Satz 1 Nr. 2 Buchstabe a der Gewerbeordnung, sofern ein Nutzungsverhältnis begründet werden soll, Vermögenswerte des Auftraggebers zur Ausführung des Auftrages in Höhe von 20 vom Hundert der Vertragssumme nach Vertragsabschluß entgegennehmen oder sich zu deren Verwendung ermächtigen lassen; im übrigen gelten Absatz 1 Satz 1 Nr. 1 und 4 und Absatz 2 entsprechend.

§ 4 Verwendung von Vermögenswerten des Auftraggebers

(1) Der Gewerbetreibende darf Vermögenswerte des Auftraggebers, die er erhalten hat oder zu deren Verwendung er ermächtigt worden ist, nur verwenden

1. in den Fällen des § 34 c Abs. 1 Satz 1 Nr. 1 der Gewerbeordnung zur Erfüllung des Vertrages, der durch die Vermittlung oder die Nachweistätigkeit des Gewerbetreibenden zustande gekommen ist,
2. in den Fällen des § 34 c Abs. 1 Satz 1 Nr. 2 der Gewerbeordnung zur Vorbereitung und Durchführung des Bauvorhabens, auf das sich der Auftrag bezieht; als Bauvorhaben gilt das einzelne Gebäude, bei Einfamilienreihenhäusern die einzelne Reihe.

(2) Der Gewerbetreibende darf in den Fällen des § 34c Abs. 1 Satz 1 Nr. 2 Buchstabe b der Gewerbeordnung, in denen er das Bauvorhaben für mehrere Auftraggeber vorbereitet und durchführt, die Vermögenswerte der Auftraggeber nur im Verhältnis der Kosten der einzelnen Einheiten zu den Gesamtkosten des Bauvorhabens verwenden.

§ 5 Hilfspersonal

Ermächtigt der Gewerbetreibende andere Personen, Vermögenswerte des Auftraggebers zur Ausführung des Auftrages entgegenzunehmen oder zu verwenden, so hat er sicherzustellen, dass dies nur nach Maßgabe der §§ 3 und 4 geschieht.

§ 6 Getrennte Vermögensverwaltung

(1) Erhält der Gewerbetreibende zur Ausführung des Auftrages Vermögenswerte des Auftraggebers, so hat er sie von seinem Vermögen und dem seiner sonstigen Auftraggeber getrennt zu verwalten. Dies gilt nicht für vertragsgemäß im Rahmen des § 3 Abs. 2 oder 3 Satz 1 geleistete Zahlungen.

(2) Der Gewerbetreibende hat Gelder, die er vom Auftraggeber erhält, unverzüglich für Rechnung des Auftraggebers auf ein Sonderkonto bei einem Kreditinstitut im Sinne des § 2 Abs. 2 Satz 2 einzuzahlen und auf diesem Konto bis zur Verwendung im Sinne des § 4 zu belassen. Er hat dem Kreditinstitut offenzulegen, dass die Gelder für fremde Rechnung eingelegt werden und herbei den Namen, Vornamen und die Anschrift des Auftraggebers anzugeben. Er hat das Kreditinstitut zu verpflichten, den Auftraggeber unverzüglich zu benachrichtigen, wenn die Einlage von dritter Seite gepfändet oder das Konkursverfahren oder das Vergleichsverfahren zur Abwendung des Konkurses über das Vermögen des Gewerbetreibenden eröffnet wird, und dem Auftraggeber jederzeit Auskunft über den Stand des Kontos zu erteilen. Er hat das Kreditinstitut ferner zu verpflichten, bei diesem Konto weder das Recht der Aufrechnung noch ein Pfand- oder Zurückbehaltungsrecht geltend zu machen, es sei denn wegen Forderungen, die in bezug auf das Konto selbst entstanden sind.

(3) Wertpapiere im Sinne des § 1 Abs. 1 des Gesetzes über die Verwahrung und Anschaffung von Wertpapieren, die der Gewerbetreibende vom Auftraggeber erhält, hat er unverzüglich für Rechnung des Auftraggebers einem Kreditinstitut im Sinne des § 2 Abs. 2 Satz 2 zur Verwahrung anzuvertrauen. 2Absatz 2 Satz 2 bis 4 ist anzuwenden.

§ 7 Ausnahmevorschrift

(1) Gewerbetreibende im Sinne des § 34 c Abs. 1 Satz 1 Nr. 2 Buchstabe a der Gewerbeordnung, die dem Auftraggeber Eigentum an einem Grundstück zu übertragen oder ein Erbbaurecht zu bestellen oder zu übertragen haben, sind von den Verpflichtungen des § 3 Abs. 1 und 2, des § 4 Abs. 1 und der §§ 5 und 6, die übrigen Gewerbetreibenden im Sinn des § 34c Abs. 1 der Gewerbeordnung sind von den Verpflichtungen des § 2, des § 3 Abs. 3 und der §§ 4 bis 6 freigestellt, sofern sie Sicherheit für alle etwaigen Ansprüche des Auftraggebers auf Rückgewähr oder Auszahlung seiner Vermögenswerte im Sinne des § 2 Abs. 1 Satz 1 geleistet haben. § 2 Abs. 2, Abs.

4 Satz 2 und 3 und Abs. 5 Satz 1 gilt entsprechend. In den Fällen des § 34 c Abs. 1 Satz 1 Nr. 2 Buchstabe a der Gewerbeordnung, in denen dem Auftraggeber Eigentum an einem Grundstück übertragen oder ein Erbbaurecht bestellt oder übertragen werden soll, ist die Sicherheit aufrechtzuerhalten, bis die Voraussetzungen des § 3 Abs. 1 erfüllt sind und das Vertragsobjekt vollständig fertiggestellt ist. Ein Austausch der Sicherungen der §§ 2 bis 6 und derjenigen des § 7 ist zulässig.

(2) Der Gewerbetreibende ist von den in Absatz 1 Satz 1 erwähnten Verpflichtungen auch dann freigestellt, wenn es sich bei dem Auftraggeber um

1. eine juristische Person des öffentlichen Rechts oder ein öffentlich-rechtliches Sondervermögen oder
2. einen in das Handelsregister oder das Genossenschaftsregister eingetragenen Kaufmann

handelt und der Auftraggeber in gesonderter Urkunde auf die Anwendung dieser Bestimmungen verzichtet. Im Falle des Satzes 1 Nr. 2 hat sich der Gewerbetreibende vom Auftraggeber dessen Eigenschaft als Kaufmann durch einen Auszug aus dem Handelsregister oder dem Genossenschaftsregister nachweisen zu lassen.

§ 8 Rechnungslegung

(1) Hat der Gewerbetreibende zur Ausführung des Auftrages Vermögenswerte des Auftraggebers erhalten oder verwendet, so hat er dem Auftraggeber nach Beendigung des Auftrages über die Verwendung dieser Vermögenswerte Rechnung zu legen. § 259 des Bürgerlichen Gesetzbuchs ist anzuwenden.

(2) Die Verpflichtung, Rechnung zu legen, entfällt, soweit der Auftraggeber nach Beendigung des Auftrages dem Gewerbetreibenden gegenüber schriftlich darauf verzichtet oder der Gewerbetreibende mit den Vermögenswerten des Auftraggebers eine Leistung zu einem Festpreis zu erbringen hat.

§ 9 Anzeigepflicht

Der Gewerbetreibende hat der zuständigen Behörde die jeweils mit der Leitung des Betriebes oder einer Zweigniederlassung beauftragten Personen unverzüglich anzuzeigen. Dies gilt bei juristischen Personen auch für die nach Gesetz, Satzung oder Gesellschaftsvertrag jeweils zur Vertretung berufenen Personen. In der Anzeige sind Name, Geburtsname, sofern er vom Namen abweicht, Vornamen, Staatsangehörigkeit, Geburtstag, Geburtsort und Anschrift der betreffenden Personen anzugeben.

§ 10 Buchführungspflicht

(1) Der Gewerbetreibende hat von der Annahme des Auftrages an nach Maßgabe der folgenden Vorschriften Aufzeichnungen zu machen sowie Unterlagen und Belege übersichtlich zu sammeln. Die Aufzeichnungen sind unverzüglich und in deutscher Sprache vorzunehmen.

(2) Aus den Aufzeichnungen und Unterlagen sämtlicher Gewerbetreibender müssen ersichtlich sein

1. der Name und Vorname oder die Firma sowie die Anschrift des Auftraggebers,
2. folgende Angaben, soweit sie im Einzelfall in Betracht kommen,

a) das für die Vermittler- oder Nachweistätigkeit oder für die Tätigkeit als Baubetreuer vom Auftraggeber zu entrichtende Entgelt; Wohnungsvermittler haben das Entgelt in einem Bruchteil oder Vielfachen der Monatsmiete anzugeben;

b) ob der Gewerbetreibende zur Entgegennahme von Zahlungen oder sonstigen Leistungen ermächtigt ist;

c) Art und Höhe der Vermögenswerte des Auftraggebers, die der Gewerbetreibende zur Ausführung des Auftrages erhalten oder zu deren Verwendung er ermächtigt werden soll;

d) dass der Gewerbetreibende den Auftraggeber davon unterrichtet hat, dass er von ihm nur im Rahmen des § 3 Vermögenswerte entgegennehmen oder sich zu deren Verwendung ermächtigen lassen und diese Vermögenswerte nur im Rahmen des § 4 verwenden darf es sei denn, dass nach § 7 verfahren wird;

e) Art, Höhe und Umfang der vom Gewerbetreibenden für die Vermögenswerte zu leistenden Sicherheit und abzuschließenden Versicherung, Name oder Firma und Anschrift des Bürgen und der Versicherung;

f) Vertragsdauer.

(3) Aus den Aufzeichnungen und Unterlagen von Gewerbetreibenden im Sinne des § 34c Abs. 1 Satz 1 Nr. 1 der Gewerbeordnung müssen ferner folgende Angaben ersichtlich sein, soweit sie im Einzelfall in Betracht kommen,

1. bei der Vermittlung oder dem Nachweis der Gelegenheit zum Abschluss von Verträgen über den Erwerb von Grundstücken oder grundstücksgleichen Rechten: Lage, Größe und Nutzungsmöglichkeit des Grundstücks, Art, Alter und Zustand des Gebäudes, Ausstattung, Wohn- und Nutzfläche, Zahl der Zimmer, Höhe der Kaufpreisforderung einschließlich zu übernehmender Belastungen, Name, Vorname und Anschrift des Veräußerers;

2. bei der Vermietung oder dem Nachweis der Gelegenheit zum Abschluss von Verträgen über die Nutzung von Grundstücken oder grundstücksgleichen Rechten: Lage, Größe und Nutzungsmöglichkeit des Grundstücks, Art, Alter und Zustand des Gebäudes, Ausstattung, Wohn- und Nutzfläche, Zahl der Zimmer, Höhe der Mietzinsforderung sowie gegebenenfalls Höhe eines Baukostenzuschusses, einer Kaution, einer Mietvor-

auszahlung, eines Mieterdarlehens oder einer Abstandssumme, Name, Vorname und Anschrift des Vermieters;

3. bei der Vermittlung oder dem Nachweis der Gelegenheit zum Abschluss von Verträgen über die Nutzung von gewerblichen Räumen oder Wohnräumen: Lage des Grundstücks und der Räume, Ausstattung, Nutz- und Wohnfläche, Zahl der Räume, Höhe der Mietzinsforderung sowie gegebenenfalls Höhe eines Baukostenzuschusses, einer Kaution, einer Mietvorauszahlung, eines Mieterdarlehens oder einer Abstandssumme, Name, Vorname und Anschrift des Vermieters;

4. (aufgehoben)

5. bei der Vermittlung oder dem Nachweis der Gelegenheit zum Abschluss von Verträgen über den Erwerb von Anteilscheinen einer Kapitalanlagegesellschaft oder von ausländischen Investmentanteilen: Firma und Sitz der Kapitalanlagegesellschaft oder der ausländischen Investmentgesellschaft sowie je ein Stück der Vertragsbedingungen und des Verkaufsprospekts (§19 des Gesetzes über Kapitalanlagegesellschaften und § 3 des Gesetzes über den Vertrieb ausländischer Investmentanteile und über die Besteuerung der Erträge aus ausländischen Investmentanteilen); bei der Vermittlung oder dem Nachweis der Gelegenheit zum Abschluss von Verträgen über den Erwerb von ausländischen Investmentanteilen außerdem Angaben darüber, ob die ausländische Investmentgesellschaft in ihrem Sitzland in Hinblick auf das Investmentgeschäft einer staatlichen Aufsicht untersteht, ob und wann die ausländische Investmentgesellschaft die Absicht, ihre Anteile öffentlich zu vertreiben, dem Bundesaufsichtsamt für das Kreditwesen angezeigt hat sowie ob und wann das Bundesaufsichtsamt für das Kreditwesen den öffentlichen Vertrieb untersagt hat oder die Rechte aus der Vertriebsanzeige durch Verzicht erloschen sind;

6. bei der Vermittlung oder dem Nachweis der Gelegenheit zum Abschluss von Verträgen über den Erwerb von sonstigen öffentlich angebotenen Vermögensanlagen, die für gemeinsame Rechnung der Anleger verwaltet werden, sowie über den Erwerb von öffentlich angebotenen Anteilen an einer Kommanditgesellschaft:

a) die Kosten, die insgesamt jeweils von jeder Zahlung des Erwerbers abgezogen werden;

b) die laufenden Kosten, die darüber hinaus jährlich nach den Vertragsbedingungen einbehalten werden;

c) (aufgehoben)

d) ob rechtsverbindlich öffentliche Finanzierungshilfen zugesagt worden sind;

e) ob die eingezahlten Gelder von einem Kreditinstitut treuhänderisch verwaltet werden, sowie Firma und Sitz dieses Kreditinstituts;

f) ob bei einer Kommanditgesellschaft die Kapitalanteile von Kommanditisten als Treuhänder für die Anleger gehalten werden, sowie Name, Vorname oder Firma und Anschrift oder Sitz dieser Treuhänder;

g) wie hoch der Anteil der Fremdfinanzierung an der gesamten Finanzierung ist, ob die Kredite fest zugesagt sind und von wem;

h) ob ein Kontrollorgan für die Geschäftsführung bestellt ist und welche Befugnisse es hat;
i) ob die Haftung des Erwerbers auf die Einlage beschränkt ist;
j) ob weitere Zahlungsverpflichtungen für den Erwerber bestehen oder entstehen können;
k) Firma und Sitz des Unternehmens, das die angebotene Vermögensanlage verwaltet, oder der Gesellschaft, deren Anteile angeboten werden;
7. bei der Vermittlung oder dem Nachweis der Gelegenheit zum Abschluss von Verträgen über den Erwerb von öffentlich angebotenen Anteilen an einer Kapitalgesellschaft oder verbrieften Forderungen gegen eine Kapitalgesellschaft oder Kommanditgesellschaft:
a) Firma, Sitz und Zeitpunkt der Gründung der Gesellschaft;
b) ob und an welchen Börsen die Anteile oder Forderungen gehandelt werden;
c) ob ein Emissionsprospekt und ein Börsenprospekt vorliegen;
d) nach welchem Recht sich die Beziehungen zwischen dem Erwerber und der Gesellschaft richten;
e) sämtliche mit dem Erwerb verbundenen Kosten; bei verbrieften Forderungen außerdem Angaben über Zinssatz, Ausgabekurs, Tilgungs- und Rückzahlungsbedingungen und Sicherheiten.
(4) Aus den Aufzeichnungen und Unterlagen von Gewerbetreibenden im Sinne des § 34c Abs. 1 Satz 1 Nr. 2 der Gewerbeordnung müssen zusätzlich zu den Angaben nach Absatz 2 folgende Angaben ersichtlich sein, soweit sie im Einzelfall in Betracht kommen,
2. bei Bauvorhaben, die ganz oder teilweise zur Veräußerung bestimmt sind: Lage und Größe des Baugrundstücks, das Bauvorhaben mit den von der Bauaufsicht genehmigten Plänen nebst Baubeschreibung, sofern das Bauvorhaben nicht genehmigungspflichtig ist, neben den vorerwähnten Plänen und der Baubeschreibung die Bestätigung der Behörde oder des Gewerbetreibenden gemäß §3 Abs. 1 Satz 1 Nr. 4 Buchstabe a oder b, der Zeitpunkt der Fertigstellung, die Kaufsache, die Kaufpreisforderung, die Belastungen, die Finanzierung, soweit sie nicht vom Erwerber erbracht werden soll;
3. bei Bauvorhaben, die ganz oder teilweise vermietet, verpachtet oder in anderer Weise zur Nutzung überlassen werden sollen: Lage und Größe des Baugrundstücks, das Bauvorhaben mit den von der Bauaufsicht genehmigten Plänen nebst Baubeschreibung, sofern das Bauvorhaben nicht genehmigungspflichtig ist, neben den vorerwähnten Plänen und der Baubeschreibung die Bestätigung der Behörde oder des Gewerbetreibenden gemäß § 3 Abs. 1 Satz 1 Nr. 4 Buchstabe a oder b, der Zeitpunkt der Fertigstellung, der Vertragsgegenstand, die Mietzins-, Pachtzins- oder sonstige Forderung, die darüber hinaus zu erbringenden laufenden Leistungen und die etwaigen einmaligen Leistungen, die nicht zur Vorbereitung oder Durchführung des Bauvorhabens verwendet werden sollen;
4. bei Bauvorhaben, die der Gewerbetreibende als Baubetreuer wirtschaftlich vorbereiten oder durchführen soll: Lage und Größe des Baugrundstücks, das Bauvorhaben mit Plänen und Baubeschreibung, der Zeitpunkt

der Fertigstellung, die veranschlagten Kosten, die Kostenobergrenze und die von dem Gewerbetreibenden bei Dritten zu beschaffende Finanzierung.

(5) Aus den Aufzeichnungen, Unterlagen und Belegen sämtlicher Gewerbetreibender müssen ferner ersichtlich sein, soweit dies im Einzelfall in Betracht kommt,

1. Art und Höhe der Vermögenswerte des Auftraggebers, die der Gewerbetreibende zur Ausführung des Auftrages erhalten hat oder zu deren Verwendung er ermächtigt wurde,
2. das für die Vermittler- oder Nachweistätigkeit oder für die Tätigkeit als Baubetreuer vom Auftraggeber entrichtete Entgelt,
3. eine Bestätigung des Auftraggebers über die Aushändigung der in § 2 Abs. 4 Satz 3 bezeichneten Unterlagen,
4. Kopie der Bürgschaftsurkunde und des Versicherungsscheins,
5. Verwendungen von Vermögenswerten des Auftraggebers durch den Gewerbetreibenden nach Tag und Höhe, in den Fällen des § 2 Abs. 5 Satz 2 auch eine Bestätigung des Auftraggebers darüber, dass ihm die ordnungsgemäße Verwendung der Teilbeträge nachgewiesen worden ist,
6. Tag und Grund der Auftragsbeendigung,
7. Tag der Beendigung der Bürgschaftsvertrages und der Versicherung,
8. die in § 7 Abs. 2 erwähnten Unterlagen,
9. Nachweis, dass dem Auftraggeber die in § 11 bezeichneten Angaben rechtzeitig und vollständig mitgeteilt worden sind.

(6) Sonstige Vorschriften über Aufzeichnungs- und Buchführungspflichten des Gewerbetreibenden und die in §§ 2 und 3 des Gesetzes über die Sicherung der Bauforderungen in der im Bundesgesetzblatt Teil III, Gliederungsnummer 213-2, veröffentlichten bereinigten Fassung in der jeweils geltenden Fassung bleiben unberührt.

§ 11 Informationspflicht

Der Gewerbetreibende hat dem Auftraggeber schriftlich und in deutscher Sprache folgende Angaben mitzuteilen, soweit sie im Einzelfall in Betracht kommen:

1. in den Fällen des § 34 c Abs. 1 Satz 1 Nr. 1 Buchstabe a der Gewerbeordnung, sofern der Abschluss von Verträgen über Grundstücke, grundstücksgleiche Rechte, gewerbliche Räume oder Wohnräume vermittelt oder die Gelegenheit zum Abschluss solcher Verträge nachgewiesen werden soll, unmittelbar nach der Annahme des Auftrages die in § 10 Abs. 2 Nr. 2 Buchstabe a und f erwähnten Angaben und spätestens bei Aufnahme der Vertragsverhandlungen über den vermittelten oder nachgewiesenen Vertragsgegenstand die in § 10 Abs. 2 Nr. 2 Buchstabe b bis e und Abs. 3 Nr. 1 bis 3 erwähnten Angaben,
2. in den Fällen des § 34 c Abs. 1 Satz 1 Nr. 1 Buchstabe b der Gewerbeordnung vor der Annahme des Auftrages die in § 10 Abs. 2 Nr. 2 und Abs. 3 Nr. 5 bis 7 erwähnten Angaben,

3. in den Fällen des § 34 c Abs. 1 Satz 1 Nr. 2 der Gewerbeordnung spätestens bis zur Annahme des Auftrages die in § 10 Abs. 2 Nr. 2 und Abs. 4 erwähnten Angaben. Vor diesem Zeitpunkt hat der Gewerbetreibende dem Auftraggeber die Angaben zu machen, die zur Beurteilung des Auftrages nach dem jeweiligen Verhandlungsstand erforderlich sind. Im Falle des § 10 Abs. 4 Nr. 3 entfällt die Verpflichtung, soweit die Angaben vom Auftraggeber stammen.

§ 12 Unzulässigkeit abweichender Vereinbarungen

Der Gewerbetreibende darf seine Verpflichtungen nach den §§ 2 bis 8 sowie die nach § 2 Abs. 1 zu sichernden Schadenersatzansprüche des Auftraggebers durch vertragliche Vereinbarungen weder ausschließen noch beschränken.

§ 13 Inseratensammlung

(1) Je ein Stück sämtlicher Veröffentlichungen und Werbeschriften, insbesondere Inserate und Prospekte, in denen der Gewerbetreibende Tätigkeiten ankündigt, die den Vorschriften dieser Verordnung unterliegen, ist in der Reihenfolge des Erscheinens übersichtlich zu verwahren. Die gesammelten Inserate müssen einen Hinweis auf die Bezeichnung der Druckschrift und den Tag ihres Erscheinens enthalten. Bei gleichlautenden Dauerinseraten genügt die Verwahrung der erstmaligen Veröffentlichung mit einem Vermerk über alle weiteren Erscheinungstage. Der Gewerbetreibende kann an Stelle der Inserate die Kopien der Anzeigenaufträge und die Rechnungen oder die Kopien der Rechnungen des Verlagsunternehmens, aus denen die Bezeichnung der Druckschrift und der Tag ihres Erscheinens ersichtlich sein müssen, verwahren.
(2) Soweit die Verwahrung einer Veröffentlichung nach Absatz 1 wegen ihrer Art nicht möglich ist, ist ein Vermerk über ihren Inhalt und den Tag ihres Erscheinens zu der Sammlung zu nehmen.

§ 14 Aufbewahrung

(1) Die in den §§ 10 und 13 bezeichneten Geschäftsunterlagen sind 5 Jahre in den Geschäftsräumen aufzubewahren. Die Aufbewahrungsfrist beginnt in den Fällen des § 10 mit dem Schluss des Kalenderjahres, in dem der letzte aufzeichnungspflichtige Vorgang für den jeweiligen Auftrag angefallen ist, in den Fällen des § 13 mit dem Schluss des Kalenderjahres, in dem die letzte Veröffentlichung oder Werbung stattgefunden hat. Vorschriften, die eine längere Frist bestimmen, bleiben unberührt.
(2) Die nach Absatz 1 aufzubewahrenden Unterlagen können auch in Form einer verkleinerten Wiedergabe aufbewahrt werden, wenn gesichert

ist, dass die Wiedergabe mit der Urschrift übereinstimmt. Der Gewerbetreibende hat auf Verlangen der zuständigen Behörde auf seine Kosten die erforderliche Anzahl ohne Hilfsmittel lesbarer Reproduktionen vorzulegen; bei Ermittlungen oder Prüfungen in den Geschäftsräumen sind für verkleinerte Wiedergaben die erforderlichen Lesegeräte bereitzuhalten.

§ 15 (aufgehoben)

§ 16 Prüfungen

(1) Gewerbetreibende im Sinne des § 34c Abs. 1 der Gewerbeordnung haben auf ihre Kosten die Einhaltung der sich aus den §§ 2 bis 14 ergebenden Verpflichtungen für jedes Kalenderjahr durch einen geeigneten Prüfer prüfen zu lassen und der zuständigen Behörde den Prüfungsbericht bis spätestens zum 31. Dezember des darauffolgenden Jahres zu übermitteln. Sofern der Gewerbetreibende im Berichtszeitraum keine nach § 34 c Abs. 1 Satz 1 der Gewerbeordnung erlaubnispflichtige Tätigkeit ausgeübt hat, hat er spätestens bis zu dem in Satz 1 genannten Termin anstelle des Prüfungsberichts eine entsprechende Erklärung zu übermitteln. Der Prüfungsbericht muss einen Vermerk darüber enthalten, ob Verstöße des Gewerbetreibenden festgestellt worden sind. Verstöße sind in dem Vermerk aufzuzeigen. Der Prüfer hat den Vermerk mit Angabe von Ort und Datum zu unterzeichnen.
(2) Die zuständige Behörde ist befugt, Gewerbetreibende im Sinne des § 34 c Abs. 1 der Gewerbeordnung auf deren Kosten aus besonderem Anlass im Rahmen einer außerordentlichen Prüfung durch einen geeigneten Prüfer überprüfen zu lassen. Der Prüfer wird von der zuständigen Behörde bestimmt. 3Absatz 1 Satz 2 bis 4 gilt entsprechend.
(3) Geeignete Prüfer sind
1. Wirtschaftsprüfer, vereidigte Buchprüfer, Wirtschaftsprüfungs- und Buchprüfungsgesellschaften,
2. Prüfungsverbände, zu deren gesetzlichem oder satzungsmäßigem Zweck die regelmäßige und außerordentliche Prüfung ihrer Mitglieder gehört, sofern
a) von ihren gesetzlichen Vertretern mindestens einer Wirtschaftsprüfer ist,
b) sie die Voraussetzungen des § 63 b Abs. 5 des Gesetzes betreffend die Erwerbs- und Wirtschaftsgenossenschaften erfüllen oder
c) sie sich für ihre Prüfungstätigkeit selbständiger Wirtschaftsprüfer oder vereidigter Buchprüfer oder einer Wirtschaftsprüfungs- oder Buchprüfungsgesellschaft bedienen.
Bei Gewerbetreibenden im Sinne des § 34c Abs. 1 Satz 1 Nr. 1 Buchstabe a der Gewerbeordnung können mit der Prüfung nach den Absätzen 1 und 2 auch andere Personen, die öffentlich bestellt oder zugelassen worden sind und die auf Grund Ihrer Vorbildung und Erfahrung in der Lage sind, eine

ordnungsgemäße Prüfung in dem jeweiligen Gewerbebetrieb durchzuführen, sowie deren Zusammenschlüsse betraut werden. Ungeeignet für eine Prüfung sind Personen, bei denen die Besorgnis der Befangenheit besteht.

§ 17 Rechte und Pflichten der an der Prüfung Beteiligten

(1) Der Gewerbetreibende hat dem Prüfer die Einsicht in die Bücher, Aufzeichnungen und Unterlagen zu gestatten. Er hat ihm alle Aufklärungen und Nachweise zu geben, die der Prüfer für eine sorgfältige Prüfung benötigt.
(2) Der Prüfer ist zur gewissenhaften und unparteiischen Prüfung und zur Verschwiegenheit verpflichtet. Er darf nicht unbefugt Geschäfts- und Betriebsgeheimnisse verwerten, die er bei seiner Tätigkeit erfahren hat. Ein Prüfer, der vorsätzlich oder fahrlässig seine Pflichten verletzt, ist dem Gewerbetreibenden zum Ersatz des daraus entstehenden Schadens verpflichtet. Mehrere Personen haften als Gesamtschuldner.

§ 18 Ordnungswidrigkeiten

Ordnungswidrig im Sinne des § 144 Abs. 2 Nr. 1 der Gewerbeordnung handelt, wer
1. Vermögenswerte des Auftraggebers annimmt oder sich zu deren Verwendung ermächtigen lässt, bevor er
a) nach § 2 Abs. 1 Sicherheit geleistet oder eine Versicherung abgeschlossen oder
b) die in § 2 Abs. 4 Satz 3 bezeichneten Urkunden ausgehändigt hat,
2. entgegen § 2 Abs. 5, auch in Verbindung mit § 7 Abs. 1 Satz 2, oder § 7 Abs. 1 Satz 3 die Sicherheit oder Versicherung nicht aufrechterhält,
3. einer Vorschrift des § 3 über die Entgegennahme oder die Ermächtigung zur Verwendung von Vermögenswerten des Auftraggebers zuwiderhandelt,
4. einer Vorschrift des § 4 über die Verwendung von Vermögenswerten des Auftraggebers zuwiderhandelt,
5. einer Vorschrift des § 6 Abs. 1, Abs. 2 Satz 1 oder 2, Abs. 3 Satz 1 oder Abs. 3 Satz 2 in Verbindung mit Abs. 2 Satz 2 über die getrennte Vermögensverwaltung zuwiderhandelt,
6. entgegen § 9 die Anzeige nicht, nicht richtig, nicht vollständig oder nicht rechtzeitig erstattet,
7. entgegen § 10 Abs. 1 bis 5 erforderliche Aufzeichnungen nicht, nicht richtig, nicht vollständig, nicht ordnungsgemäß oder nicht rechtzeitig macht oder Unterlagen oder Belege nicht oder nicht übersichtlich sammelt,
8. entgegen § 11 Satz 1 Nr. 1 bis 3 dem Auftraggeber die dort bezeichneten Angaben nicht, nicht richtig, nicht vollständig oder nicht rechtzeitig mitteilt,

9. einer Vorschrift des § 13 über die Verwahrung, Kennzeichnung oder Aufzeichnung von Werbematerial zuwiderhandelt,
10. entgegen § 14 Abs. 1 Satz 1 Geschäftsunterlagen nicht während der vorgeschriebenen Frist aufbewahrt
11. (aufgehoben)
12. entgegen § 16 Abs. 1 Satz 1 oder 2 einen Prüfungsbericht nicht, nicht richtig, nicht vollständig oder nicht rechtzeitig oder eine dort genannte Erklärung nicht, nicht richtig oder nicht rechtzeitig vorlegt oder,
13. den Duldungs- oder Mitwirkungspflichten des § 17 Abs. 1 nicht, nicht ausreichend oder nicht rechtzeitig nachkommt.

§ 19 (Aufhebung von Vorschriften)

§ 20 Übergangsvorschriften

(1) Gewerbetreibende, die Vermögenswerte des Auftraggebers nach den §§ 3 oder 7 Abs. 1 in der bis zum 28. Februar 1991 geltenden Fassung abzusichern haben, können die Verträge weiterhin nach diesen Vorschriften abwickeln.

(2) Betreuungsunternehmen im Sinne des § 37 Abs. 2 des Zweiten Wohnungsbaugesetzes und des § 22 c Abs. 2 des Wohnungsbaugesetzes für das Saarland, die diese Eigenschaft verlieren, dürfen Vermögenswerte des Auftraggebers von diesem Zeitpunkt an nur noch unter den Voraussetzungen der §§ 2 bis 7 entgegennehmen oder sich zu deren Verwendung ermächtigen lassen.

§ 21 Berlin-Klausel (Gegenstandslos)

§ 22 (Inkrafttreten)

Auszüge aus der Verordnung über die Honorare für Leistungen der Architekten und Ingenieure (Honorarordnung für Architekten und Ingenieure – HOAI):

§ 1 Anwendungsbereich

Die Bestimmungen dieser Verordnung gelten für die Berechnung der Entgelte für Leistungen der Architekten und der Ingenieure (Auftragnehmer), soweit sie durch Leistungsbilder oder anderer Bestimmungen dieser Verordnung erfasst werden.

§ 2   Leistungen

(1) Soweit Leistungen in Leistungsbildern erfasst sind, gliedern sich die Leistungen in Grundleistungen und Besondere Leistungen.
(2) Grundleistungen umfassen die Leistungen, die zur ordnungsgemäßen Erfüllung eines Auftrages im allgemeinen erforderlich sind. Sachlich zusammengehörige Grundleistungen sind zu jeweils in sich abgeschlossenen Leistungsphasen zusammengefasst.
(3) Besondere Leistungen können zu den Grundleistungen hinzu oder an deren Stelle treten, wenn besondere Anforderungen an die Ausführung des Auftrags gestellt werden, die über die allgemeinen Leistungen hinausgehen oder diese ändern. Sie sind in den Leistungsbildern nicht abschließend aufgeführt. Die Besonderen Leistungen eines Leistungsbildes können auch in anderen Leistungsbildern oder Leistungsphasen vereinbart werden, in denen sie nicht aufgeführt sind, soweit sie dort nicht Grundleistungen darstellen.

§ 3   Begriffsbestimmungen

Im Sinne dieser Verordnung gelten folgende Begriffsbestimmungen:
1. Objekte sind Gebäude, sonstige Bauwerke, Anlagen, Freianlagen und raumbildende Ausbauten.
2. Neubauten und Neuanlagen sind neu zu errichtende oder neu herzustellende Objekte.
3. Wiederaufbauten sind die Wiederherstellung zerstörter Objekte auf vorhandenen Bau- oder Anlageteilen. Sie gelten als Neubauten, sofern eine neue Planung erforderlich ist.
4. Erweiterungsbauten sind Ergänzungen eines vorhandenen Objekts, zum Beispiel durch Aufstockung oder Anbau.
5. Umbauten sind Umgestaltungen eines vorhandenen Objekts mit wesentlichen Eingriffen in Konstruktion oder Bestand.
6. Modernisierungen sind bauliche Maßnahmen zur nachhaltigen Erhöhung des Gebrauchswertes eines Objekts, soweit sie nicht unter die Nummern 4, 5 oder 10 fallen, jedoch einschließlich der durch diese Maßnahmen verursachten Instandsetzungen.
7. Raumbildende Ausbauten sind die innere Gestaltung oder Erstellung von Innenräumen ohne wesentliche Eingriffe in Bestand oder Konstruktion. Sie können im Zusammenhang mit Leistungen nach den Nummern 2 bis 6 anfallen.
8. Einrichtungsgegenstände sind nach Einzelplanung angefertigte, nicht serienmäßig bezogene Gegenstände, die keine wesentlichen Bestandteile des Objekts sind.

9. Integrierte Werbeanlagen sind der Werbung an Bauwerken dienende Anlagen, die fest mit dem Bauwerk verbunden sind und es gestalterisch beeinflussen.
10. Instandsetzungen sind Maßnahmen zur Wiederherstellung des zum bestimmungsmäßigen Gebrauch geeigneten Zustandes (Soll-Zustandes) eines Objekts, soweit sie nicht unter Nummer 3 fallen oder durch Maßnahmen nach Nummer 6 verursacht sind.
11. Instandhaltungen sind Maßnahmen zur Erhaltung des Soll-Zustandes eines Objekts.
12. Freianlagen sind planerisch gestaltete Freiflächen und Freiräume sowie entsprechend gestaltete Anlagen in Verbindung mit Bauwerken oder in Bauwerken.

§ 4 Vereinbarung des Honorars

(1) Das Honorar richtet sich nach der schriftlichen Vereinbarung, die die Vetragsparteien bei Auftragserteilung im Rahmen der durch diese Verordnung festgesetzten Mindest- und Höchstsätze treffen.
(2) Die in dieser Verordnung festgesetzten Mindestsätze können durch schriftliche Vereinbarung in Ausnahmefällen unterschritten werden.
(3) Die in dieser Verordnung festgesetzten Höchstsätze dürfen nur bei außergewöhnlichen oder ungewöhnlich lange dauernden Leistungen durch schriftliche Vereinbarung überschritten werden. Dabei haben Umstände, soweit sie bereits für die Einordnung in Honorarzonen oder Schwierigkeitsstufen, für die Vereinbarung von Besonderen Leistungen oder für die Einordnung in den Rahmen der Mindest- und Höchstsätze mitbestimmend gewesen sind, außer Betracht zu bleiben.
(4) Sofern nicht bei Auftragserteilung etwas anderes schriftlich vereinbart worden ist, gelten die jeweiligen Mindestsätze als vereinbart.

§ 4a Abweichende Honorarermittlung

Die Vertragsparteien können abweichend von den in der Verordnung vorgeschriebenen Honorarermittlungen schriftlich bei Auftragserteilung vereinbaren, dass das Honorar auf der Grundlage einer nachprüfbaren Ermittlung der voraussichtlichen Herstellungskosten nach Kostenberechnungen oder nach Kostenanschlag berechnet wird. Soweit auf Veranlassung des Auftraggebers Mehrleistungen des Auftragnehmers erforderlich werden, sind diese Mehrleistungen zusätzlich zu honorieren. Verlängert sich die Planungs- und Bauzeit wesentlich durch Umstände, die der Auftragnehmer nicht zu vertreten hat, kann für die dadurch verursachten Mehraufwendungen ein zusätzliches Honorar vereinbart werden.

§ 5 Berechnung des Honorars in besonderen Fällen

(1) Werden nicht alle Leistungsphasen eines Leistungsbildes übertragen, so dürfen nur die für die übertragenen Phasen vorgesehenen Teilhonorare berechnet werden.
(2) Werden nicht alle Grundleistungen einer Leistungsphase übertragen, so darf für die übertragenen Leistungen nur ein Honorar berechnet werden, das dem Anteil der übertragenen Leistungen an der gesamten Leistungsphase entspricht. Das gleiche gilt, wenn wesentliche Teile von Grundleistungen dem Auftragnehmer nicht übertragen werden. Ein zusätzlicher Koordinierungs- und Einarbeitungsaufwand ist zu berücksichtigen.
(3) Werden Grundleistungen im Einvernehmen mit dem Auftraggeber insgesamt oder teilweise von anderen an der Planung und Überwachung fachlich Beteiligten erbracht, so darf nur ein Honorar berechnet werden, das dem verminderten Leistungsumfang des Auftragnehmers entspricht. § 10 Abs. 4 bleibt unberührt.
(4) Für Besondere Leistungen, die zu den Grundleistungen hinzutreten, darf ein Honorar nur berechnet werden, wenn die Leistungen im Verhältnis zu den Grundleistungen einen nicht unwesentlichen Arbeits- und Zeitaufwand verursachen und das Honorar schriftlich vereinbart worden ist. Das Honorar ist in angemessenem Verhältnis zu dem Honorar für die Grundleistung zu berechnen, mit der die Besondere Leistung nach Art und Umfang vergleichbar ist. Ist die Besondere Leistung nicht mit einer Grundleistung vergleichbar, so ist das Honorar als Zeithonorar nach § 6 zu berechnen.
(4 a) Für Besondere Leistungen, die unter Ausschöpfung der technisch-wirtschaftlichen Lösungsmöglichkeiten zu einer wesentlichen Kostensenkung ohne Verminderung des Standards führen, kann ein Erfolgshonorar zuvor schriftlich vereinbart werden, das bis zu 20 vom Hundert der vom Auftragnehmer durch seine Leistungen eingesparten Kosten betragen kann.
(5) Soweit Besondere Leistungen ganz oder teilweise an die Stelle von Grundleistungen treten, ist für sie ein Honorar zu berechnen, das dem Honorar für die ersetzten Grundleistungen entspricht.

§ 5a Interpolation

Die zulässigen Mindest- und Höchstsätze für Zwischenstufen der in den Honorartafeln angegebenen anrechenbaren Kosten, Werte und Verrechnungseinheiten (VE) sind durch lineare Interpolation zu ermitteln.
§ 6 Zeithonorar
(1) Zeithonorare sind auf der Grundlage der Stundensätze nach Absatz 2 durch Vorausschätzung des Zeitbedarfs als Fest- oder Höchstbetrag zu berechnen. Ist eine Vorausschätzung des Zeitbedarfs nicht möglich, so ist

das Honorar nach dem nachgewiesenen Zeitbedarf auf der Grundlage der Stundensätze nach Absatz 2 zu berechnen.
(2) Werden Leistungen des Auftragnehmers oder seiner Mitarbeiter nach Zeitaufwand berechnet, so kann für jede Stunde folgender Betrag berechnet werden:

1. für den Auftragnehmer	38 bis 82 Euro,
2. für Mitarbeiter, die technische oder wirtschaftliche Aufgaben erfüllen, soweit sie nicht unter Nummer 3 fallen	36 bis 59 Euro,
3. für Technische Zeichner oder sonstige Mitarbeiter mit vergleichbarer Qualifikation, die technische oder wirtschaftliche Aufgaben erfüllen	31 bis 43 Euro.

§ 7 Nebenkosten

(1) Die bei der Ausführung des Auftrages entstehenden Auslagen (Nebenkosten) des Auftragnehmers können, soweit sie erforderlich sind, abzüglich der nach § 15 Abs. 1 des Umsatzsteuergesetzes abziehbaren Vorsteuern neben den Honoraren dieser Verordnung berechnet werden. Die Vertragsparteien können bei Auftragserteilung schriftlich vereinbaren, dass abweichend von Satz 1 eine Erstattung ganz oder teilweise ausgeschlossen ist.
(2) Zu den Nebenkosten gehören insbesondere:
1. Post- und Fernmeldegebühren,
2. Kosten für Vervielfältigungen von Zeichnungen und von schriftlichen Unterlagen sowie Anfertigung von Filmen und Fotos,
3. Kosten für ein Baustellenbüro einschließlich der Einrichtung, Beleuchtung und Beheizung,
4. Fahrkosten für Reisen, die über den Umkreis von mehr als 15 Kilometer vom Geschäftssitz des Auftragnehmers hinausgehen, in Höhe der steuerlich zulässigen Pauschalsätze, sofern nicht höhere Aufwendungen nachgewiesen werden,
5. Trennungsentschädigungen und Kosten für Familienheimfahrten nach den steuerlich zulässigen Pauschalsätzen, sofern nicht höhere Aufwendungen an Mitarbeiter des Auftragnehmers auf Grund von tariflichen Vereinbarungen bezahlt werden,
6. Entschädigungen für den sonstigen Aufwand bei längeren Reisen nach Nummer 4, sofern die Entschädigungen vor der Geschäftsreise schriftlich vereinbart worden sind,
7. Entgelte für nicht dem Auftragnehmer obliegende Leistungen, die von ihm im Einvernehmen mit dem Auftraggeber Dritten übertragen worden sind,
8. im Falle der Vereinbarung eines Zeithonorars nach § 6 die Kosten für Vermessungsfahrzeuge und andere Messfahrzeuge, die mit umfangreichen

Messinstrumenten ausgestattet sind, sowie für hochwertige Geräte, die für Vermessungsleistungen und für andere messtechnische Leistungen verwandt werden.
(3) Nebenkosten können pauschal oder nach Einzelnachweis abgerechnet werden. Sie sind nach Einzelnachweis abzurechnen, sofern nicht bei Auftragserteilung eine pauschale Abrechnung schriftlich vereinbart worden ist.

§ 8 Zahlungen

(1) Das Honorar wird fällig, wenn die Leistungen vertragsgemäß erbracht und eine prüffähige Honorarschlussrechnung überreicht worden ist.
(2) Abschlagszahlungen können in angemessenen zeitlichen Abständen für nachgewiesene Leistungen gefordert werden.
(3) Nebenkosten sind auf Nachweis fällig, sofern nicht bei Auftragserteilung etwas anderes schriftlich vereinbart worden ist.
(4) Andere Zahlungsweisen können schriftlich vereinbart werden.

§ 9 Umsatzsteuer

(1) Der Auftragnehmer hat Anspruch auf Ersatz der Umsatzsteuer, die auf sein nach dieser Verordnung berechnetes Honorar und auf die nach § 7 berechneten Nebenkosten entfällt, sofern sie nicht nach § 19 Abs. 1 des Umsatzsteuergesetzes unerhoben bleibt; dies gilt auch für die Abschlagszahlungen gemäß § 8 Abs. 2. Die weiterberechneten Nebenkosten sind Teil des umsatzsteuerlichen Entgelts für eine einheitliche Leistung des Auftragnehmers.
(2) Die auf die Kosten von Objekten entfallende Umsatzsteuer ist nicht Bestandteil der anrechenbaren Kosten.

§ 10 Grundlagen des Honorars

(1) Das Honorar für Grundleistungen bei Gebäuden, Freianlagen und raumbildenden Ausbauten richtet sich nach den anrechenbaren Kosten des Objekts, nach der Honorarzone, der das Objekt angehört, sowie bei Gebäuden und raumbildenden Ausbauten nach der Honorartafel in § 16 und bei Freianlagen nach der Honorartafel in § 17.
(2) Anrechenbare Kosten sind unter Zugrundelegung der Kostenermittlungsarten nach DIN 276 in der Fassung vom April 1981 (DIN 276) zu ermitteln.
1. für die Leistungsphasen 1 bis 4 nach der Kostenberechnung, solange diese nicht vorliegt, nach der Kostenschätzung;
2. für die Leistungsphasen 5 bis 7 nach dem Kostenanschlag, solange dieser nicht vorliegt, nach der Kostenberechnung;

3. für die Leistungsphasen 8 und 9 nach der Kostenfeststellung, solange diese nicht vorliegt, nach dem Kostenanschlag.

(3) Als anrechenbare Kosten nach Absatz 2 gelten die ortsüblichen Preise, wenn der Auftraggeber
1. selbst Lieferungen oder Leistungen übernimmt,
2. von bauausführenden Unternehmen oder von Lieferern sonst nicht übliche Vergünstigungen erhält,
3. Lieferungen oder Leistungen in Gegenrechnung ausführt oder
4. vorhandene oder vorbeschaffte Baustoffe oder Bauteile einbauen lässt.

(3a) Vorhandene Bausubstanz, die technisch oder gestalterisch mitverarbeitet wird, ist bei den anrechenbaren Kosten angemessen zu berücksichtigen; der Umfang der Anrechnung bedarf der schriftlichen Vereinbarung.

(4) Anrechenbar sind für Grundleistungen bei Gebäuden und raumbildenden Ausbauten die Kosten für Installationen, zentrale Betriebstechnik und betriebliche Einbauten (DIN 276, Kostengruppen 3.2 bis 3.4 und 3.5.2 bis 3.5.4), die der Auftragnehmer fachlich nicht plant und deren Ausführung er fachlich auch nicht überwacht,
1. vollständig bis zu 25 v.H. der sonstigen anrechenbaren Kosten
2. zur Hälfte mit dem 25 v.H. der sonstigen anrechenbaren Kosten übersteigenden Betrag.

Plant der Auftragnehmer die in Satz 1 genannten Gegenstände fachlich und/oder überwacht er fachlich deren Ausführung, so kann für diese Leistungen ein Honorar neben dem Honorar nach Satz 1 vereinbart werden.

(4a) Zu den anrechenbaren Kosten für Grundleistungen bei Freianlagen rechnen insbesondere auch die Kosten für folgende Bauwerke und Anlagen, soweit sie der Auftragnehmer plant oder ihre Ausführung überwacht:
1. Einzelgewässer mit überwiegend ökologischen und landschaftsgestalterischen Elementen
2. Teiche oder Dämme
3. flächenhafter Erdbau zur Geländegestaltung
4. einfache Durchlässe und Uferbefestigungen als Mittel zur Geländegestaltung, soweit keine Leistungen ach Teil VIII erforderlich sind
5. Lärmschutzwälle als Mittel zur Geländegestaltung
6. Stützbauwerke und Geländeabstützungen ohne Verkehrsbelastung las Mittel zur Geländegestaltung, soweit keine Leistungen nach § 63 Abs. 1 Nr. 3 bis 5 HOAI erforderlich sind
7. Stege und Brücken, soweit keine Leistungen nach Teil VIII erforderlich sind
8. Wege ohne Eignung für den regelmäßigen Fahrverkehr mit einfachen Entwässerungsverhältnissen sowie andere Wege und befestigte Flächen, die als Gestaltungselement der Freianlagen geplant werden und für die Leistungen nach Teil VII nicht erforderlich sind.

(5) Nicht anrechenbar sind für Grundleistungen bei Gebäuden und raumbildenden Ausbauten die Kosten für:
1. das Baugrundstück einschließlich der Kosten des Erwerbs und des Freimachens (DIN 276, Kostengruppen 1.1 bis 1.3)

2. das Herrichten des Grundstücks (DIN 276, Kostengruppe 1.4), soweit der Auftragnehmer es weder plant noch seine Ausführung überwacht,
3. die öffentliche Erschließung und andere einmalige Abgaben (DIN 276, Kostengruppen 2.1 und 2.3)
4. die nichtöffentliche Erschließung (DIN 276, Kostengruppe 2.2) sowie die Abwasser- und Versorgungsanlagen und die Verkehrsanlagen (DIN 276, Kostengruppen 5.3 und 5.7), soweit der Auftragnehmer sie weder plant noch ihre Ausführung überwacht,
5. die Außenanlagen (DIN 276, Kostengruppe 5), soweit nicht unter Nummer 4 erfasst,
6. Anlagen und Einrichtungen aller Art, die in DIN 276, Kostengruppen 4 oder 5.4 aufgeführt sind, sowie die nicht in DIN 276 aufgeführten, soweit der Auftragnehmer sie weder plant noch bei ihrer Beschaffung mitwirkt, noch ihre Ausführung oder ihren Einbau überwacht,
7. Geräte und Wirtschaftsgegenstände, die nicht in DIN 276, Kostengruppen 4 und 5.4 aufgeführt sind, oder die der Auftraggeber ohne Mitwirkung des Auftragnehmers beschafft,
8. Kunstwerke, soweit sie nicht wesentliche Bestandteile des Objekts sind,
9. künstlerisch gestaltete Bauteile, soweit der Auftragnehmer sie weder plant noch ihre Ausführung überwacht,
10. die Kosten der Winterbauschutzvorkehrungen und sonstige zusätzliche Maßnahmen nach DIN 276, Kostengruppe 6; § 32 Abs. 4 bleibt unberührt,
11. Entschädigungen und Schadensersatzleistungen,
12. die Baunebenkosten (DIN 276, Kostengruppe 7),
13. fernmeldetechnische Einrichtungen und andere zentrale Einrichtungen der Fernmeldetechnik für Ortsvermittlungsstellen sowie Anlagen der Maschinentechnik, die nicht überwiegend der Ver- und Entsorgung des Gebäudes zu dienen bestimmt sind, soweit der Auftragnehmer diese fachlich nicht plant oder ihre Ausführung fachlich nicht überwacht; Absatz 4 bleibt unberührt.

(6) Nicht anrechenbar sind für Grundleistungen bei Freianlagen die Kosten für:
1. das Gebäude (DIN 276, Kostengruppe 3) sowie die in Absatz 5 Nr. 1 bis 4 und 6 bis 13 genannten Kosten,
2. den Unter- und Oberbau von Fußgängerbereichen nach § 14 Nr. 4, ausgenommen die Kosten für die Oberflächenbefestigung.

§ 11 Honorarzonen für Leistungen bei Gebäuden

(1) Die Honorarzone wird bei Gebäuden auf Grund folgender Bewertungsmerkmale ermittelt:
1. Honorarzone I:
Gebäude mit sehr geringen Planungsanforderungen, das heißt mit
- sehr geringen Anforderungen an die Einbindung in die Umgebung,

- einem Funktionsbereich,
- sehr geringen gestalterischen Anforderungen,
- einfachsten Konstruktionen,
- keiner oder einfacher Technischer Ausrüstung,
- keinem oder einfachem Ausbau.

2. Honorarzone II:
Gebäude mit geringen Planungsanforderungen, das heißt mit
- geringen Anforderungen an die Einbindung in die Umgebung,
- wenigen Funktionsbereichen,
- geringen gestalterischen Anforderungen,
- einfachen Konstruktionen,
- geringer Technischer Ausrüstung,
- geringem Ausbau.

3. Honorarzone III:
Gebäude mit durchschnittlichen Planungsanforderungen, das heißt mit
- durchschnittlichen Anforderungen an die Einbindung in die Umgebung,
- mehreren einfachen Funktionsbereichen,
- durchschnittlichen gestalterischen Anforderungen,
- normalen oder gebräuchlichen Konstruktionen,
- durchschnittlicher Technischer Ausrüstung,
- durchschnittlicher normalen Ausbau.

4. Honorarzone IV:
Gebäude mit überdurchschnittlichen Planungsanforderungen, das heißt mit
- überdurchschnittlichen Anforderungen an die Einbindung in die Umgebung,
- mehreren Funktionsbereichen mit vielfältigen Beziehungen,
- überdurchschnittlichen gestalterischen Anforderungen,
- überdurchschnittlichen konstruktiven Anforderungen,
- überdurchschnittlicher Technischer Ausrüstung,
- überdurchschnittlichem Ausbau.

5. Honorarzone V:
Gebäude mit sehr hohen Planungsanforderungen, das heißt mit
- sehr hohen Anforderungen an die Einbindung in die Umgebung,
- einer Vielzahl von Funktionsbereichen mit umfassenden Beziehungen,
- sehr hohen gestalterischen Anforderungen,
- sehr hohen konstruktiven Ansprüchen,
- einer vielfältigen Technischen Ausrüstung mit hohen technischen Ansprüchen,
- umfangreichen qualitativ hervorragendem Ausbau.

(2) Sind für ein Gebäude Bewertungsmerkmale aus mehreren Honorarzonen anwendbar und bestehen deswegen Zweifel, welcher Honorarzone das Gebäude zugerechnet werden kann, so ist die Anzahl der Bewertungspunkte nach Absatz 3 zu ermitteln; das Gebäude ist nach der Summe der Bewertungspunkte folgenden Honorarzonen zuzurechnen:

1. Honorarzone I: Gebäude mit bis zu 10 Punkten,
2. Honorarzone II: Gebäude mit 11 bis 18 Punkten,
3. Honorarzone III: Gebäude mit 19 bis 26 Punkten,
4. Honorarzone IV: Gebäude mit 27 bis 34 Punkten,
5. Honorarzone V: Gebäude mit 35 bis 42 Punkten

3) Bei der Zurechnung eines Gebäudes in die Honorarzonen sind entsprechend dem Schwierigkeitsgrad der Planungsanforderungen die Bewertungsmerkmale Anforderungen an die Einbindung in die Umgebung, konstruktive Anforderungen, Technische Ausrüstung und Ausbau mit je bis zu sechs Punkten zu bewerten, die Bewertungsmerkmale Anzahl der Funktionsbereiche und gestalterische Anforderungen mit je bis zu neun Punkten.

§ 12 Objektliste für Gebäude

Nachstehende Gebäude werden nach Maßgabe der in § 11 genannten Merkmale in der Regel folgenden Honorarzonen zugerechnet:
1. Honorarzone I:
Schlaf- und Unterkunftsbaracken und andere Behelfsbauten für vorübergehende Nutzung;
Pausenhallen, Spielhallen, Liege- und Wandelhallen, Einstellhallen, Verbindungsgänge, Feldscheunen und andere einfache landwirtschaftliche Gebäude;
Tribünenbauten, Wetterschutzhäuser.
2. Honorarzone II:
Einfache Wohnbauten mit gemeinschaftlichen Sanitär- und Kücheneinrichtungen;
Garagenbauten, Parkhäuser, Gewächshäuser;
geschlossene, eingeschossige Hallen und Gebäude als selbständige Bauaufgabe; Kassengebäude, Bootshäuser, einfache Werkstätten ohne Kranbahnen;
Verkaufslager, Unfall- und Sanitätswachen;
Musikpavillons.
3. Honorarzone III:
Wohnhäuser, Wohnheime und Heime mit durchschnittlicher Ausstattung;
Kinderhorte, Kindergärten, Gemeinschaftsunterkünfte, Jugendherbergen, Grundschulen;
Jugendfreizeitstätten, Jugendzentren, Bürgerhäuser, Studentenhäuser, Altentagesstätten und andere Betreuungseinrichtungen;
Fertigungsgebäude der metallverarbeitenden Industrie, Druckereien, Kühlhäuser;
Werkstätten, geschlossene Hallen und landwirtschaftliche Gebäude, soweit nicht in Honorarzone I, II oder IV erwähnt, Parkhäuser mit integrierten weiteren Nutzungsarten;
Bürobauten mit durchschnittlicher Ausstattung, Ladenbauten, Einkaufszentren, Märkte und Großmärkte, Messehallen, Gaststätten, Kantinen,

Mensen, Wirtschaftsgebäude, Feuerwachen, Rettungsstationen, Ambulatorien, Pflegeheime ohne medizinisch-technische Ausrüstung, Hilfskrankenhäuser;
Ausstellungsgebäude, Lichtspielhäuser;
Turn- und Sportgebäude sowie -anlagen, soweit nicht in Honorarzone II oder IV erwähnt.

4. Honorarzone IV:
Wohnungshäuser mit überdurchschnittlicher Ausstattung, Terrassen- und Hügelhäuser, planungsaufwendige Einfamilienhäuser mit entsprechendem Ausbau und Hausgruppen in planungsaufwendiger verdichteter Bauweise auf kleineren Grundstücken, Heime mit zusätzlichen medizinisch-technischen Einrichtungen;
Zentralwerkstätten, Brauereien, Produktionsgebäude der Automobilindustrie, Kraftwerksgebäude;
Schulen, ausgenommen Grundschulen; Bildungszentren, Volkshochschulen, Fachhochschulen, Hochschulen, Universitäten, Akademien, Hörsaalgebäude, Laborgebäude, Bibliotheken und Archive, Institutsgebäude für Lehre und Forschung, soweit nicht in Honorarzone V erwähnt;
landwirtschaftliche Gebäude mit überdurchschnittlicher Ausstattung, Großküchen, Hotels, Banken, Kaufhäuser, Rathäuser, Parlaments- und Gerichtsgebäude sowie sonstige Gebäude für die Verwaltung mit überdurchschnittlicher Ausstattung;
Krankenhäuser der Versorgungsstufe I und II, Fachkrankenhäuser, Krankenhäuser besonderer Zweckbestimmung, Therapie- und Rehabilitätseinrichtungen, Gebäude für Erholung, Kur und Genesung;
Kirchen, Konzerthallen, Museen, Studiobühnen, Mehrzweckhallen für religiöse, kulturelle oder sportliche Zwecke; Hallenschwimmbäder, Sportleistungszentren, Großsportstätten.

5. Honorarzone V:
Krankenhäuser der Versorgungsstufe III, Universitätskliniken;
Stahlwerksgebäude, Sintergebäude, Kokereien;
Studios für Rundfunk, Fernsehen und Theater, Konzertgebäude, Theaterbauten, Kulissengebäude, Gebäude für die wissenschaftliche Forschung (experimentelle Fachrichtungen).
(...)

§ 15 Leistungsbild Objektplanung für Gebäude, Freianlagen und raumbildende Ausbauten

(1) Das Leistungsbild Objektplanung umfasst die Leistungen der Auftragnehmer für Neubauten, Neuanlagen, Wiederaufbauten, Erweiterungsbauten, Umbauten, Modernisierungen, raumbildende Ausbauten, Instandhaltungen und Instandsetzungen. Die Grundleistungen sind in den in Absatz 2 aufgeführten Leistungsphasen 1 bis 9 zusammengefasst. Sie sind in der folgenden Tabelle für Gebäude und raumbildende Ausbauten in Vomhun-

dertsätzen der Honorare des § 16 und für Freianlagen in Vomhundertsätzen der Honorare des § 17 bewertet.

	Bewertung der Grundleistungen in v.H. der Honorare	Bewertung der Grundleistungen in v.H. der Honorare	Bewertung der Grundleistungen in v.H. der Honorare
	Gebäude	Freianlagen	Raumbildende Ausbauten
1. Grundlagenermittlung Ermitteln der Voraussetzungen zur Lösung der Bauaufgabe durch die Planung	3	3	3
2. Vorplanung (Projekt- und Planungsvorbereitung) Erarbeiten der wesentlichen Teile einer Lösung der Planungsaufgabe	7	10	7
3. Entwurfsplanung (System- und Integrationsplanung) Erarbeiten der endgültigen Lösung der Planungsaufgabe	11	15	14
4. Genehmigungsplanung Erarbeiten und Einreichen der Vorlagen für die erforderlichen Genehmigungen oder Zustimmungen	6	6	2
5. Ausführungsplanung Erarbeiten und Darstellen der ausführungsreifen Planungslösung	25	24	30
6. Vorbereitung der Vergabe Ermitteln der Mengen und Aufstellen von Leistungsverzeichnissen	10	7	7
7. Mitwirkung bei der Vergabe Ermitteln der Kosten und Mitwirkung bei der Auftragsvergabe	4	3	3
8. Objektüberwachung (Bauüberwachung) Überwachung der Ausführung des Objekts	31	29	31

| 9. Objektbetreuung und Dokumentation Überwachung der Beseitigung von Mängeln und Dokumentation | 3 | 3 | 3 |

(2) Das Leistungsbild setzt sich wie folgt zusammen:

Grundleistungen	Besondere Leistungen
1. Grundlagenermittlung Klären der Aufgabenstellung Beraten zum gesamten Leistungsbedarf Formulieren von Entscheidungshilfen für die Auswahl anderer an der Planung fachlich Beteiligter Zusammenfassen der Ergebnisse	Bestandsaufnahme Standortanalyse Betriebsplanung Aufstellung eines Raumprogramms Aufstellen eines Funktionsprogramms Prüfen der Umwelterheblichkeit Prüfen der Umweltverträglichkeit
2. Vorplanung (Projekt- und Planungsvorbereitung) Analyse der Grundlagen Abstimmen der Zielvorstellungen (Randbedingungen, Zielkonflikte) Aufstellen eines planungsbezogenen Zielkatalogs (Programmziele) Erarbeiten eines Planungskonzepts einschließlich Untersuchung der alternativen Lösungsmöglichkeiten nach gleichen Anforderungen mit zeichnerischer Darstellung und Bewertung, zum Beispiel versuchsweise zeichnerische Darstellungen, Strichskizzen, gegebenenfalls mit erläuternden Angaben Integrieren der Leistungen anderer an der Planung fachlich Beteiligter Klären und Erläutern der wesentlichen städtebaulichen, gestalterischen, funktionalen, technischen, bauphysikalischen, wirtschaftlichen, energiewirtschaftlichen (z.B. hinsichtlich rationeller Energieverwendung und der Verwendung erneuerbarer Energien) und landschaftsökologischen Zusammenhänge, Vorgänge und Bedingungen sowie der Belastung und Empfindlichkeit der betroffenen Ökosysteme Vorverhandlungen mit Behörden und anderen an der Planung fachlich Beteiligten über die Genehmigungsfähigkeit Bei Freianlagen: Erfassen, Bewerten und Erläutern der ökosystemaren Strukturen und Zusammenhänge, zum Beispiel Boden, Wasser, Klima, Luft, Pflanzen- und Tierwelt, sowie Darstellen der räumlichen und gestalterischen Konzeption mit erläuternden Angaben, insbesondere zur	Perspektiven, Muster, Modelle Aufstellen eines Zeit- und Organisationsplanes Ergänzen der Vorplanungsunterlagen hinsichtlich besonderer Maßnahmen zur Gebäude- und Bauteiloptimierung, die über das übliche Maß der Planungsleistungen hinausgehen, zur Verringerung des Energieverbrauchs sowie der Schadstoff- und CO_2-Emissionen und zur Nutzung erneuerbarer Energien in Abstimmung mit anderen an der Planung fachlich Beteiligten. Das übliche Maß ist für Maßnahmen zur Energieeinsparung durch die Erfüllung der Anforderungen gegeben, die sich aus Rechtsvorschriften und den allgemein anerkannten Regeln der Technik ergeben

Geländegestaltung, Biotopverbesserung und -vernetzung, vorhandenen Vegetation, Neupflanzung, Flächenverteilung der Grün-, Verkehrs, Wasser-, Spiel- und Sportflächen; ferner Klären der Randgestaltung und der Anbindung an die Umgebung
Kostenschätzung nach DIN 276 oder nach dem wohnungsrechtlichen Berechnungsrecht
Zusammenstellen aller Vorplanungsergebnisse

3. Entwurfsplanung (System- und Integrationsplanung)

Durcharbeiten des Planungskonzepts (stufenweise Erarbeitung einer zeichnerischen Lösung) unter Berücksichtigung städtebaulicher, gestalterischer, funktionaler, technischer, bauphysikalischer, wirtschaftlicher, energiewirtschaftlicher (z.B. hinsichtlich rationeller Energieverwendung und der Verwendung erneuerbarer Energien) und landschaftsökologischer Anforderungen unter Verwendung der Beiträge anderer an der Planung fachlich Beteiligter bis zum vollständigen Entwurf
Integrieren der Leistungen anderer an der Planung fachlich Beteiligter
Objektbeschreibung mit Erläuterung von Ausgleichs- und Ersatzmaßnahmen nach Maßgabe der naturschutzrechtlichen Eingriffsregelung

Analyse der Alternativen/Varianten und deren Wertung mit Kostenuntersuchung (Optimierung)
Wirtschaftlichkeitsberechnung
Kostenberechnung durch Aufstellen von Mengengerüsten oder Bauelementkatalog
Ausarbeitung besonderer Maßnahmen zur Gebäude- und Bauteiloptimierungen, die über das übliche Maß der Planungsleistungen hinausgehen, zur Verringerung des Energieverbrauchs sowie der Schadstoff- und CO_2-Emissionen und zur Nutzung erneuerbarer Energien in Abstimmung mit anderen an der Planung fachlich Beteiligter. Das übliche Maß ist für Maßnahmen zur Energieeinsparung durch die Erfüllung der Anforderungen gegeben, die sich aus Rechtsvorschriften und den allgemein anerkannten Regeln der Technik ergeben

Zeichnerische Darstellung des Gesamtentwurfs, z.B. durchgearbeitete, vollständige Vorentwurfs- und/oder Entwurfszeichnungen (Maßstab nach Art und Größe des Bauvorhabens; bei Freianlagen im Maßstab 1:500 bis 1:100, insbesondere mit Angaben zur Verbesserung der Biotopfunktion, zu Vermeidungs-, Schutz-, Pflege- und Entwicklungsmaßnahmen sowie zur differenzierten Bepflanzung; bei raumbildenden Ausbauten: im Maßstab 1:50 bis 1:20, insbesondere mit Einzelheiten der Wandabwicklungen, Farb-, Licht- und Materialgestaltung), gegebenenfalls auch Detailpläne mehrfach wiederkehrender Raumgruppen; Verhandlungen mit Behörden und anderen an der Planung fachlich Beteiligten über die Genehmigungsfähigkeit
Kostenberechnung nach DIN 276 oder nach dem wohnungsrechtlichen Berechnungsrecht
Zusammenfassen aller Entwurfsunterlagen
Kostenkontrolle durch Vergleich der Kostenberechnung mit der Kostenschätzung

4. Genehmigungsplanung

Erarbeiten der Vorlagen für die nach öffentlich-rechtlichen Vorschriften erforderlichen Genehmigungen oder Zustimmungen einschließlich der Anträge auf Ausnahmen und Befreiungen unter Verwendung der Beiträge anderer an der Planung fachlich Beteiligter sowie noch notwendiger Verhandlungen mit Behörden
Einreichen dieser Unterlagen
Vervollständigen und Anpassen der Planungsunterlagen, Beschreibungen und Berechnungen unter Verwendung der Beiträge anderer an der Planung fachlich Beteiligter
Bei Freianlagen und raumbildenden Ausbauten: Prüfen auf notwendige Genehmigungen, Einholen von Zustimmungen und Genehmigungen

Mitwirken bei der Beschaffung der nachbarlichen Zustimmung
Erarbeiten von Unterlagen für besondere Prüfverfahren
Fachliche und organisatorische Unterstützung des Bauherrn im Widerspruchsverfahren, Klageverfahren oder ähnliches
Ändern der Genehmigungsunterlagen infolge von Umständen, die der Auftragnehmer nicht zu vertreten hat

5. Ausführungsplanung

Durcharbeiten der Ergebnisse der Leistungsphasen 3 und 4 (stufenweise Erarbeitung und Darstellung der Lösung) unter Berücksichtigung städtebaulicher, gestalterischer, funktionaler, technischer, bauphysikalischer, wirtschaftlicher, energiewirtschaftlicher (z.B. hinsichtlich rationeller Energieverwendung und der Verwendung erneuerbarer Energien) und landschaftsökologischer Anforderungen unter Verwendung der Beiträge anderer an

der Planung fachlich Beteiligter bis zur ausführungsreifen Lösung
Zeichnerische Darstellung des Objekts mit allen für die Ausführung notwendigen Einzelangaben, z.B. endgültige, vollständige Ausführungs-, Detail- und Konstruktionszeichnungen im Maßstab 1:50 bis 1:1, bei Freianlagen je nach Art des Bauvorhabens im Maßstab 1:200 bis 1:50, insbesondere Bepflanzungspläne mit den erforderlichen textlichen Ausführungen
Bei raumbildenden Ausbauten: Detaillierte Darstellung der Räume und Raumfolgen im Maßstab 1:25 bis 1:1, mit den erforderlichen textlichen Ausführungen; Materialbestimmung
Erarbeiten der Grundlagen für die anderen an der Planung fachlich Beteiligten und Integrierung ihrer Beiträge bis zur ausführungsreifen Lösung
Fortschreiben der Ausführungsplanung während der Objektausführung

Aufstellen einer detaillierten Objektbeschreibung als Baubuch zur Grundlage der Leistungsbeschreibung mit Leistungsprogramm*
Aufstellen einer detaillierten Objektbeschreibung als Raumbuch zur Grundlage der Leistungsbeschreibung mit Leistungsprogramm*
Prüfen der vom bauausführenden Unternehmen auf Grund der Leistungsbeschreibung mit Leistungsprogramm

ausgearbeiteten Ausführungspläne auf Übereinstimmung mit der Entwurfsplanung*
Erarbeiten von Detailmodellen
Prüfen und Anerkennen von Plänen Dritter, nicht an der Planung fachlich Beteiligter auf Übereinstimmung mit den Ausführungsplänen (zum Beispiel Werkstattzeichnungen von Unternehmen, Aufstellungs- und Fundamentpläne von Maschinenlieferanten), soweit die Leistungen Anlagen betreffen, die in den anrechenbaren Kosten nicht erfasst sind
*Diese Besondere Leistung wird bei Leistungsbeschreibung mit Leistungsprogramm ganz oder teilweise Grundleistung. In diesem Falle entfallen die entsprechenden Grundleistungen dieser Leistungsphase, soweit die Leistungsbeschreibung mit Leistungsprogramm angewandt wird.

6. Vorbereitung der Vergabe

Ermitteln und Zusammenstellen von Mengen als Grundlage für das Aufstellen von Leistungsbeschreibungen unter Verwendung der Beiträge anderer an der Planung fachlich Beteiligter
Aufstellen von Leistungsbeschreibungen mit Leistungsverzeichnissen nach Leistungsbereichen
Abstimmen und Koordinieren der Leistungsbeschreibungen der an der Planung fachlich Beteiligten

Aufstellen der Leistungsbeschreibungen mit Leistungsprogramm unter Bezug auf Baubuch/Raumbuch*
Aufstellen von alternativen Leistungsbeschreibungen für geschlossene Leistungsbereiche
Aufstellen von vergleichenden Kostenübersichten unter Auswertung der Beiträge anderer an der Planung fachlich Beteiligter
*Diese Besondere Leistung wird bei Leistungsbeschreibung mit Leistungsprogramm ganz oder teilweise Grundleistung. In diesem Falle entfallen die entsprechenden Grundleistungen dieser Leistungsphase, soweit die Leistungsbeschreibung mit Leistungsprogramm angewandt wird.

7. Mitwirken bei der Vergabe

Zusammenstellen der Verdingungsunterlagen für alle Leistungsbereiche
Einholen von Angeboten
Prüfen und Werten der Angebote einschließlich Aufstellen eines Preisspiegels nach Teilleistungen unter Mitwirkung aller während der Leistungsphasen 6 und 7 fachlich Beteiligten
Abstimmen und Zusammenstellen der Leistungen der fachlich Beteiligten, die an der Vergabe mitwirken
Verhandlung mit Bietern
Kostenanschlag nach DIN 276 aus Einheits- oder Pauschalpreisen der Angebote
Kostenkontrolle durch Vergleich des Kostenanschlags mit der Kostenberechnung
Mitwirken bei der Auftragserteilung

Prüfen und Werten der Angebote aus Leistungsbeschreibung mit Leistungsprogramm einschließlich Preisspiegel*
Aufstellen, Prüfen und Werten von Preisspiegeln nach besonderen Anforderungen

Diese Besondere Leistung wird bei Leistungsbeschreibung mit Leistungsprogramm ganz oder teilweise Grundleistung. In diesem Falle entfallen die entsprechenden Grundleistungen dieser Leistungsphase, soweit die Leistungsbeschreibung mit Leistungsprogramm angewandt wird.

8. Objektüberwachung (Bauüberwachung)

Überwachen der Ausführung des Objekts auf Übereinstimmung mit der Baugenehmigung oder Zustimmung, den Ausführungsplänen und den Leistungsbeschreibungen sowie mit den anerkannten Regeln der Technik und den einschlägigen Vorschriften
Überwachen der Ausführung von Tragwerken nach § 63 Abs. 1 Nr. 1 und 2 auf Übereinstimmung mit dem Standsicherheitsnachweis
Koordinieren der an der Objektüberwachung fachlich Beteiligten
Überwachung und Detailkorrektur von Fertigteilen
Aufstellen und Überwachen eines Zeitplanes (Balkendiagramm)
Führen eines Bautagebuches
Gemeinsames Aufmaß mit den bauausführenden Unternehmen

Aufstellen, Überwachen und Fortschreiben eines Zahlungsplanes
Aufstellen, Überwachen und Fortschreiben von differenzierten Zeit-, Kosten- oder Kapazitätsplänen
Tätigkeit als verantwortlicher Bauleiter, soweit diese Tätigkeit nach jeweiligem Landesrecht über die Grundleistungen der Leistungsphase 8 hinausgeht

Abnahme der Bauleistungen unter Mitwirkung anderer an der Planung und Objektüberwachung fachlich Beteiligter unter Feststellung von Mängeln
Rechnungsprüfung
Kostenfeststellung nach DIN 276 oder dem wohnungsrechtlichen Berechnungsrecht
Antrag auf behördliche Abnahme und Teilnahme daran
Übergabe des Objekts einschließlich Zusammenstellung und Übergabe der erforderlichen Unterlagen, zum Beispiel Bedienungsanleitungen, Prüfprotokolle
Auflisten der Gewährungsfristen
Überwachen der Beseitigung der bei der Abnahme der Bauleistungen festgestellten Mängel
Kostenkontrolle durch Überprüfen der Leistungsabrechnung der bauausführenden Unternehmen im Vergleich zu den Vertragspreisen und dem Kostenanschlag

9. Objektbetreuung und Dokumentation

Objektbegehung zur Mängelfeststellung vor Ablauf der Verjährungsfristen der Gewährleistungsansprüche gegenüber den bauausführenden Unternehmen Überwachen der Beseitigung von Mängeln, die innerhalb der Verjährungsfristen der Gewährleistungsansprüche, längstens jedoch bis zum Ablauf von fünf Jahren seit Abnahme der Bauleistungen auftreten Mitwirken bei der Freigabe von Sicherheitsleistungen Systematische Zusammenstellung der zeichnerischen Darstellungen und rechnerischen Ergebnisse des Objekts	Erstellen von Bestandsplänen Aufstellen von Ausrüstungs- und Inventarverzeichnissen Erstellen von Wartungs- und Pflegeanweisungen Objektbeobachtung Objektverwaltung Baubegehungen nach Übergabe Überwachen der Wartungs- und Pflegeleistungen Aufbereiten des Zahlungsmaterials für eine Objektdatei Ermittlung und Kostenfeststellung zu Kostenrichtwerten Überprüfen der Bauwerks- und Betriebs-Kosten-Nutzen-Analyse

(3) Wird das Überwachen der Herstellung des Objekts hinsichtlich der Einzelheiten der Gestaltung an einen Auftragnehmer in Auftrag gegeben, dem Grundleistungen nach den Leistungsphasen 1 und 7, jedoch nicht nach der Leistungsphase 8, übertragen wurden, so kann für diese Leistung ein besonderes Honorar schriftlich vereinbart werden.

(4) Bei Umbauten und Modernisierungen im Sinne des § 3 Nr. 5 und 6 können neben den in Absatz 2 erwähnten Besonderen Leistungen insbesondere die nachstehenden Besondere Leistungen vereinbart werden:
maßliches, technisches und verformungsgerechtes Aufmaß
Schadenskartierung
Ermitteln von Schadensursachen

Planen und Überwachen von Maßnahmen zum Schutz von vorhandener Substanz
Organisation von Betreuungsmaßnahmen für Nutzer und andere Planungsbetroffene
Mitwirken an Betreuungsmaßnahmen für Nutzer und andere Planungsbetroffene
Wirkungskontrolle von Planungsansatz und Maßnahmen im Hinblick auf die Nutzer, zum Beispiel durch Befragen.

§ 16 Honorartafel für Grundleistungen bei Gebäuden und raumbildenden Ausbauten

(1) Die Mindest- und Höchstsätze der Honorare für die in § 15 aufgeführten Grundleistungen bei Gebäuden und raumbildenden Ausbauten sind in der nachfolgenden Honorartafel festgesetzt.
(2) Das Honorar für Grundleistungen bei Gebäuden und raumbildenden Ausbauten, deren anrechenbare Kosten unter 25.565 Euro liegen, kann als Pauschalhonorar oder als Zeithonorar nach § 6 berechnet werden, höchstens jedoch bis zu den in der Honorartafel nach Absatz 1 für anrechenbare Kosten von 25.565 Euro festgesetzten Höchstsätzen. Als Mindestsätze gelten die Stundensätze nach § 6 Abs. 2, höchstens jedoch die in der Honorartafel nach Absatz 1 für anrechenbare Kosten von 25.565 Euro festgesetzten Mindestsätze.
(3) Das Honorar für Gebäude und raumbildende Ausbauten, deren anrechenbare Kosten über 25.564.594 Euro liegen, kann frei vereinbart werden.

§ 17 Honorartafel für Grundleistungen bei Freianlagen

(1) Die Mindest- und Höchstsätze der Honorare für die in § 15 aufgeführten Grundleistungen bei Freianlagen sind in der nachfolgenden Honorartafel festgesetzt.
(2) § 16 Abs. 2 und 3 gilt sinngemäß.
(3) Werden Ingenieurbauwerke und Verkehrsanlagen, die innerhalb von Freianlagen liegen, von dem Auftragnehmer gestalterisch in die Umgebung eingebunden, dem Grundleistungen bei Freianlagen übertragen sind, so kann ein Honorar für diese Leistungen schriftlich vereinbart werden. Honoraransprüche nach Teil VII bleiben unberührt.

§ 18 Auftrag über Gebäude und Freianlagen

Honorare für Grundleistungen für Gebäude und für Grundleistungen für Freianlagen sind getrennt zu berechnen. Dies gilt nicht, wenn die getrenne Berechnung weniger als 7.500 Euro anrechenbare Kosten zum Gegenstand hätte; § 10 Abs. 5 Nr. 5 und Abs. 6 finden insoweit keine Anwendung.

§ 19 Vorplanung, Entwurfsplanung und Objektüberwachung als Einzelleistung

(1) Wird die Anfertigung der Vorplanung (Leistungsphase 2 des § 15) oder die Entwurfsplanung (Leistungsphase 3 des § 15) bei Gebäuden als Einzelleistung in Auftrag gegeben, so können hierfür anstelle der in § 15 Abs. 1 festgesetzten Vomhundertsätze folgende Vomhundertsätze der Honorare nach § 16 vereinbart werden:
1. für die Vorplanung bis zu 10 v.H.,
2. für die Entwurfsplanung bis zu 18 v.H.

(2) Wird die Anfertigung der Vorplanung (Leistungsphase 2 des § 15) oder der Entwurfsplanung (Leistungsphase 3 des § 15) bei Freianlagen als Einzelleistung in Auftrag gegeben, so können hierfür anstelle der in § 15 Abs. 1 festgesetzten Vomhundertsätze folgende Vomhundertsätze der Honorare nach § 17 vereinbart werden:
1. für die Vorplanung bis zu 15 v.H.,
2. für die Entwurfsplanung bis zu 25 v.H.

(3) Wird die Anfertigung der Vorplanung (Leistungsphase 2 des § 15) oder der Entwurfsplanung (Leistungsphase 3 des § 15) bei raumbildenden Ausbauten als Einzelleistung in Auftrag gegeben, so können hierfür anstelle der in § 15 Abs. 1 festgesetzten Vomhundertsätze folgende Vomhundertsätze der Honorare nach § 16 vereinbart werden:
1. für die Vorplanung bis zu 10 v.H.,
2. für die Entwurfsplanung bis zu 21 v.H.

(4) Wird die Objektüberwachung (Leistungsphase 8 des § 15) bei Gebäuden als Einzelleistung in Auftrag gegeben, so können hierfür anstelle der Mindestsätze nach den §§ 15 und 16 folgende Vomhundertsätze der anrechenbaren Kosten nach § 10 berechnet werden:
1. 2,1 v.H. bei Gebäuden der Honorarzone 2,
2. 2,3 v.H. bei Gebäuden der Honorarzone 3,
3. 2,5 v.H. bei Gebäuden der Honorarzone 4,
4. 2,7 v.H. bei Gebäuden der Honorarzone 5.

§ 20 Mehrere Vor- oder Entwurfsplanungen

Werden für dasselbe Gebäude auf Veranlassung des Auftraggebers mehrere Vor- oder Entwurfsplanungen nach grundsätzlich verschiedenen Anforderungen gefertigt, so können für die umfassendste Vor- oder Entwurfsplanung die vollen Vomhundertsätze dieser Leistungsphasen nach § 15, außerdem für jede andere Vor- oder Entwurfsplanung die Hälfte dieser Vomhundertsätze berechnet werden. Satz 1 gilt entsprechend für Freianlagen und raumbildende Ausbauten.

§ 21 Zeitliche Trennung der Ausführung

Wird ein Auftrag, der ein oder mehrere Gebäude umfasst, nicht einheitlich in einem Zuge, sondern abschnittsweise in größeren Zeitabständen ausgeführt, so ist für die das ganze Gebäude oder das ganze Bauvorhaben betreffenden, zusammenhängend durchgeführten Leistungen das anteilige Honorar zu berechnen, das sich nach den gesamten anrechenbaren Kosten ergibt. Das Honorar für die restlichen Leistungen ist jeweils nach den anrechenbaren Kosten der einzelnen Bauabschnitte zu berechnen. Die Sätze 1 und 2 gelten entsprechend für Freianlagen und raumbildende Ausbauten.

§ 22 Auftrag für mehrere Gebäude

(1) Umfasst ein Auftrag mehrere Gebäude, so sind die Honorare vorbehaltlich der nachfolgenden Absätze für jedes Gebäude getrennt zu berechnen.
(2) Umfasst ein Auftrag mehrere gleiche, spiegelgleiche oder im wesentlichen gleichartige Gebäude, die im zeitlichen oder örtlichen Zusammenhang und unter gleichen baulichen Verhältnissen errichtet werden sollen, oder Gebäude nach Typenplanung oder Serienbauten, so sind für die 1. bis 4. Wiederholung die Vomhundertsätze der Leistungsphasen 1 bis 7 in § 15 um 50 vom Hundert, von der 5. Wiederholung an um 60 vom Hundert zu mindern. Als gleich gelten Gebäude, die nach dem gleichen Entwurf ausgeführt werden. Als Serienbauten gelten Gebäude, die nach einem im Wesentlichen gleichen Entwurf ausgeführt werden.
(3) Erteilen mehrere Auftraggeber einem Auftragnehmer Aufträge über Gebäude, die gleich, spiegelgleich oder im wesentlichen gleichartig sind und die im zeitlichen oder örtlichen Zusammenhang und unter gleichen baulichen Verhältnissen errichtet werden sollen, so findet Absatz 2 mit der Maßgabe entsprechende Anwendung, dass der Auftragnehmer die Honorarminderungen gleichmäßig auf alle Auftraggeber verteilt.
(4) Umfasst ein Auftrag Leistungen, die bereits Gegenstand eines anderen Auftrags für ein Gebäude nach gleichen oder spiegelgleichem Entwurf zwischen den Vertragsparteien waren, so findet Absatz 2 auch dann entsprechende Anwendung, wenn die Leistungen nicht im zeitlichen oder örtlichen Zusammenhang erbracht werden sollen.

§ 23 Verschiedene Leistungen an einem Gebäude

(1) Werden Leistungen bei Wiederaufbauten, Erweiterungsbauten, Umbauten oder raumbildenden Ausbauten (§ 3 Nr. 3 bis 5 und 7) gleichzeitig durchgeführt, so sind die anrechenbaren Kosten für jede einzelne Leistung festzustellen und das Honorar danach getrennt zu bezeichnen. § 25 Abs. 1 bleibt unberührt.

(2) Soweit sich der Umfang jeder einzelnen Leistung durch die gleichzeitige Durchführung der Leistungen nach Absatz 1 mindert, ist dies bei der Berechnung des Honorars entsprechend zu berücksichtigen.

§ 24 Umbauten und Modernisierungen von Gebäuden

(1) Honorare für Leistungen bei Umbauten und Modernisierungen im Sinne des § 3 Nr. 5 und 6 sind nach den anrechenbaren Kosten nach § 10, der Honorarzone, der dem Umbau oder die Modernisierung bei sinngemäßer Anwendung des § 11 zuzuordnen ist, den Leistungsphasen des § 15 und der Honorartafel des § 16 mit der Maßgabe zu ermitteln, dass eine Erhöhung der Honorare um einen Vomhundertsatz schriftlich zu vereinbaren ist. Bei der Vereinbarung der Höhe des Zuschlags ist insbesondere der Schwierigkeitsgrad der Leistungen zu berücksichtigen. Bei durchschnittlichem Schwierigkeitsgrad der Leistungen kann ein Zuschlag von 20 bis 33 vom Hundert vereinbart werden. Sofern nicht etwas anderes schriftlich vereinbart ist, gilt ab durchschnittlichem Schwierigkeitsgrad ein Zuschlag von 20 vom Hundert als vereinbart.

(2) Werden bei Umbauten und Modernisierungen im Sinne des § 3 Nr. 5 und 6 erhöhte Anforderungen in der Leistungsphase 1 bei der Klärung der Maßnahmen und Erkundung der Substanz, oder in der Leistungsphase 2 bei der Beurteilung der vorhandenen Substanz auf ihre Eignung zur Übernahme in die Planung oder in der Leistungsphase 8 gestellt, so können die Vertragsparteien anstelle der Vereinbarung eines Zuschlags nach Absatz 1 schriftlich vereinbaren, dass die Grundleistungen für diese Leistungsphasen höher bewertet werden, als in § 15 Abs. 1 vorgeschrieben ist.

§ 25 Leistungen des raumbildenden Ausbaus

(1) Werden Leistungen des raumbildenden Ausbaus in Gebäuden, die neugebaut, wiederaufgebaut, erweitert oder umgebaut werden, einem Auftragnehmer übertragen, dem auch Grundleistungen für diese Gebäude nach § 15 übertragen werden, so kann für die Leistungen des raumbildenden Ausbaus ein besonderes Honorar nicht berechnet werden. Diese Leistungen sind bei der Vereinbarung des Honorars für die Grundleistungen für Gebäude im Rahmen der für diese Leistungen festgesetzten Mindest- und Höchstsätze zu berücksichtigen.

(2) Für Leistungen des raumbildenden Ausbaus in bestehenden Gebäuden ist eine Erhöhung der Honorare um einem Vomhundertsatz schriftlich zu vereinbaren. Bei der Vereinbarung der Höhe des Zuschlags ist insbesondere der Schwierigkeitsgrad der Leistungen zu berücksichtigen. Bei durchschnittlichem Schwierigkeitsgrad der Leistungen kann ein Zuschlag von 25 bis 50 vom Hundert vereinbart werden. Sofern nicht etwas anderes schriftlich vereinbart ist, gilt ab durchschnittlichem Schwierigkeitsgrad ein Zuschlag von 25 vom Hundert als vereinbart.

§ 26 Einrichtungsgegenstände und integrierte Werbeanlagen

Honorare für Leistungen bei Einrichtungsgegenstände und integrierten Werbeanlagen können als Pauschalhonorare frei vereinbart werden. Wird ein Pauschalhonorar nicht bei Auftragserteilung schriftlich vereinbart, so ist das Honorar als Zeithonorar nach § 6 zu berechnen.

§ 27 Instandhaltungen und Instandsetzungen

Honorare für Leistungen bei Instandhaltungen und Instandsetzungen sind nach den anrechenbaren Kosten nach § 10, der Honorarzone, der das Gebäude nach den §§ 11und 12 zuzuordnen ist, den Leistungsphasen des § 15 und der Honorartafel des § 16 mit der Maßgabe zu ermitteln, dass eine Erhöhung des Vomhundertsatzes für die Bauüberwachung (Leistungsphase 8 des § 15) um bis zu 50 vom Hundert vereinbart werden kann.
(...)

Musterbaubeschreibung

Angaben zum Gebäude

Die vorliegende Baubeschreibung ist die Grundlage für den Bau einer Doppelhaushälfte in Musterhausen, Gemarkung Musterheim, Flur 10, Flurstück 3011. Die Bebaubarkeit des Grundstücks ist gesichert, ein genehmigter Bauantrag liegt vor und ist Bestandteil des Kaufvertrags. Eine Baugrunduntersuchung wurde durchgeführt und ist ebenfalls Bestandteil des Kaufvertrags. Die Tragfähigkeit des Baugrund ist gewährleistet (Bodenklasse 3). Das Grundstück ist nicht mit Schadstoffen belastet. Der Grundwasserspiegel liegt zirka drei Meter unter dem durchschnittlichen Geländeniveau.

Die Errichtung des Gebäudes erfolgt in Massivbauweise. Das Gebäude ist voll unterkellert. Die Ausführung erfolgt mit allen nachfolgend beschriebenen Leistungen. Eigenleistungen sind beim Gewerk Malerarbeiten möglich (siehe Malerarbeiten).

Die Gebäudeabmessungen, Raumhöhen und die Zusammenstellung der Wohnflächen sind aus den Bauantragsplänen ersichtlich, die Bestandteil des Kaufvertrags sind. Die Wohnflächenberechnung inkl. des Rechenwegs nach der Wohnflächenverordnung (WoFlV) ist ebenfalls Bestandteil des Kaufvertrags.

Die Errichtung des Gebäudes erfolgt nach den Vorgaben der Energieeinsparverordnung EnEV. Ein Energiebedarfsausweis wird dem Erwerber gemäß AVV übergeben nach Vertragsabschluss. Die Dämmung der Gebäudehülle erfolgt an den Außenwänden des kompletten Kellergeschosses und unterhalb der Bodenplatte, da Teile des Kellers zu Wohnzwecken genutzt werden und als Wohnfläche ausgewiesen sind.

Der Bebauungsplan weist hinsichtlich des Schallschutzes gegen Außenlärm keine besonderen Vorgaben aus. Die Mindestvorgaben nach DIN sind eingehalten. Für den Schallschutz innerhalb des Gebäudes finden die Empfehlungen für erhöhten Schallschutz des Beiblattes 2 zur DIN 4109 vom November 1989 Anwendung.

Die baurechtlichen Mindestanforderungen an den Brandschutz sind eingehalten.

Es wird ein Blower-Door-Test durchgeführt. Die vereinbarte maximale Luftwechselrate liegt unterhalb eines Wertes von n50 [1/h] * 1,5. Die Messung wird vor Abnahme durchgeführt und gehört zum Leistungsumfang.

Alle notwendigen Planungsleistungen durch Architekten, Fachingenieure und Vermessungsingenieur sowie sämtliche Gebühren für behördliche Genehmigungen und Abnahmen sind in den Leistungen enthalten.

Der Käufer erhält nach Fertigstellung und Abnahme des Gebäudes einen aktuellen Satz aller Ausführungspläne sowie die kompletten statischen Berechnungen und Statikpläne.

Zum Leistungsumfang gehören:
- Die Erschließung des Grundstücks mit Gas, Wasser, Strom, Telefon, Abwasser
- Die Verlegung der Hausanschlüsse für Gas, Wasser, Strom, Telefon, Abwasser

Alle Erschließungsgebühren des Grundstücks seitens der Kommune für Straßen, Wege, Beleuchtung, Kanal usw. sind bereits vollständig bezahlt.

Leistungsbeschreibung der Gewerke

Vertragsbestandteil des Angebots ist die nachfolgende Leistungsbeschreibung der Firma Mustermann Bauträger GmbH, Musterhausen, nachfolgend Auftragnehmer genannt. Die nachfolgenden Leistungen werden vom Auftragnehmer zu dem im Kaufvertrag vereinbarten Festpreis erbracht.

Baustelleneinrichtung: Alle die Baustelleneinrichtung betreffenden Leistungen sind im Festpreis enthalten. Hierzu gehören:
- Alle notwendigen Anträge bei Behörden,
- alle Sicherungsmaßnahmen wie Zäune, Absperrungen, Beleuchtung usw.,
- das Aufstellen eines Krans inklusive Vorbereitung des Kranaufstellplatzes,
- die Sicherstellung einer Baustellenzufahrt,
- das Aufstellen und Unterhalt eines WC's während der gesamten Bauzeit,
- die Tagesunterkünfte während des Rohbaus,
- die Beantragung, Aufstellung, Vorhaltung und Demontage eines Baustrom- und Bauwasseranschlusses inklusive aller Verbrauchskosten während der Bauzeit,
- alle Baumschutzmaßnahmen für alle Bäume auf dem Grundstück,
- die Beseitigung von anfallendem Bauschutt.

Erdarbeiten: Im Festpreis sind folgende Leistungen enthalten:
- die Grob- und Feinabsteckung der Baugrube,
- alle eventuell notwendigen Sicherungsmaßnahmen an benachbarten Bäumen und Gebäuden,
- das Abtragen des Oberbodens und dessen seitliche Lagerung,
- das Ausheben der Baugrube und die seitliche Lagerung des Aushubmaterials, soweit es zur späteren Wiederverfüllung geeignet ist,
- den Abtransport des Aushubmaterials zur Deponie inkl. der Deponiegebühren,
- das Verfüllen der Baugrube mit geeignetem Material inklusive Zulieferung von eventuell notwendigem Material,
- die Verteilung des gelagerten Oberbodens und Abfuhr von überschüssigen Material inklusive eventueller Gebühren,

- die Beseitigung eventueller Bodenbelastungen, die trotz Baugrunduntersuchung festgestellt werden.

Gründung und Bodenplatte: Das Gebäudes wird folgendermaßen gegründet:
- Kapillarbrechende Schicht aus Kies unter der Bodenplatte, d= 10 cm,
- darüber Wärmedämmung aus Polyurethan-Hartschaumplatten, WLG 040, d = 15 cm,
- darüber Abdeckung mit PE-Folie,
- Stahlbeton-Bodenplatte in B 25 d = 30 cm gemäß Statik. Dämmung der Stirnseiten der Bodenplatte werden mit Wärmedämmung aus Polyurethan-Hartschaumplatten, WLG 040, d = 15 cm,
- Verlegung des Fundamenterders unterhalb der Kelleraußenwände. Die Anschlussfahne des Fundamenterders wird im Hausanschlussraum ca. 1,5 m über Rohboden nach oben geführt.

Kellerwände und Abdichtung gegen nicht drückendes Wasser: Die Ausführung der Kelleraußenwände erfolgt in Stahlbeton aus Ortbeton, d = 20 cm nach Statik. Die Abdichtung der Kelleraußenwände wird mittels Bitumendickbeschichtung ausgeführt (Hersteller / Produkt).
Außenseitig umlaufende Wärmedämmung aus Polyurethan-Hartschaumplatten, WLG 040, d = 15 cm.
Die sichtbaren Kelleraußenwandflächen werden mit Zementputz verputzt.
Im Sockelbereich wird umlaufend ein 30 cm breites Kiesbett angelegt, außer in den gepflasterten Bereichen.
Tragende Kellerinnenwände werden aus Kalksandstein, d = 17,5 cm gemauert. Nichttragende Kellerinnenwände werden in Kalksandstein d = 11,5 cm gemauert.

Drainage: Vor die Kelleraußenwände werden Sickerplatten mit Filterflies zur Abführung von Wasser gestellt. Die Ringdrainage erfolgt als Ringdrainage in Höhe der Bodenplatte mit Folgenden Aufbau:
- Drainleitung aus geschlitzte, flexiblen Kunststoff-Rippenrohren,
- Sickerpackung aus Kies,
- Filtervlies,
- Sickerfähige Baugrubenverfüllung,
- an den Gebäudeecken senkrechte Kontroll- und Spülrohre in DN 300.

Kellerfenster und Lichtschächte: Folgende Kellerfenster und Lichtschächte werden im Bereich nicht beheizter Räume eingebaut:
- Kellerfenster mit Isolierverglasung, U-Wert des Fensterelements 1,7 W/mK und Drehkipp-Beschlag, Kunststoff, weiß, Größe ca. 70 x 50 cm, (Hersteller / Produkt),
- Kellerlichtschacht aus glasfaserverstärktem Kunststoff (GFK), weiß mit verzinktem Gitterrost und Rostsicherung, Größe ca. 90 x 90 cm, Hersteller / Produkt.

Im Bereich beheizter Räume kommen die technisch identischen Fensterelemente wie im EG, OG und DG zum Einsatz.

Außenwände allgemein: Außenwände als einschalige Massivwand, (Hersteller / Produkt), beidseitig verputzt. Außenbauteile aus Beton werden zusätzlich von außen wärmegedämmt. Der U-Wert der Außenwand beträgt 0,24 W/mK. Die Gesamtdicke der Außenwand beträgt 40 cm und setzt sich wie folgt zusammen (von innen nach außen):
- Innenputz als Gipsputz d = 1,5 cm,
- Außenwände aus porosiertem Ziegelmauerwerk d = 36,5 cm,
- Außenputz als durchgefärbter Kunstharzputz, d = 2 cm als Kratzputz.

Decken: Die Geschossdecken über Kellergeschoss, Erdgeschoss und Obergeschoss werden als Stahlbetondecken in Ortbeton ausgeführt, Gesamtdicke d = 18 cm.
Die Decke zwischen Dachgeschoss und Spitzboden wird zusammen mit dem Dachstuhl als Holzkonstruktion (Kehlbalkenlage) erstellt. Der Gehbelag des Spitzbodens besteht aus Spanplatten, d = 22 mm in Nut- und Feder, miteinander verleimt, auf Filzstreifen liegend und mit den Kehlbalken verschraubt.

Innenwände in Erdgeschoss, Obergeschoss und Dachgeschoss: Die tragenden Innenwände im Erdgeschoss, Obergeschoss und Dachgeschoss werden in Kalksandstein, d = 17,5 cm ausgeführt, die nicht tragenden Innenwände im Erdgeschoss, Obergeschoss und Dachgeschoss bestehen aus Gipsdielen d = 10 cm.

Innentreppe: Die Treppe (UG-EG-OG-DG) wird durchgängig als Holzwangenkonstruktion mit offenen Setzstufen ausgeführt, Steigung ca. 18 cm, Auftritt 28 cm. Die Treppenwangen werden schallentkoppelt auf die Geschossdecken oder schallentkoppelt auf Wandauflager gesetzt. Trittstufen, Treppenwangen und Podeste werden in Buche Massivholz, verleimt ausgeführt.
Die Geländerstäbe werden als Holzgeländer in Bucheausgeführt. Der Handlauf erfolgt in Massivholz aus Buche.
Der Zugang in den Spitzboden erfolgt über eine Einschubtreppe, Größe 120 x 65 cm, als dreiteilige Aluminium-Bodentreppe mit gedämmtem Futterdeckel (Dämmung aus Polystyrol-Hartschaum WLG 040, d = 12 cm), und Abdichtung der Einbaufuge zwischen Futterkasten und Balkenlage, (*Hersteller / Produkt*).

Dachkonstruktion: Die Dachkonstruktion besteht aus einem Pfettendachstuhl in Holzkonstruktion, Holzart Fichte, Güteklasse II, holzschutzimprägniert. Die Dachneigung beträgt 48°. Die Ausführung der Mittelpfetten erfolgt als Leimbinder. Die Leimbinder werden an den Dachüberständen profiliert, um die Größen von First-, Mittel, und Fußpfetten einander anzupassen. Der Dachüberstand beträgt im Giebelbereich 60 cm, im Traufbereich 65 cm. Die Dachüberstände im Giebel- und Traufbereich werden unterseitig mit einer Nut- und Federschalung aus Fichte, hell lasiert verkleidet. Die Dachgauben werden ebenfalls als Holzkonstruktion ausgeführt, Dachneigung 48°. Der seitliche Dachüberstand bei den Gauben beträgt umlaufend 35 cm, die Dachüberstände werden ebenfalls unterseitig mit einer Nut- und Federschalung aus Fichte, hell lasiert verkleidet. Die Querschnitte der Sparren und Pfetten erfolgen nach den Vorgaben der statischer Berechnung.

Dachdämmung: Die Dämmung erfolgt mittels Mineralwolledämmung WLG 040, d = 20 cm zwischen den Sparren. U-Wert des Daches 0,2 W/mK. Bei Sparrenquerschnitten unter 20 cm erfolgt eine zusätzliche Dämmung unterhalb der Sparren. Unterhalb der Dämmung wird raumseitig eine Dampfbremse verlegt, *(Hersteller / Produkt)*.

Raumseitige Innenverkleidung der Dachschrägen:
Lattung unterhalb der Dampfsperre mittels gehobelter Dachlatten, Querschnitt 25 x 40 mm, darauf Innenverkleidung aus Gipskartonplatten d = 12,5 mm, geschraubt.

Dachdeckung: Die Dachdeckung hat folgenden Aufbau: Diffusionsoffene Unterspannbahn *(Hersteller / Produkt)*, darauf Konterlattung und Lattung aus Dachlatten 2,5 x 4,0 cm, darauf Deckung mit Ziegeldachsteinen, *(Hersteller / Produkt)*, Farbe rot, inklusive aller notwendigen Sondersteine wie Ortgänge, First, Lüfterziegel.

Dachzubehör: Im Preis enthalten sind das Dachzubehör wie Schneefanggitter im Traufbereich, notwendige Sicherheitstritte und Standroste für den Schornsteinfeger, Ausführung in Metall, verzinkt, sowie ein Ausstiegsfenster mit Isolierverglasung, *(Hersteller / Produkt)*

Dachflächenfenster: Je ein Dachflächenfenster *(Hersteller / Produkt)* im Kinderzimmer und Bad im Dachgeschoss, Breite 94cm, Höhe 118 cm, mit Wärmeschutzverglasung, U-Wert Fensterelement 1,7, Schallschutzwert der Verglasung 35 dB, Außenabdeckung aus Titanzink.

Balkon: Ein Balkon auf der Westseite als vorgestellte Stahlkonstruktion, Abmessungen gemäß Planzeichnungen. Der Gehbelag des Balkons besteht aus einem Holzdielenbelag aus kesseldruckimprägniertem Fichtenholz, dunkel lasiert, Abmessung 120 mm x 40 mm mit offenen Fugen, Breite ca. 10 mm. Balkongeländer als verzinkte Stahlunterkonstruktion und verzinktem Handlauf mit Glas-Brüstungselementen aus mattiertem Glas gemäß Darstellung in den Ansichtsplänen. Wetterschutz über dem Balkon als verzinkte Stahlunterkonstruktion mit Glaselementen aus mattiertem Glas gemäß Darstellung in den Ansichtsplänen.

Klempner- bzw. Blechnerarbeiten: Klempnerarbeiten werden in Zinkblech ausgeführt (Montage der Dachrinnen, Fallrohre und Kehlbleche), ebenso die seitlichen Verkleidungen der Gauben. Der Anschluss der Regenfallrohre an die Grundleitungen erfolgt mittels Standrohre aus Gussrohr. Alle Befestigungsmittel (Schrauben und Nägel) sind aus Edelstahl.

Fenster und Fenstertüren, Fensterbänke: Fenster und Fenstertüren aus Holz, offenporig weiß lasiert (*Hersteller / Produkt*), im Erd- und Dachgeschoss sowie bei den Fenstern von Wohnräumen im Keller. Fenstergrößen gemäß den Rohbaumaßen aus dem Bauantrag. Alle Fenster mit Dreh-Kippbeschlag. Die Festlegung der Aufschlagrichtung erfolgt raumweise gemeinsam mit dem Erwerber. Befestigung des Rahmens mittels thermisch getrennten Ankern, (*Hersteller / Produkt*), Ausstopfen der Zwischenräume zwischen Rahmen und Mauerwerk mit Mineralwolle. Innen und außen luft- und winddichter Abschluss der Fuge zwischen Rahmen und Mauerwerk mit Anputzprofilen aus Kunststoff, (*Hersteller / Produkt*).
U-Wert des Fensterelements (Verglasung und Rahmen): 1,1 W/mK
Schalldämm-Maß $R'_{w,R}$: 35 dB, Schallschutzklasse II
Griffe an den Fenstern und Fenstertüren mit abschließbaren Oliven, (*Hersteller / Produkt*), Farbe weiß. Verriegelung durch Pilzzapfen.
Außenfensterbänke aus Aluminium, weiß, akustisch entkoppelt
Innenfensterbänke aus Naturstein, (*genaue Bezeichnung*), Dicke 22 mm, Tiefe 20 cm, Kanten gefasst.

Rollladenkästen, Rollläden: Die Rollladenkästen werden als Fertigelemente beim Aufmauern an allen Fenstern im Erd- und Obergeschoss sowie an den Fenstern der Giebelwände im Dachgeschoss und den Fenstern beheizter Räume im Keller eingebaut, (*Hersteller / Produkt*), U-Wert 0,85 W/mK.
Als Rollläden kommen Kunststoffrollläden, lichtgrau mit Normalprofilen zum Einsatz. Die Rollläden haben eine Sicherung gegen Aufschieben. Die Bedienung erfolgt manuell mit Gurtroller. Elektrische Ausführung auf Wunsch, Mehrpreis pro Element 320.- Euro inkl. MwSt.
Außenmarkisen sind im Leistungsangebot nicht enthalten.

Hauseingangsbereich: Zum Hauseingangsbereich gehören Hauseingangstüre, Klingelanlage, Briefkasten, Hausnummer, Beleuchtung, Vordach und Eingangspodest
Hauseingangstürelement aus Aluminium, weiß, einbrennlackiert. U-Wert: 1,7 W/mK, (*Hersteller / Produkt*). Verglasung der Lichtausschnitte aus Isolierverglasung, Beschläge als Sicherheitsbeschlag mit dreifacher Verriegelung, Bodendichtung, Griffstange außen in Edelstahl, Länge 60 cm. Türgriff innen weiß. Im Preis enthalten ist ein einfacher Schließzylinder, der nach Übergabe des Objekts durch eine Schließanlage des Erwerbers ersetzt werden kann.
Briefkasten, Hausnummer, Klingelanlage mit Namensschild und Außenbeleuchtung an der Außenwand neben der Haustüre nach Wahl des Erwer-

bers bis zu einem Materialwert von 300.- Euro inkl. MwSt., ein eventueller Mehrpreis wird vom Erwerber getragen, die Montage erfolgt kostenfrei. Vordach aus Glas-Stahlkonstruktion. Stahlkonstruktion verzinkt, mit oberseitiger Verbundglasplatte, 120 x 200 cm mit matter Zwischenlage aus Kunststofffolie, gemäß Darstellung in den Ansichtsplänen.

Telefon, Antenne, Klingelanlage: Telefonanschluss: Im Wohnzimmer, im Flurbereich im Erdgeschoss, im Flurbereich im Obergeschoss sowie im Elternschlafzimmer befinden sich je ein Telefonanschluss.
Antennenanschluss: Im Wohnzimmer, Elternschlafzimmer, Kinderzimmer sowie im Hobbyraum im Keller befinden sich je ein Antennenanschluss.
Klingelanlage: Klingelanlage als Wechselsprechanlage mit zwei Annahmestellen im Haus, *Hersteller / Produkt*. Im Flurbereich EG und OG befinden sich je ein Anschluss für die Klingelanlage.

Elektroinstallation: In verputzten Räumen erfolgt die Elektroinstallation mittels Stegleitungen unter Putz, in unverputzten Räumen werden Mantelleitungen in Leerrohren verlegt. Aufstellort des Verteilerschranks ist der Hausanschlussraum. Die Absicherung erfolgt raumweise, Herdanschluss und Heizung werden separat abgesichert. Das Bad, die Kinderzimmer sowie die Außensteckdosen erhalten zusätzlich einen FI-Schutzschalter.
Im Preis enthalten sind insgesamt 55 Steckdosen, zusätzlich zwei abschaltbare Außensteckdosen für die Terrasse und den Balkon, sowie für jede Brennstelle ein Schalter, in den Fluren Tasterschaltung. Die genaue Lage der Schalter und Steckdosen wird im Rahmen einer gemeinsamen Begehung vom Erwerber vor Beginn der Elektroinstallation festgelegt.
Jeder Raum erhält eine Deckenbrennstelle, im Wohnzimmer zusätzlich zwei Wandanschlüsse für Wandleuchten, in der Küche zusätzlich Anschlüsse für Kühlschrank, Dunstabzugshaube, Geschirrspüler, Mikrowelle, im Bad zusätzlich zwei Wandanschlüsse im Waschbeckenbereich für Wandleuchten, im WC zusätzlich einen Wandanschluss im Waschbeckenbereich für Wandleuchten.
Mehrpreis für jede zusätzliche Steckdose inkl. Montage: 31 EUR inkl. MwSt.
Mehrpreis für jeden zusätzlichen Schalter inkl. Montage: 27 EUR inkl. MwSt.
Mehrpreis für jede zusätzliche Deckenbrennstelle: 29 EUR inkl. MwSt.
Mehrpreis für jede zusätzliche Wandbrennstelle: 29 EUR inkl. MwSt.
Die Ausführung der Schalter und Steckdosen erfolgt in unverputzten Räumen als Unterputz-Modell in Kunststoff, weiß, , *(Hersteller / Produkt)*, in unverputzten Räumen als Aufputzelement, lichtgrau, *(Hersteller / Produkt)*.

Heizungsinstallation: Gas-Wandheizgerät in Brennwertausführung, *(Hersteller / Produkt)*, Nennwärmeleistung 20 KW, Aufstellort im Kellergeschoss,, als Kombinationsgerät mit Warmwasserbereitung. Die Luftzufuhr erfolgt raumluftunabhängig. Regelung über einen Außentemperaturfühler

auf der Nordseite der Außenfassade und einen Innentemperaturfühler im Wohnzimmer.
Leitungsführung zu den Heizkörpern mit Kupfer-Installationsrohr, wärmegedämmt nach EnEV mittels Dämmschläuche, Befestigung mittels schallentkoppelten Rohrschellen.

Heizkörper als Plattenheizkörper, fertig lackiert, *(Hersteller / Produkt)*, wandhängend mit Fuß und Thermostatventil,. Der Anschluss erfolgt auf Putz. Auslegung der Heizflächen entsprechend der Wärmebedarfsberechnung mit Systemtemperaturen 70/50°.

Warmwasserbereitung: Als kombinierte Heizungs- und Warmwasserbereitungsanlage (siehe Heizungsinstallation). Inhalt des Wasserspeichers 400 Liter. Zur Unterstützung der Brauchwassererwärmung wird eine thermische Solaranlage mit 7,5 m Kollektorfläche installiert, *(Hersteller / Produkt)*.

Sanitärinstallation: Hausentwässerung über Abflussrohre aus Kunststoff, *(Hersteller / Produkt)*, Montage mit schallentkoppelten Rohrschellen. Abwasserleitung für das Kesselkondensat aus Kunststoff. Bodeneinlauf in der Waschküche.
Wasserversorgung: Warm- und Kaltwasserleitungen aus diffusionsdichtem 5-Schicht Verbundrohr, *(Hersteller / Produkt)*. Rohrdämmung gemäß Energieeinsparverordnung (EnEV), Dämmung auch der Kaltwasserleitungen, schallentkoppelte Leitungsbefestigung.
Warmwasserleitungen als Zirkulationsleitung, Steuerung der Zirkulationsleitung mit einer Zeitschaltuhr. Verlegung der Leitungen in den Kellerräumen auf Putz, in den Wohnräumen unter Putz bzw. unter dem Estrich.
Kaltwasser-Außenzapfstelle auf der Westseite als frostsichere Außenarmatur mit Rückflussverhinderer und Entleerungsmöglichkeit im Hausanschlussraum.

Sanitärgegenstände:
Gäste-WC:
- Ein Wandhänge-WC als Tiefspüler aus Porzellan, weiß, (Hersteller / Serie)
- Ein WC-Tragelement mit Unterputzspülkasten 6-9 Liter, (Hersteller / Serie)
- Ein Klosettsitz mit Deckel, weiß, (Hersteller / Serie)
- Ein Toilettenpapierhalter, verchromt, (Hersteller / Serie)
- Ein Waschbecken aus Porzellan, 50 x 38 cm, weiß, (Hersteller / Serie)
- Eine Einhand-Waschtischbatterie, verchromt, (Hersteller / Serie)
- Ein Handtuchhalter, verchromt, (Hersteller / Serie)
- Eine Ablage aus Porzellan über dem Waschtisch, weiß, (Hersteller / Serie)
- Ein Kristallspiegel, Kanten geschliffen, Größe ca. 70 x 50 cm einschließlich Spiegelbefestigung, (Hersteller / Serie)

Badezimmer:
- Ein Wandhänge-WC als Flachspüler aus Porzellan, weiß, (Hersteller / Serie)
- Ein WC-Tragelement mit Unterputzspülkasten 6-9 Liter, (Hersteller / Serie)
- Ein Klosettsitz mit Deckel, weiß, (Hersteller / Serie)
- Ein Toilettenpapierhalter, verchromt, (Hersteller / Serie)
- Ein Waschbecken aus Porzellan, 60 x 48, weiß, (Hersteller / Serie)
- Eine Einhand-Waschtischbatterie, verchromt, (Hersteller / Serie)
- Ein Handtuchhalter, verchromt, (Hersteller / Serie)
- Eine Ablage aus Porzellan über dem Waschtisch, weiß, (Hersteller / Serie)
- Ein Kristallspiegel, Kanten geschliffen, Größe ca. 80 x 130 cm einschließlich Spiegelbefestigung, (Hersteller / Serie)
- Eine Stahl-Einbau-Badewanne 175 x 75 cm, (Hersteller / Serie)
- Eine Ablaufgarnitur, verchromt, (Hersteller / Serie)
- Ein Einhebel Wannenfüll- und Brausebatterie, (Hersteller / Serie)
- Eine Handbrause mit Halter, Brauseschlauch, (Hersteller / Serie)
- Ein Badetuchhalter 80 cm, (Hersteller / Serie)
- Eine Stahl-Einbau-Duschwanne, 90 x 75 cm, (Hersteller / Serie)
- Eine UP-Einhand Brausebatterie, (Hersteller / Serie)
- Eine Handbrause mit Brauseschlauch, (Hersteller / Serie)
- Eine Brausestange, verchromt, (Hersteller / Serie)

Küche:
- Ein Anschluss für Geschirrspülmaschine und Spüle

Waschküche:
- Ein Ausgussbecken aus Stahlblech, weiß emailliert ca. 50 x 50 cm mit Alu-Klapprost, (Hersteller / Serie)
- Eine Einhand-Spültisch-Wandbatterie mit schwenkbarem Rohrauslauf für Warm- und Kaltwasser, (Hersteller / Serie)
- Ein Kaltwasseranschluss für Waschmaschine

Innenputz: Einlagiger Gipsputz (d = 1,5 cm im Mittel) in beheizten Räumen auf allen gemauerten Kalksandsteinwände und den Unterseiten der Decken, als Untergrund für Tapeten und Fliesenbeläge. Kellerräume bleiben unverputzt. Gipsdielenwände werden gespachtelt und tapezierfertig vorbereitet.

Estrich: Schwimmender Estrich als Zementestrich in beheizten Räumen, Estrichdicke inklusive Dämmung 12 cm. In den Kellerräumen Zementestrich auf Trennlage (d = 4 cm). Zwischen beheizten und unbeheizten Räumen im Kellergeschoss entsteht dadurch ein kleiner Höhenversatz. Mehrpreis für Ausgleich im Rohboden oder für schwimmenden Estrich im gesamten Kellergeschoss 650.- Euro.

Trockenbau: Einlagige Verkleidung sämtlicher Dachschrägen im DG mit Giskartonplatten (d = 12,5 mm) verkleidet, Verkleidungen von Installationsschächten und Leitungen erfolgen ebenfalls mit Gipskartonplatten. Malerfertige Verspachtelung aller Plattenstöße der Gipskartonplatten.

Innentüren: Alle Räume im EG, OG und DG, sowie die Wohnräume im KG erhalten Fertigtürelemente, hygrothermische Beanspruchungsgruppe I, Türblätter mit Röhrenspaneinlage, Holzfurnier weiß lackiert, Zargen als Umfassungszarge mit Gummilippendichtung, Holzfurnier weiß lackiert, Schalldämmung Rw des Türblatts 32 dB, *(Hersteller / Serie)*.

Türen zur Waschküche, zu den Kellerräumen und zum Heizraum werden aufgrund der höheren Beanspruchung zwischen beheizten und unbeheizten Räumen in der hygrothermischen Beanspruchungsgruppe II ausgeführt, *(Hersteller / Serie)*.
Die Türen erhalten eine Drückergarnitur aus Kunststoff, weiß, *(Hersteller / Serie)* und ein Buntbartschloss.

Fliesenarbeiten: Verlegung von Bodenfliesen im Dünnbett in folgenden Räumen: Alle Kellerräume einschließlich KG-Flur, Eingangsbereich, EG-Flur, EG-WC, Abstellraum, OG-Bad. Werden die dazugehörigen Wandflächen nicht gefliest, erhalten die Fliesenbeläge einen Fliesensockel, geschnitten aus dem Fliesenmaterial.
Verlegung von Wandfliesen im Dünnbett in folgenden Räumen: Waschküche um das Waschbecken, in WC und Bad umlaufend jeweils auf ca. 2 m Höhe. In der Küche Fliesenspiegel Höhe Unterkante ca. 85 cm, ca. 70 cm hoch auf einer Länge von 6 m. Im Duschbereich und an den Stellen um die Badewanne, die von Feuchtigkeit betroffen sind, wird zusätzlich eine Feuchtigkeitsabdichtung auf die Wand aufgebracht. Revisionstüren an Dusche und Badewanne.
Materialpreis für die Fliesen: 25 Euro / m inkl. MwSt.. Die Fliesen können in jedem Fachgeschäft ausgesucht werden, bei höherem Preis zahlt der Erwerber den Differenzbetrag, ein Minderpreis wird vergütet. Die wählbaren Fliesengrößen liegen zwischen 10 und 40 cm Kantenlänge. Verlegung kleinerer oder größerer Fliesen gegen Mehrpreis bei der Verlegung. Die Kosten für die Verlegung trägt der Auftragnehmer. Verlegung von Fliesenmustern gegen Aufpreis.

Parkettarbeiten: Parkettboden als Fertigparkett nach Wahl des Erwerbers, verklebt mit dem Estrich. Der Materialpreis wird mit 60 Euro / m inkl. MwSt. angesetzt, bei Materialmehrpreis trägt der Erwerber den Differenzbetrag, ein Minderpreis wird vergütet. Die Kosten für die Verlegung trägt der Auftragnehmer. Randabschluss mit Holzsockelleisten, an der Wand befestigt, nach Wahl des Erwerbers, Materialpreis 12 Euro / m inkl. MwSt., bei Materialmehrpreis trägt der Erwerber den Differenzbetrag, ein Minderpreis wird vergütet. Die Kosten für die Verlegung trägt der Auftragnehmer.

Die Verlegung erfolgt im EG im Wohnzimmer, im OG im Flur, in den Kinderzimmern und im Schlafzimmer.

Malerarbeiten, innen und außen: Zu den Malerarbeiten im Innenbereich gehören die Vorbereitung des Untergrunds (z.B. Spachteln der Stoßfugen der Deckenplatten und die Reinigung des Untergrunds). Alle verputzten Wandflächen, die nicht gefliest sind, sowie alle verputzten Deckenflächen werden mit Raufaser, Struktur nach Wahl des Erwerbers, tapeziert.
Alle tapezierten Wandflächen und Deckenflächen erhalten anschließend einen Anstrich mit heller Dispersionsfarbe nach Wahl des Erwerbers, *(Hersteller / Produkt)*.
Die Malerarbeiten im Innenbereich inklusive aller Vorarbeiten können vom Erwerber als Eigenleistung nach Abnahme des Gebäudes durchgeführt werden. Hierfür werden pauschal 4.000.- Euro vergütet.
Im Außenbereich erhalten die Unterseiten der Dachüberstände eine Holzlasur in weiß, *(Hersteller / Produkt)*.

Teppicharbeiten: Teppichboden nach Wahl des Erwerbers auf allen Wohnflächen, die nicht mit Fliesen oder Parkett belegt werden, verklebt mit dem Estrich. Die Teppichböden können vom Auftraggeber in jedem Fachgeschäft frei ausgesucht werden. Der Materialpreis wird mit 30 Euro / m inkl. MwSt. angesetzt, bei Materialmehrpreis trägt der Erwerber den Differenzbetrag, ein Minderpreis wird vergütet. Die Kosten für die Verlegung trägt der Auftragnehmer. Randabschluss mit Holzsockelleisten, an der Wand befestigt, nach Wahl des Erwerbers, Materialpreis 12 Euro / m inkl. MwSt., bei Materialmehrpreis trägt der Erwerber den Differenzbetrag, ein Minderpreis wird vergütet. Am Materialübergang zu anderen Bodenbelägen werden Aluminiumleisten gesetzt. Die Kosten für die Verlegung trägt der Auftragnehmer.

Terrasse: Auf der Westseite wird eine Terrasse angelegt, Größe 16 m, mit folgendem Konstruktionsaufbau: verdichtete Schotterlage (d = 30 cm), darauf Feinsplittbett (d = 10 cm), in das Betonwerksteinplatten mit offenen Fugen verlegt werden. Für die Betonwerksteinplatten wird ein Materialpreis von 25 Euro / m inkl. MwSt. angesetzt. Die Betonwerksteinplatten können vom Auftraggeber in jedem Fachgeschäft ausgesucht werden, bei höherem Preis zahlt der Erwerber den Differenzbetrag, ein Minderpreis wird vergütet.

Wintergarten: Gemäß Bebauungsplan ist eine Wintergartenerweiterung mit einer Grundfläche von 2,5 m x 4,0 m (Tiefe x Breite) auf der Ostseite des Gebäudes möglich, im Angebot jedoch nicht berücksichtigt. Eine Genehmigung zur Errichtung eines Wintergartens liegt vor. Der Erwerber kann den Wintergarten zu einem späteren Zeitpunkt errichten.

Außenanlage: Zum Leistungsumfang gehören der Zugang zum Hauseingang und ein Stellplatz mit Zufahrt . Ausführung mit Betonsteinpflaster mit sandgefüllten Fugen auf verdichteter Schotterlage im Sandbett. Folgendes Material wird verlegt: *(Hersteller / Serie)*. Die gepflasterten Flächen sind im Lageplan des Bauantrags dargestellt und im Erdgeschossplan des Bauantrags.

Eine Garage gehört nicht zum Leistungsumfang. Wenn der Erwerber eine Garage möchte, werden als Ersatz für die nicht benötigten Pflasterflächen des Stellplatzbereichs die erforderlichen Fundamente erstellt. Mehrkosten oder Erstattungen entstehen dafür nicht.

Nicht zum Leistungsumfang gehören Geländemodellierung, Begrünung und Bepflanzung der restlichen Grundstücksflächen sowie eine Einfriedung des Grundstücks mit Zäunen oder Sträuchern.

Aufgestellt: Musterhausen, den (Datum)

Checkliste zur Überprüfung einer Baubeschreibung

Prüfpunkte:
Baustelleneinrichtung
Welche Sicherungsmaßnahmen wie Zäune, Absperrungen, Beleuchtung usw. müssen getroffen werden?
Müssen Maßnahmen getroffen werden, damit das Grundstück für den Baustellenverkehr erreichbar ist?
Wo kann ein WC aufgestellt werden?
Sind zusätzlich Tagesunterkünfte während des Rohbaus nötig?
Wo kann Baustrom während der Bauzeit bezogen werden?
Wo kann Bauwasser während der Bauzeit bezogen werden?
Sind Baumschutzmaßnahmen auf dem Grundstück erforderlich?
Erdarbeiten
Sind Sicherungsmaßnahmen an benachbarten Bäumen und Gebäuden nötig?
Kann der Oberbodens auf dem Grundstück gelagert werden?
Ist das Aushubmaterial für eine spätere Wiederverfüllung geeignet und kann es auf dem Grundstück zwischengelagert werden?
Ist für die Verfüllung der Baugrube die Anfuhr geeigneten Materials nötig?
Müssen Bodenbelastungen besonders entsorgt werden?
Gründung und Bodenplatte
Erfolgt die Gründung als Plattengründung oder mittels Fundamente?
Wie ist der Schichtenaufbau unter der Bodenplatte?
Liegt die Wärmedämmung beheizter Kellerräume oberhalb oder unterhalb des Kellerbodens?
Kellerwände und Abdichtung gegen nicht drückendes Wasser
Aus welchem Material sind die Kellerwände?
Wo liegt die Wärmedämmung beheizter Kellerräume?
Auf welche Weise erfolgt die Abdichtung gegen Feuchtigkeit?
Aus welchem Material sind die Kellerinnenwände?

Drainage
Wie wird die Drainage ausgeführt?

Kellerfenster und Lichtschächte
Aus welchem Material sind Kellerfenster unbeheizter Räume?
Aus welchem Material sind Kellerfenster beheizter Räume?
Aus welchem Material sind die Lichtschächte?

Außenwände allgemein
In welcher Weise werden die Außenwände ausgeführt?
Welche Materialien werden verwendet?

Decken
Auf welche Weise werden die einzelnen Geschossdecken ausgeführt?
Welche Materialien werden verwendet?

Innenwände in Erdgeschoss, Obergeschoss und Dachgeschoss
Aus welchem Material sind die tragenden Innenwände?
Aus welchem Material sind die nichttragenden Innenwände?

Innentreppe
Aus welchem Material wird die Innentreppe ausgeführt?
Wie viel Stufen haben die einzelnen Läufe?
Wie ist das Steigungsverhältnis der Treppenläufe (Auftritt und Steigung)?
Werden Zwischenpodeste ausgeführt?
Aus welchem Material ist der Oberbelag der Treppe?
Aus welchem Material ist die Brüstung und der Handlauf?
Wie wird der Zugang in einen eventuellen Spitzboden hergestellt?

Dachkonstruktion
In welcher Konstruktion wird der Dachstuhl ausgeführt?
Welche Dachneigung hat der Dachstuhl?
Aus welchem Material bestehen die Mittelpfetten (z.B. Leimbinder)?
Welche Holzquerschnitte sind vorgesehen?
Welche Dachüberstände sind geplant?
Werden sichtbare Sparrenköpfe gehobelt oder profiliert?
In welcher Weise wird die Untersicht der Dachüberstände ausgeführt und mit welchen Oberflächenbehandlungen werden sie versehen?

Dachdämmung:
- Aus welchem Material besteht die Dachdämmung (Material, Dicke, Wärmeleitfähigkeit)?
- Wie ist der Dämmschichtaufbau (Sparren-Zwischendämmung, Oberhalb der Sparren, unterhalb der Sparren)?
- Aus welchem Material ist die Dampfbremse?
Raumseitige Innenverkleidung der Dachschrägen:
- Aus welchem Material ist die Verkleidung der Dachschrägen?
- Aus welchem Material ist die Unterkonstruktion?
Dachdeckung:
- Aus welchem Material ist die Dachdeckung?
- Auf welche Weise werden Ortgänge, First, Dachentlüftungen ausgeführt?
Dachzubehör:
- Werden Schneefanggitter, Sicherheitstritte oder ein Standrost für den Schornsteinfeger benötigt?
- Wird ein spezielles Austrittsfenster für den Schornsteinfeger benötigt?

Balkon
Ist ein Balkon vorgesehen?
Wie wird der Balkon ausgeführt?
Wie wird die Abdichtung des Balkons ausgeführt?
Wie wird der Balkon entwässert?
Welcher Oberbelag wird verwendet?
Wie wird das Balkongeländer ausgeführt?

Klempner bzw. Blechnerarbeiten
Aus welchem Material sind Dachrinnen, Fallrohre, Kehlbleche?
Mit welchem Material werden Gauben verkleidet?
Aus welchem Material sind die Befestigungsmittel- und -elemente?

Fenster und Fenstertüren, Fensterbänke
Aus welchem Material sind Fenster und Fenstertüren (Holz, Kunststoff, Aluminium)?
Welche Qualität hat die Verglasung (U-Wert, Schalldämm-Maß, Einbruchschutz)?
Welche Beschläge kommen zum Einsatz (Dreh-Beschlag, Dreh-Kipp-Beschlag)?
Wie werden die Zwischenräume zwischen Fenster und Bauwerk gefüllt?
Wie wird die Luftdichtigkeit des Bauwerksanschlusses hergestellt?
Welche Fenstergriffe werden verwendet?
Wie werden die Außenfensterbänke ausgeführt (Material, Tiefe)?

Checkliste zur Überprüfung einer Baubeschreibung

Wie werden die Innenfensterbänke ausgeführt (Material, Tiefe)?

Rollladenkästen, Rollläden

Welche Rollläden kommen zum Einsatz?

Wo kommen Rollläden zum Einsatz?

Wie werden die Rollläden bedient?

Sind elektrische Rollläden vorgesehen?

Sind Außenmarkisen geplant?

Hauseingangsbereich

Soll ein Vordach vorgesehen werden?

Aus welchem Material ist das Vordach?

Aus welchem Material sind Briefkasten, Hausnummer, Beleuchtung?

Welche Klingelanlage kommt zum Einsatz?

Wie oll das Eingangspodest ausgeführt werden?

Was für ein Hauseingangstürelement kommt zum Einsatz (Material, U-Wert bei Verglasung, Beschläge, Schloss, Griffe außen und innen)?

Telefon, Antenne, Klingelanlage, Elektroinstallation

In welchen Räumen soll ein Telefonanschluss vorgesehen werden?

In welchen Räumen soll ein Antennenanschluss vorgesehen werden?

Wie viele Gegensprechstellen für die Klingelanlage sollen vorgesehen werden?

Elektroinstallation:

Wie viele Schalter und Steckdosen werden benötigt?

Welches Schalterprogramm kommt zum Einsatz?

Wie viele Deckenauslässe für Lampen werden benötigt?

Wie viele Wandauslässe für Lampen werden benötigt?

Werden Außensteckdosen benötigt?

Werden Dimmer oder Taster benötigt?

Heizungsinstallation

Welches Heizmedium kommt zum Einsatz (Öl, Gas, Fernwärme, Holz)?

Welcher Brenner kommt zum Einsatz?

Wo wird das Gerät aufgestellt?

Wie werden die Räume beheizt (Heizkörper, Fußbodenheizung, Wandheizung)?

Aus welchem Material sind die Heizwasserleitungen?

Warmwasserbereitung
Wie wird das Warmwasser erwärmt?
Wird eine Solaranlage vorgesehen?
Aus welchem Material sind die Wasserleitungen?
Wie groß ist der Warmwasserspeicher?

Sanitärinstallation
Hausentwässerung:
- Aus welchem Material sind die Abflussrohre?
- Wie ist die Schallentkopplung der Leitungen vorgesehen?
- Sind Bodeneinläufe vorgesehen (Waschküche)?
Wasserversorgung:
- Aus welchem Material sind die Zuleitungen?
- Wie ist die Schallentkopplung der Leitungen vorgesehen?
- Wird eine Zirkulationsleitung vorgesehen?
- Wird eine Außenzapfstelle benötigt?

Sanitärgegenstände
Gäste-WC:
- Welche Sanitärgegenstände kommen im Gäste-WC zum Einsatz (WC, Klosettsitz, Urinal, Toilettenpapierhalter, Waschbecken, Einhand-Waschtischbatterie, Handtuchhalter, Ablage, Kristallspiegel)?
- Von welchem Hersteller aus welcher Serie sind die Gegenstände?
Badezimmer:
- Welche Sanitärgegenstände kommen im Gäste-WC zum Einsatz (WC, Klosettsitz, Toilettenpapierhalter, Waschbecken, Badewanne, Dusche, Duschtrennwand, Einhand-Waschtischbatterie für Dusche, Badewanne und Waschbecken, Handbrausegarnitur mit Stange, Handtuchhalter, Ablage, Kristallspiegel)?
- Von welchem Hersteller aus welcher Serie sind die Gegenstände?
Küche:
- Wie viele Anschlüsse werden benötigt (Geschirrspülmaschine, Spüle)?
Waschküche:
- Welche Gegenstände werden benötigt (Ausgussbecken, Einhand-Spültisch-Wandbatterie)?
- Wie viele Anschlüsse werden benötigt (Geschirrspülmaschine, Spüle)?

Innenputz
In welchen Räumen werden Wände bzw. Decken verputzt?
Aus welchem Material ist der Innenputz?

Checkliste zur Überprüfung einer Baubeschreibung 213

Estrich

Aus welchem Material ist der Estrich (Zementestrich, Anhydritestrich, Gussasphaltestrich)?

Wie ist der Estrich aufgebaut (Schwimmender Estrich, Verbundestrich, Estrich auf Trennlage)?

Trockenbau

Aus welchem Material erfolgen die Trockenbauarbeiten an Dachschrägen, Installationsschächten usw.)?

Innentüren

Aus welchem Material sind die Innentüren?

Welche Anforderungen werden an die Innentüren gestellt (Schallschutz, Wärmeschutz)?

Von welchem Hersteller sind die Innentüren?

Welche Drückergarnituren kommen zum Einsatz?

Fliesenarbeiten

Wo werden Bodenfliesen verlegt?

Wo werden Wandfliesen verlegt?

Wie hoch werden Wandfliesen verlegt?

Welche Fliesen kommen zum Einsatz?

Aus welchem Material sind die Sockel?

Kommen Sonderfliesen zum Einsatz?

Parkettarbeiten

Welches Material kommt zum Einsatz (Fertigparkett, massives Parkett)?

In welchen Räumen wird Parkett verlegt?

Wie werden die Sockel ausgebildet?

Malerarbeiten, Innen und Außen

Welche Wände werden tapeziert?

Welche Decken werden tapeziert?

Welche Flächen werden gestrichen?

Müssen Geländer oder Dachüberstände gestrichen werden?

Welche Tapeten werden verwendet?

Welche Farbe wird verwendet?

Teppicharbeiten

Welches Material kommt zum Einsatz?

In welchen Räumen wird Teppich verlegt?
Wie werden die Sockel ausgebildet?
Wie wird der Teppich verlegt (verklebt, verspannt)?
Terrasse
Wie wird die Terrasse ausgeführt (Holz, Stein, Fliesen)?
Wie ist der genaue Bodenaufbau?
Wie groß ist die Terrasse?
Wintergarten
Aus welchem Material ist die Konstruktion des Wintergarten?
Wie groß ist der Wintergarten?
Außenanlage
Wie soll die Außenanlage ausgeführt werden (Rasen, Pflanzen, Büsche, Bäume)?
Werden Wege im Garten vorgesehen?
Aus welchem Material sind Wege und Unterbau?
Werden Zäune an der Grundstücksgrenze vorgesehen?
Aus welchem Material sind Zäune und Gartentor (Holz, Metall)?
Wie wird der PKW-Stellplatz ausgebildet (Garage, Carport, einfacher Stellplatz)?

Energiebedarfsausweis nach EnEV (Muster)

Muster A: Gebäude mit normalen Innentemperaturen nach § 13 Abs. 1 und 2 EnEV

Energiebedarfsausweis nach § 13 Energieeinsparverordnung

I. Objektbeschreibung

Gebäude / -teil		Nutzungsart ☐ Wohngebäude ☐	
PLZ, Ort		Straße, Haus-Nr.	
Baujahr		Jahr der baulichen Änderung	

Geometrische Angaben

Wärmeübertragende Umfassungsfläche A ___ m² **Bei Wohngebäuden:**

Beheiztes Gebäudevolumen V_e ___ m³   Gebäudenutzfläche A_N ___ m²

Verhältnis A/V_e ___ m^{-1} Wohnfläche (Angabe freigestellt) ___ m²

Beheizung und Warmwasserbereitung

Art der Beheizung ___   Art der Warmwasserbereitung ___

Art der Nutzung erneuerbarer Energien ___   Anteil erneuerbarer Energien ___ % am Heizwärmebedarf

II. Energiebedarf

Jahres-Primärenergiebedarf

Zulässiger Höchstwert		Berechneter Wert
	?	

Endenergiebedarf nach eingesetzten Energieträgern

		Energieträger 1	Energieträger 2
Endenergiebedarf (absolut)		___ kWh/a	___ kWh/a

Endenergiebedarf bezogen auf

Nicht-Wohngebäude	das beheizte Gebäudevolumen	___ kWh/(m³ a)	___ kWh/(m³ a)
Wohngebäude {	die Gebäudenutzfläche AN	___ kWh/(m² a)	___ kWh/(m² a)
	die Wohnfläche (Angabe freigestellt)	___ kWh/(m² a)	___ kWh/(m² a)

Hinweis:
Die angegebenen Werte des Jahres-Primärenergiebedarfs und des Endenergiebedarfs sind vornehmlich für die überschlägig vergleichende Beurteilung von Gebäuden und Gebäudeentwürfen vorgesehen. Sie wurden auf der Grundlage von Planunterlagen ermittelt. Sie erlauben nur bedingt Rückschlüsse auf den tatsächlichen Energie verbrauch, weil der Berechnung dieser Werte auch normierte Randbedingungen etwa hinsichtlich des Klimas, der Heizdauer, der Innentemperaturen, des Luftwechsels, der solaren und internen Wärmegewinne und des Warmwasserbedarfs zugrunde liegen. Die normierten Randbedingungen sind für die Anlagentechnik in DIN V 4701-10 : 2001-02 Nr. 5 und im Übrigen in DIN V 4108-6 : 2000-11 Anhang D festgelegt. Die Angaben beziehen sich auf Gebäude und sind nur bedingt auf einzelne Wohnungen oder Gebäudeteile übertragbar.

- Seite 2 -

III. Weitere energiebezogene Merkmale

Transmissionswärmeverlust

    Zulässiger Höchstwert   ?   **Berechneter Wert**

    ▭ W/(m² K)   ▭ W/(m² K)

Anlagentechnik
Anlagenaufwandszahl e_p ▭   ☐ Berechnungsblätter sind beigefügt

☐ Die Wärmeabgabe der Wärme- und Warmwasserverteilungsleitungen wurde nach Anhang 5 EnEV begrenzt.

Berücksichtigung von Wärmebrücken
☐ pauschal mit 0,10 W/(m² K)   ☐ pauschal mit 0,05 W/(m² K)   ☐ mit differenziertem Nachweis
                                        bei Verwendung von
                                        Planungsbeispielen nach   ☐ Berechnungen sind beigefügt
                                        DIN 4108 : 1998-08 Beibl. 2

Dichtheit und Lüftung
☐ ohne Nachweis   ☐ mit Nachweis nach Anhang 4 Nr. 2 EnEV
                                               ☐ Messprotokoll ist beigefügt

Mindestluftwechsel erfolgt durch

☐ Fensterlüftung   ☐ mechanische Lüftung   ☐ andere Lüftungsart:

Sommerlicher Wärmeschutz

☐ Nachweis nicht erforderlich, weil   ☐ Nachweis der Begrenzung des   ☐ das Nichtwohngebäude ist mit
     der Fensterflächenanteil   Sonnen eintragskenn-wertes   Anlagen nach Anhang 1 Nr. 2.9.2
     30 % nicht überschreitet   wurde geführt   ausgestattet.
                                                                                                         Die innere Kühllast wird minimiert.

                                             ☐ Berechnungen sind beigefügt

Einzelnachweise, Ausnahmen und Befreiungen

☐ Einzelnachweise nach § 15 (3)   ☐ eine Ausnahme nach § 16   ☐ eine Befreiung nach § 17 EnEV
     EnEV wurden geführt für   EnEV wurde zugelassen. Sie   wurde erteilt. Sie umfasst
                                          betrifft

☐ Nachweise sind beigefügt   ☐ Bescheide sind beigefügt

Verantwortlich für die Angaben

Name	Datum
Funktion/Firma	Unterschrift
Anschrift	ggf. Stempel / Firmenzeichen

Adressen

Architekten

Adressen von **Architekten** oder **Fachingenieuren** finden Sie im Branchenfernsprechbuch Ihres Landkreises oder Ihrer Kommune oder unter www.gelbeseiten.de

Bautechnik / Bauqualität / Baukontrolle

Der **Bauherren-Schutzbund** bietet eine Baubegleitung für Bauherren an. Weitere Informationen unter:
www.bsb-ev.de

Der **Verband privater Bauherren** bietet ebenfalls einen Service rund um den Hausbau an:
www.vpb.de

Die **Industrie- und Handelskammern** bieten ein Sachverständigenverzeichnis an: www.svv.ihk.de

Die **Verbraucherzentralen** Baden-Württemberg, Hessen und Rheinland-Pfalz bieten eine Bauberatung zur Prüfung von Bauträgerangeboten durch Anwälte und Ingenieure an:
www.verbraucherzentrale.info

Das **Institut Bauen und Wohnen** bietet eine bundesweite Prüfung von Baubeschreibungen durch Ingenieure an:
www.institut-bauen-und-wohnen.de

Das **Fraunhofer Informationszentrum Raum und Bau** bietet zahlreiche Fachinformationen an, sowohl als Buchform, wie auch in Form von Online-Datenbanken:
www.irb.fraunhofer.de

Die **Stiftung Warentest** testet immer wieder Bauprodukte, wie z.B. Heizungsbrenner und anderes:
www.stiftung-warentest.de

Baufinanzierung

Günstige Kredite erhält man unter bestimmten Voraussetzungen bei den einzelnen Landeskreditbanken der Bundesländer und bei der KfW-Förderbank in Frankfurt. Informationen hierzu können Sie im Einzelnen abrufen bei:

Baden-Württemberg
L-Bank
www.l-bank.de

Bayern
Bayerische Landesbodenkreditanstalt
www.labo-bayern.de
Außerdem bei den Landratsämtern und kreisfreien Städten
www.wohnen.bayern.de

Berlin
Investitionsbank Berlin
www.investitionsbank.de

Brandenburg
Investitionsbank des Landes Brandenburg
www.ilb.de

Bremen
Bremer Aufbau-Bank
www.bab-bremen.de
Außerdem
www.bauumwelt.bremen.de

Hamburg
Hamburgische Wohnungsbaukreditanstalt
www.wk-hamburg.de

Hessen
Landestreuhandstelle Hessen
www.lth-hessen.de bzw. www.lth.de

Mecklenburg-Vorpommern
Landesförderinstitut Mecklenburg-Vorpommern
www.lfi-mv.de

Niedersachsen
Niedersächsische Landestreuhandstelle
www.lts-nds.de

Nordrhein-Westfalen
NRW.Bank
www.nrwbank.de
Außerdem
www.mswks.nrw.de bzw. www.lb-nrw.de

Rheinland-Pfalz
Landestreuhandstelle Rheinland-Pfalz
www.lth-rlp.de
Außerdem
www.fm.rlp.de

Saarland
Landesbank Saar
www.saarlb.de
Außerdem
www.finanzen.saarland.de

Sachsen
Sächsische Aufbaubank
www.sab-sachsen.de

Sachsen-Anhalt
Investitionsbank Sachsen-Anhalt
www.lfi-lsa.de
Außerdem Landesförderinstitut Sachsen-Anhalt
www.ib-sachsen-anhalt.de

Schleswig-Holstein
Investitionsbank Schleswig-Holstein
www.ib-sh.de

Thüringen
Thüringer Aufbaubank
www.tab-th-online.de
Außerdem
www.aufbaubank.de

Bundesgebiet zusätzlich:
KfW-Förderbank
www.kfw-foerderbank.de

Bei **Finanztest**, einer Tochter der Stiftung Warentest, erhalten Sie unabhängige Testergebnisse der verschiedensten Baufinanzierungsanbieter, von Bausparkassen bis zu Baukrediten:
www.finanztest.de

Die **Verbraucherzentralen** haben eine Internetseite rund um das Thema Baufinanzierung eingerichtet. Sie finden diese unter:
www.baufoerderer.de

Einen **Vergleich über das aktuelle Marktangebot** einiger Baufinanzierungsangebote und deren Zinssätze finden Sie unter anderem bei:
www.baugeld-vergleich.de

Baurecht

Bei der **ARGE Baurecht** (Arbeitsgemeinschaft für Bau- und Immobilienrecht im Deutschen Anwaltverein) finden Sie Baufachanwälte in Ihrer Nähe:
www.arge-baurecht.com

Auch im Falle von Rechtsfragen beim Bauen kann Ihnen der **Bauherren-Schutzbund** weiterhelfen, der auch in diesem Bereich Beratung bietet. Weitere Informationen unter:
www.bsb-ev.de

Gleiches gilt für den **Verband privater Bauherren**, der ebenfalls Fachanwälte benennen kann:
www.vpb.de.

Bauversicherungen / Bausicherheit

Die **Berufsgenossenschaft der Bauwirtschaft** ist die Pflichtversicherungseinrichtunn für das Baugewerbe und alle Selbstbauer und Bauhelfer. Neben den gesetzlich vorgeschriebenen Versicherungen erhalten Sie hier auch zahlreiche Informationen rund um die Bausicherheit. Weitere Informationen unter:
www.bgbau.de

Weiterführende Literatur

Der Kauf einer Eigentumswohnung
Als Neu- oder Gebrauchtimmobilie
Fraunhofer IRB Verlag
ISBN 3-8167-6839-3
19 Euro

Der Hauskauf – neu oder gebraucht
Vom Bauträger oder aus zweiter Hand
Fraunhofer IRB Verlag
ISBN 3-8167-6932-2
19 Euro

Bauen und Umbauen mit dem Architekten
Von der Planung bis zur Fertigstellung
Fraunhofer IRB Verlag
ISBN 3-8167-6603-X
19 Euro

Schlüsselfertig bauen
Mit dem Fertighausanbieter oder Generalunternehmer auf dem eigenen Grundstück
Fraunhofer IRB Verlag
ISBN 978-3-8167-7139-5
19 Euro

Stichwortverzeichnis
(Die angegebenen Zahlen bezeichnen die Seiten des Buches)

Abnahme 32, 34, 37 ff., 43 f., 84, 107, 135, 138, 151
Abnahmeprotokoll 43, 67, 84
Abnahmeregelungen 55
Abschlagszahlungen 69
Abstandsfläche 14
Anbauen 110
Anerkenntnis des Mangels 72
Angebotsüberprüfung 78
anrechenbare Kosten 90
Anwalt 21, 22, 38
Architekt 51, 73, 86, 117
Architektenhonorar 89
Architektenleistungen 89
Architektensuchdienste 87
Architektenvertrag 89
Architekturbüros 87
ARGE Baurecht – Arbeitsgemeinschaft für Bau- und Immobilienrecht im Deutschen Anwaltverein 38
arglistig verschwiegene Mängel 72
Auflassungsvormerkung 18
Ausbauen 110
Ausführungsleistung 50
Ausführungsplanung 94, 103
Ausführungsqualität 26
Ausschreibung 93, 106
Außenanlagen 90
Ausstattungsvergleich 75

Bankbürgschaft 42
Bauabnahme 44, 84
Bauabwicklung 57
Bauausführungskontrolle 61
Baubeginn 22
Bauberufsgenossenschaft 59
Baubeschreibung 26, 51, 78, 196, 208
Baueingabeplanung 51, 82

Bauerwartungsland 13
Baugenehmigung 58
Baugesetzbuch 74
Baugesuch 28
Bauherrenhaftpflichtversicherung 59
Bauherrenschutzbund 42
Baulasten 14
Baulastenverzeichnis 14
Bauleiter 61
Bauqualität 41, 80
Bausachverständige 61
Baustellenkontrolle 61
Bauträger 12, 17, 21, 23, 162
Bauträgerangebot 24
Bauüberwachung 84
Bauvertrag 54
Bauwerkverträge 52
Bauwesenversicherung 59
Bauzeitenpläne 55
Bebauungsmöglichkeiten 14
Bebauungsplan 14, 74
behördliche Termine 59
Bemusterung 81 f.
Besichtigungstermin 25
besondere Leistungen 97
Beurkundung 17
Bindefrist 81
Bodengutachten 16, 28
Bodenverhältnisse 16
Bundesverband Deutscher Fertigbau 75
Bürgschaft 71

Courtage 24 f.

Deutscher Fertigbauverband 75
DIN 276 29, 90
DIN 283 29
DIN-Normen 52

Einbehalt 43
energetische Modernisierung 116
Energiebedarfsausweis 28 f., 110
Energieberater 111, 116
Energieberaterliste 111
Energieeinsparverordnung (EnEV) 29, 110
Entwurfsplanung 94, 102
Erfolgshonorar 99
Ersatzvornahme 63
Erschließungsarbeiten 59
Erschließungsgebühren 13, 15

Fabrikationsbesichtigung 83
Fertighausanbieter 48, 73
Fertighausausstellung 74
Fertighaushersteller 73
Fertigstellungstermin 81
Fertigstellungsversicherung 42
Festpreis 76, 81
Festpreisangebot 76, 78
Feuerrohbauversicherung 59
Flurnummer 18
förmliche Abnahme 43, 56, 85
Fristsetzung 64

Gebäudeenergieausweis 110
Gebäudeenergieausweis 110
Geldeinbehalt 46, 61, 63, 71, 84
Genehmigungsfähigkeit 73
Genehmigungsplanung 94, 103
Generalübernehmer 22, 47
Generalübernehmerausschreibung 54
Generalübernehmervertrag 50, 53
Generalübernehmer 12, 47, 49
Generalunternehmer 47
Geologen 16
Geschosswohnungen 23
Gewährleistung 41, 64, 70, 85
Gewährleistung des Architekten 107
Gewährleistungsansprüche 18, 71
Gewährleistungsfristen 44
Gewährleistungsphase 43
Gewährleistungszeit 31, 71
Gewerke 197
Grundbuch 14
Grundbuchamt 14
Grunderwerbsteuer 18
Grundlagenermittlung 93, 101
Grundpfandrechte 14
Grundstückskauf 13, 16
Grundstückskaufvertrag 21
Grundstücksmakler 17
Grundstückssuche 13
Grundstück 90, 221
Grundwasser 13
Grundwasserabsenkung 59
Grundwasserstände 15
Gutachterausschuss 15

Handwerkerverträge 106
Haustechnikingenieur 105
Hemmung 72
HOAI 51, 90, 93 ff., 105, 108, 119 ff., 174, 180
Höchstsatz 95
Honorar 89, 94, 177
Honoraransprüche 99
Honorarordnung für Architekten und Ingenieure (HOAI) 51, 90, 119, 174
Honorarschlussrechnung 107
Honorarvereinbarungen 99
Honorarzone 94 f.

Immobilienanzeigen 24
Insolvenz 42
Insolvenzrisiko 45
Instandsetzungszuschlag 121

Kalkulationsgrundlage 50
Kaufpreis 18

Kaufpreisminderung 19
Kaufvertrag 16, 80
Kaufvertrag eines Fertighauses 81
Kaufvertrag mit Ratenzahlungsvereinbarung 32
Kaufvertragsbestandteile 28
Kaufvertragsrecht des BGB 34
Kontaminationen 13
Konventionalstrafen 61, 69
Kosten im Hochbau 90
Kostenanschlag 94, 105, 140
Kostenberechnung 94
Kostenermittlung 90
Kostenschätzung 103
Kostenvoraussage 50
Kündigung des Architektenvertrages 101
Kündigungsmodalitäten 101

Lastenfreiheit 17
Leistungen bei Instandhaltungen und Instandsetzungen 120
Leistungsbeschreibung 26
Leistungsphasen 93
Lieferdatum 81

MaBV 24, 28, 32, 34 ff., 54 f., 160
Makler 24
Makler- und Bauträgerverordnung 24, 34
Mangelanzeige 72
Mängelansprüche 70, 127, 133, 152
Mängelbeseitigung 62
Mängelschreiben 45
Massivbauweise 75
Massivfertighäuser 75
Massivhausanbieter 12, 73
Mindesthonorar 97
Mindestsatz 95
mitverarbeitete Bausubstanz 119 f.

Mitwirken bei der Vergabe 94, 104
Modernisieren 12, 110
Modernisierungszuschlag nach § 24 der HOAI 120
Musterbaubeschreibung 27, 82, 196

Nachbesserung 84
Nebenkosten 90, 97, 178
Notar 16 f.
Notaranderkonto 18
Notartermin 17

Objektbetreuung und Dokumentation 94, 105
Objektüberwachung 94, 104
Planung 93
Planungsgrundlage 50
Planungsleistung 47, 50
Probeprotokoll 67, 84

Qualitätsüberprüfung 79

Ratendefinition nach MaBV 37
Ratenzahlungen nach MaBV 38
Ratenzahlungspläne 54
Rechtsansprüche 44
Rechtsmängel 18
Rechtsmängelhaftung 19 f.
Referenzadressen 48
Referenzhaus 47
Referenz-Modernisierungen 119
Referenzobjekte 48, 79, 88
Reihenhäuser 23
Rohbauabnahme 59
Rückbau 60
Rücktritt vom Kaufvertrag 19
Rücktrittsrecht des Käufers 20
Rücktrittsrechte 19

Sachmängel 18
Sachmängelhaftung 19

Sachverständige zur Bewertung bebauter und unbebauter Grundstücke 15
Schallschutznachweis 97
Schlussabnahme 62, 64, 65
schlüsselfertig 48
schlüsselfertige Massivhäuser 48
Schlussrechnung 64, 68, 85
Schornsteinabnahme 60
selbstständiges gerichtliches Beweissicherungsverfahren 72
selbstständiges Beweissicherungsverfahren 45
Sicherheitseinbehalt 61, 63, 69, 71
sichtbare Mängel 65
Skonto 69
Skontoabzug 85
Sondergenehmigungen 59
Statik 28, 29
Statiker 105
Stiftung Warentest 41

Teilabnahmen 44
Teilungserklärung 30
Termine 55
TÜV 41
Typenhaus 73

Überwachung 60
Umbaubeschreibung 123
Umbauen 110
Unfallversicherung 59
U-Wert 112

Verband privater Bauherren 42
Verbraucherzentrale 28, 38
verdeckte Mängel 65
Vergabe 93
Vergabe- und Vertragsordnung für Bauleistungen 41, 140, 146
Verjährung 72
Versicherung 58, 161
Vertrag 49
Vertrags- und Vergabeordnung für Bauleistungen (VOB) 32
Vertragsstrafe 84
Vertragstermine 55
VOB 32, 80
Vorbehalt 43
Vorbereitung der Vergabe 94, 104
Vorkaufsrechte 14
Vorplanung 94, 101

Wärmedurchgangskoeffizient 112
Wärmeschutz 97
Wegerechte 14
WEG-Gesetz 32
WEG-Verwaltervertrag 30
Werkplanung 28
Werkplanung oder Ausführungsplanung 29
Werkvertrag 21
Werkvertragsrecht des BGB 33
Werkvertragsrecht nach dem BGB 49
Werkvertragsrecht nach der VOB 52
Wirtschaftsauskunfteien 42
Wohnflächenberechnung 28 f., 82
Wohnflächenverordnung 28 f., 82, 196
Wohnungseigentumsgesetz 30
Wohnungseigentumsverwalter (WEG-Verwalter) 31

Zahlungsplan 54, 81
Zahlungsrate 81
Zimmer-Meister-Haus-Verbund 75
Zusatzhonorare 99
Zuschlag 54
Zwischenabnahme 62
Zwischentermine 55

In Kooperation mit der Senderreihe n-tv Service Recht

Die richtige Versicherung von Haus und Wohnung

Von Peter Burk und Günther Weizenhöfer

2007, 165 S., brosch., 8,90 €,
ISBN 978-3-423-58123-3

Das Angebot an Versicherungen für Wohneigentum ist heute unüberschaubar groß. Welche Versicherung ist die richtige? Der Ratgeber stellt situationsbezogen nach den jeweiligen Lebenssachverhalten dar, welchen Anforderungen eine Versicherung genügen muss.

Dazu bietet er zahlreiche Checklisten, die die einzelnen Versicherungen miteinander vergleichbar machen und die Auswahl des richtigen Produkts ermöglichen.

Bitte bestellen Sie die dtv-nomos Titel ausschließlich bei Ihrer Buchhandlung oder bei dtv (www.dtv.de).

In Kooperation mit der Senderreihe n-tv Service Recht

Die richtige Kauf- und Baufinanzierung
Von Peter Burk und Günther Weizenhöfer
2007, 200 S., brosch., 8,90 €,
ISBN 978-3-423-58122-6

Baufinanzierung wird zunehmend von Online-Kreditvermittlern übernommen. Aber auch die klassische Finanzierung über die Bank hat immer noch einen hohen Stellenwert. Worauf ist zu achten, damit die Finanzierung zu gewünschten Konditionen läuft? Der Ratgeber zeigt Vorgehensweisen, bietet Vorlagen für eine solide Vorbereitung und nennt sämtliche Fördermöglichkeiten.

e bestellen Sie die dtv-nomos Titel
chließlich bei Ihrer Buchhandlung oder
v (www.dtv.de).